AF546103

Erika Knight

Texturen stricken

stiebner

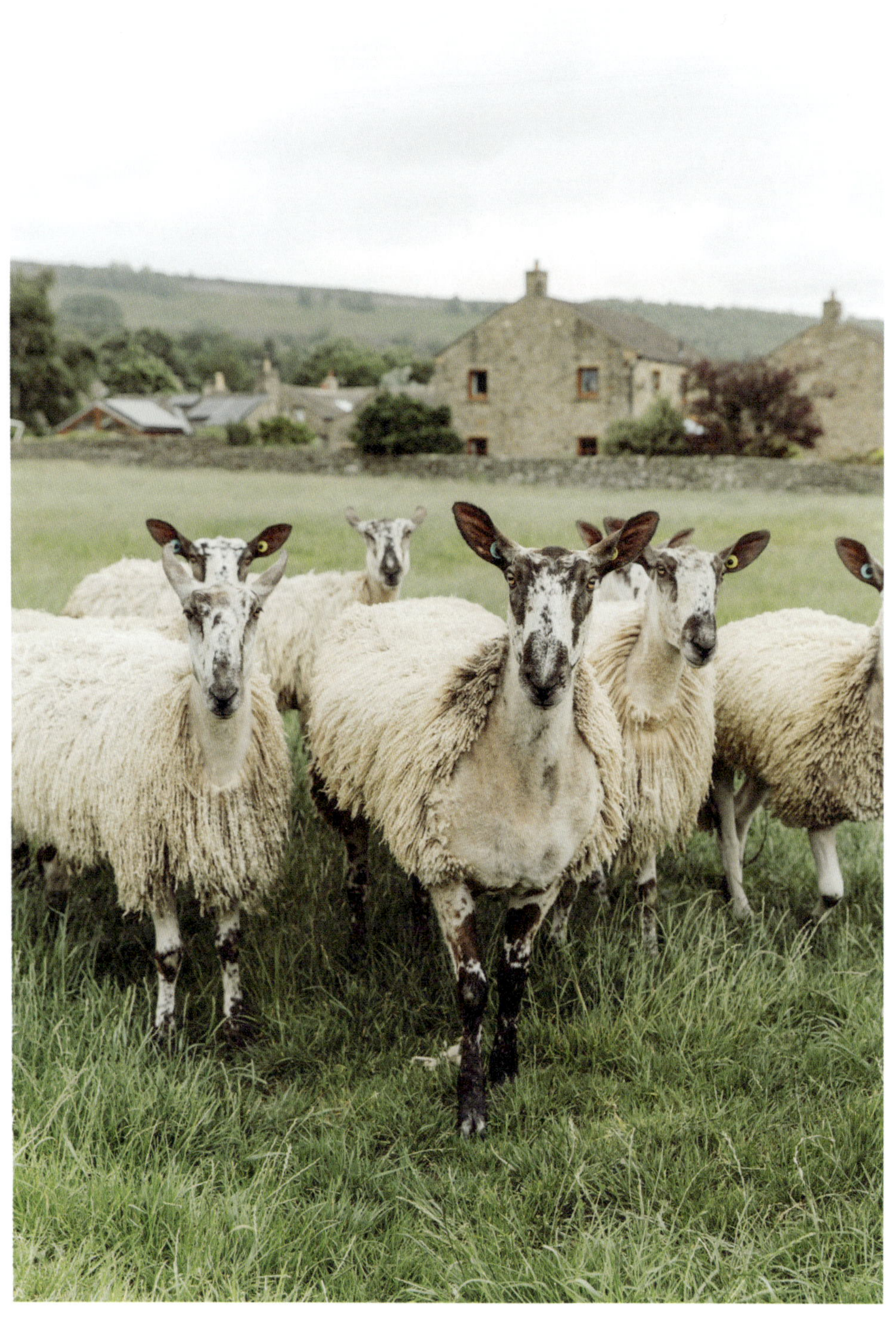

Inhalt

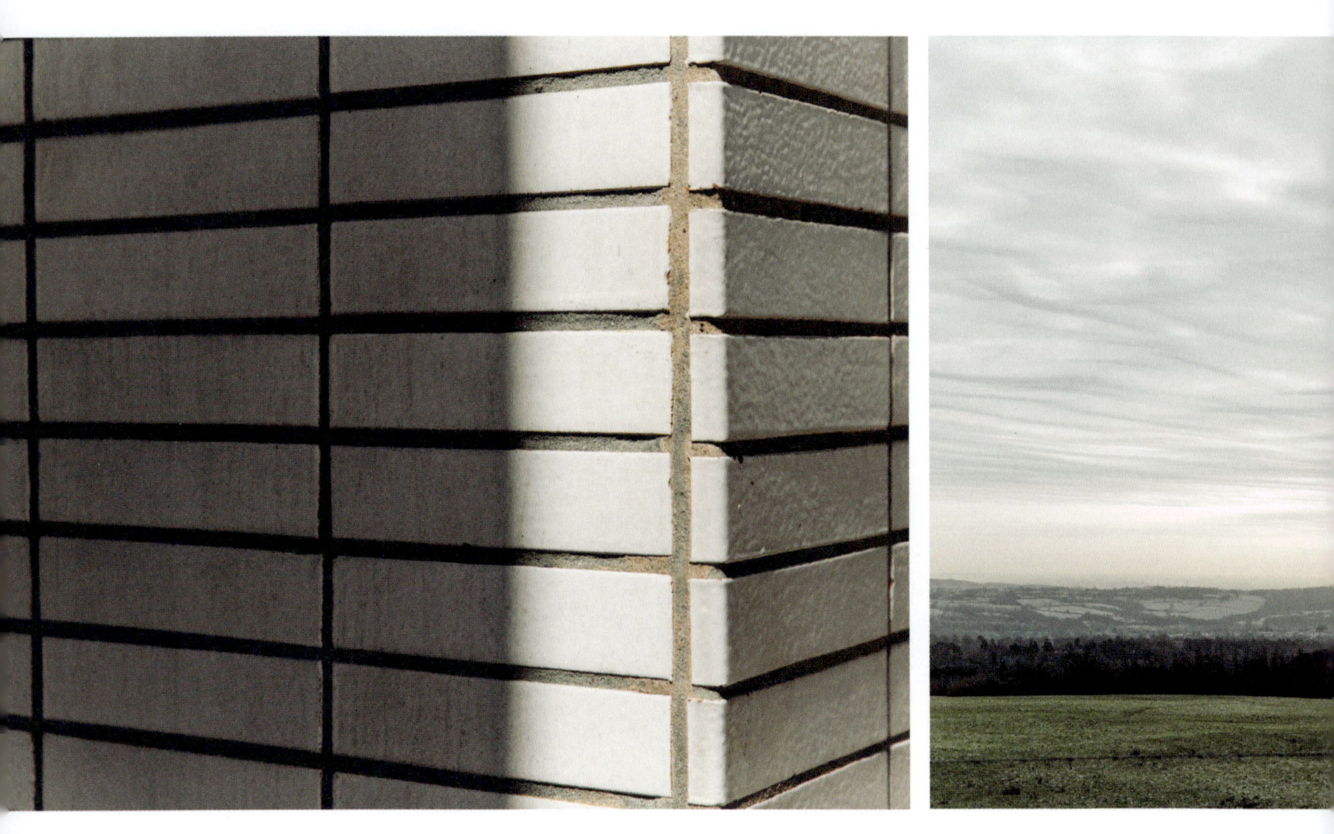

Einleitung

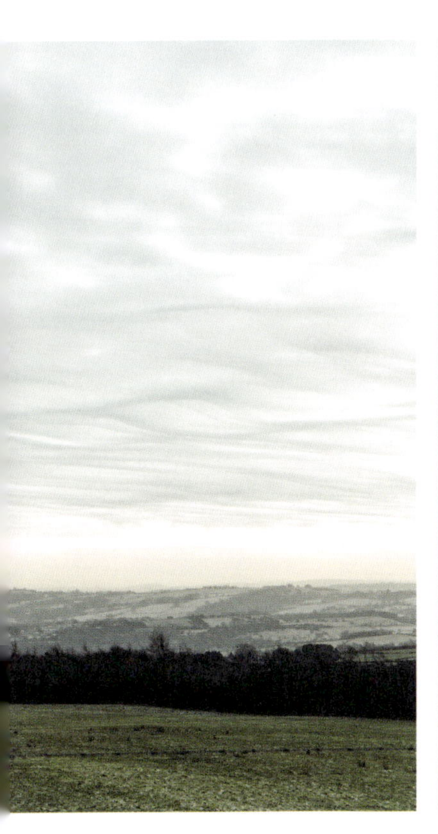

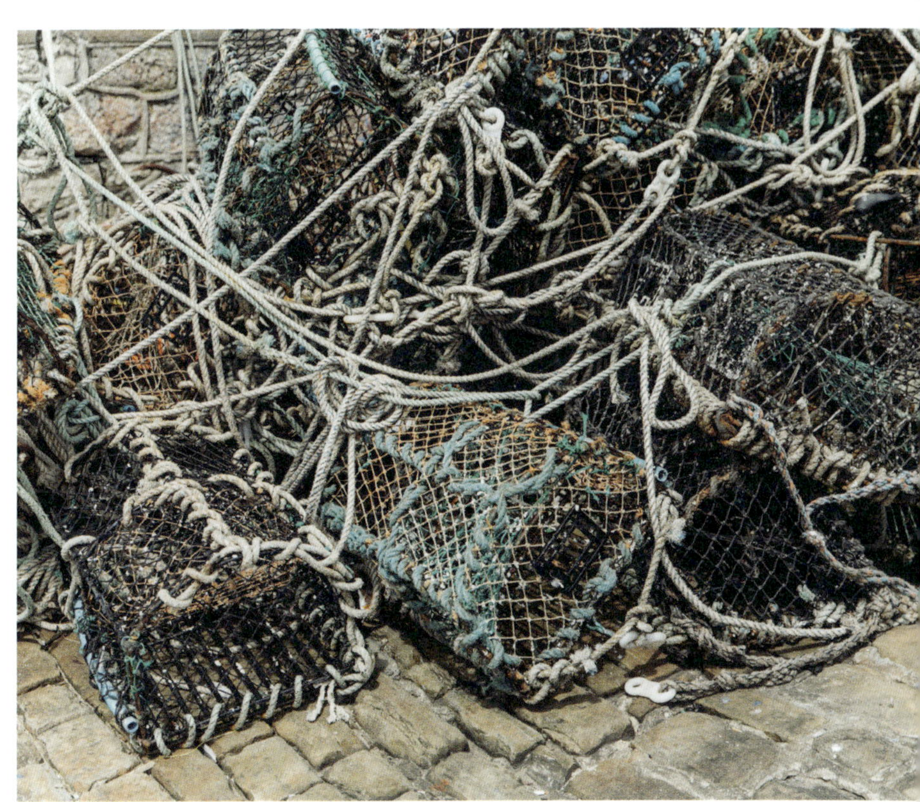

An der Kunsthochschule sagte mir mal ein Tutor: »Es geht immer wieder alles auf die Landschaft zurück.« Und wissen Sie was? So ist es.

Urbanes Gefüge und Strukturen, harte Betonflächen, Metall und Glas oder im Gegensatz dazu Rispengras, Dornenhecken, sanft gewellte Hügel oder schroffe Felsen, die sich aus einer wirbelnden, von Ebbe und Flut geprägten Meereslandschaft erheben, Kies und mit Seetang übersäte Strände: All das inspiriert mich. Dieses Buch ist eine persönliche Reise durch landschaftliche Szenarien, die Stadt, Land und Küste umfasst, Muster und Strukturen erkennt und sie in Garn, Maschen und Strickwaren umsetzt.

Als Kunststudentin habe ich mit Farbe, Mull, Leinwand und Papier experimentiert und meine eigenen Skizzenbücher in unterschiedlichen Texturen gestaltet: glatt, matt, rau, zerrissen, zerschnitten, in Fiberglas eingelassener Stoff. Diesen stellte ich dann Konturen aus weicher, verwischter Zeichenkohle, Holz oder verrostetem Metall gegenüber. Ich suchte auch nach skulpturalen Formen, lernte einiges über Passform und Form im Mode-Department und beobachtete, wie sich der Körper beim Aktzeichnen bewegt. Der Körper wurde für mich zu einer neuen Leinwand, und Struktur war mein Medium. Ich habe immer die Authentizität des Handgemachten geliebt – wie einfach es ist, mit nur zwei Stäbchen und einem fortlaufenden Faden etwas zu erschaffen und sich dann so richtig ins Zeug zu legen, um das Werk zu veredeln, auszugestalten und zu verschönern.

Design ist für mich etwas Organisches, ein experimenteller, kreativer Prozess mit tausenden von Entscheidungen, die man instinktiv trifft: Nehme ich dieses Garn oder jene Faser, funktioniert das mit diesem Muster, vielleicht mit einer anderen Farbe, einem Streifen,

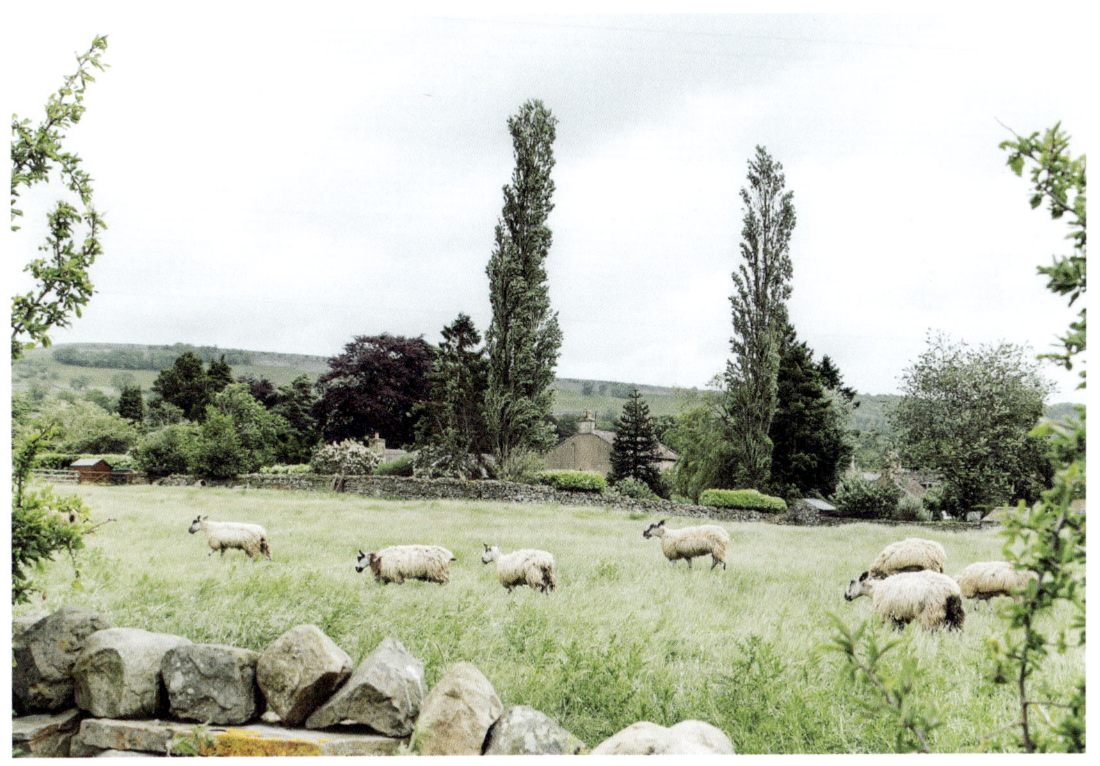

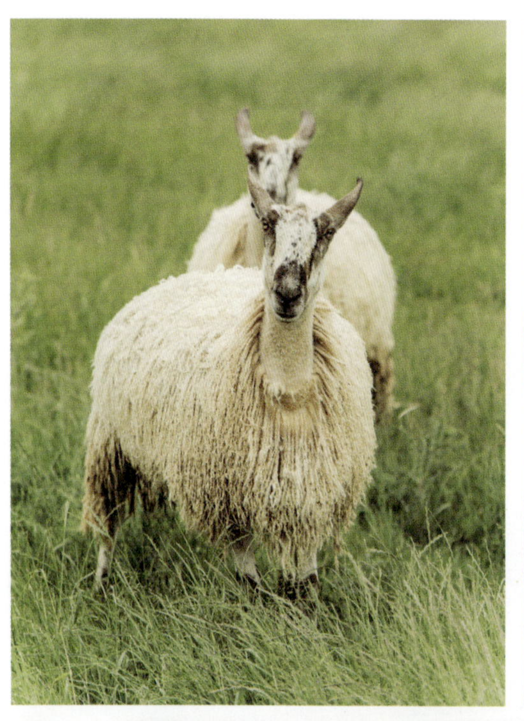
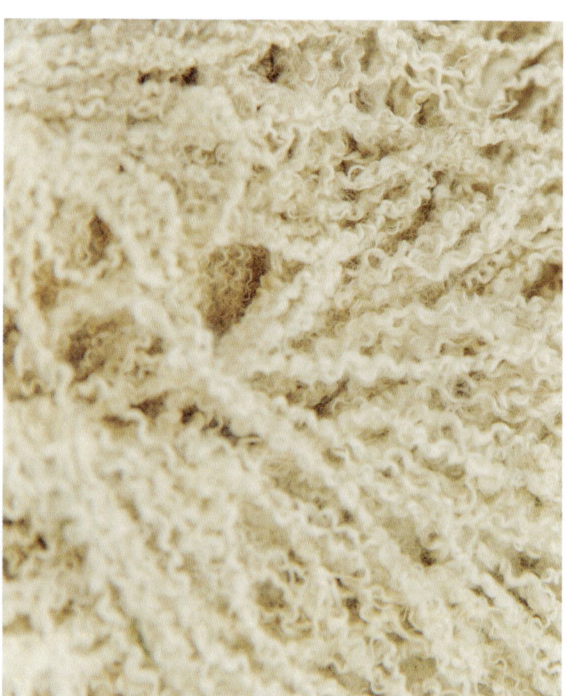
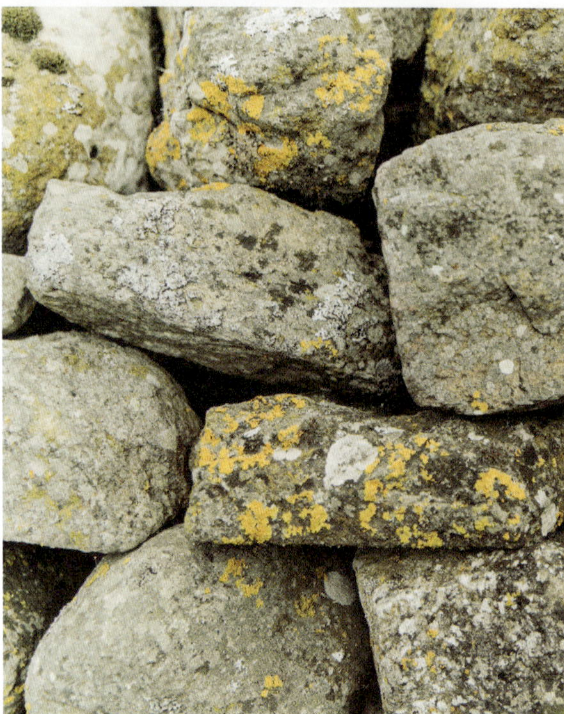
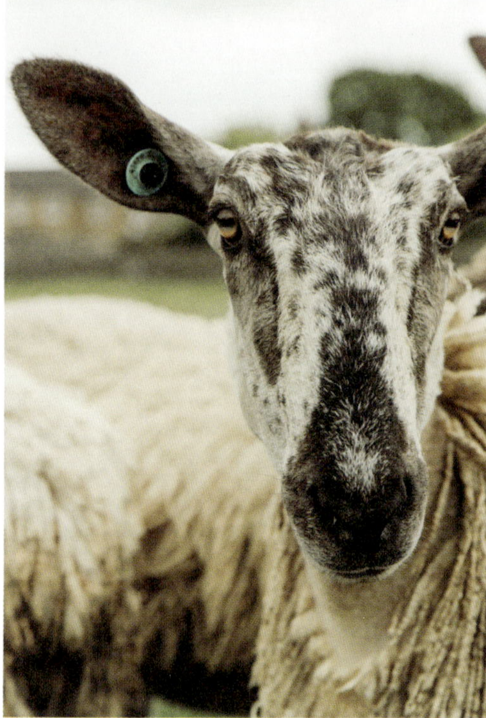

einer größeren Nadel, mit fester angeschlagenen Maschen ...

Und dann geht es ums Überprüfen, Veredeln, Vereinfachen.

Natürlich bedeutet das auch, vieles wieder aufzutrennen und etliche Maschenproben zu machen – quasi als Skizzen, Gedanken, Antworten, Notizen auf Nadeln, die meisten nicht abgekettet, sondern roh und unregelmäßig, manchmal Mittel zum Zweck, immer ein Teil des Prozesses.

Ich gehe gerne über die Grenzen hinaus, gestalte etwas asymmetrisch, greife auf das gleiche Muster zurück und stricke es auf unterschiedliche Weise, mit dicken oder dünnen Garnen, verschiedenen Maßen, ich deformiere oder übertreibe, verwende sogar diverse Garne und Garnstärken innerhalb desselben Kleidungsstücks (»Ökotown«, S. 78). Ein japanisches Zopfmuster, das mit einem feinen Garn raffiniert wirkt (»Unterholz«, S. 102), wird zerlegt, um ein überhöhtes, offenes Design aus wiederverwertetem Leinen zu kreieren (»Seetang«, S. 160). Das gleiche Waffelmuster in raffiniertem, mitteldickem Garn (»Nachbarschaft«, S. 48) wirkt völlig anders, wenn es mit superdicker Wolle und auf der »falschen Seite« mit einer verspielten Farbmischung gestrickt wird (»Rutt«, S. 125).

Die zwanzig Modelle in diesem Buch bieten uns viele Möglichkeiten, verschiedene Texturen zu erkunden und zu zelebrieren, während wir in den kreativen Prozess eintauchen. Dabei entstehen auf nachhaltige Weise langlebige Strickstücke, unabhängig von flüchtigen Moden und ideal für alle modernen Stricker:innen.

Garne und Fasern

Meine Leidenschaft für Texturen wird von Garnen und Fasern befeuert. Die meiste Zeit meines Lebens habe ich mit Garnen für die Mode- und Textilindustrie und für mich selbst gestaltet, entwickelt, gestrickt und gearbeitet, auf die eine oder andere Art. Es ist unglaublich faszinierend, dass man aus einer großen Vielfalt von Fasern Garn oder zumindest einen fortlaufenden Faden herstellen kann und es anscheinend unendlich viele Möglichkeiten gibt, etwas zu entdecken.

Einfach ausgedrückt bestehen Garne entweder aus natürlichen oder aus synthetischen Fasern.

Natürliche Fasern stammen entweder von Pflanzen oder Tieren. Bei den tierischen handelt es sich um Proteinfasern, von den Pflanzen erhalten wir pflanzliche Fasern, auch als Zellulose bekannt. Zu den Proteinfasern gehören Schafwolle, Alpaka, Kaschmir, Mohair, Angora, Seide, Qiviut sowie Wolle von Vikunja, Lama, Kamel, Büffel und Yak. Zu den pflanzlichen Fasern zählen Baumwolle, Flachs (Leinen), Bambus, Ramie, Sisal, Nessel und Hanf.

Synthetische Fasern werden chemisch hergestellt. Dazu gehören u.a. Rayon, Lyocell, Nylon, Polyester, Polypropylen und Acryl.

Ich bevorzuge natürliche und nachhaltige Fasern, die durch Verfahren und Methoden gewonnen werden, die sich nicht negativ auf die Umwelt, die Ressourcen oder den Lebensstandard derjenigen auswirken, die sie herstellen.

Schurwolle ist wahrscheinlich die ultimative natürliche, nachhaltige und nachwachsende Faser. Sie isoliert, ist elastisch sowie wasser- und feuerfest. Als natürlich saugfähige Faser transportiert sie Feuchtigkeit von der Haut weg, wodurch sie uns im Winter warm und im Sommer kühl hält, zudem ist sie behaglich und hypoallergen. Wolle ist strapazierfähig – aus Wollprodukten hergestellte Kleider haben eine lange Lebensdauer, was bedeutet, dass sie länger benutzt oder getragen werden als Produkte aus anderen Textilfasern. Dank ihrer porösen Oberfläche nimmt Wolle extrem gut Farbe an. Es gibt hunderte von unterschiedlichen Schafrassen auf der Welt, die alle Vliese produzieren, die geschoren und auf den Markt gebracht werden. Mein persönlicher Favorit und wohl das beste Vlies in Großbritannien ist das vom Bluefaced-Leicester-Schaf. Mit seinem feinen, dichten und trotzdem – dank der Natur seiner gekräuselten Wolle – leichten Vlies produziert diese Schafrasse eine der besten kommerziellen, leicht glänzenden Wollen auf der Welt: opulent und besonders weich mit einem subtilen Glanz – eine wahrhaft luxuriöse Faser.

Seide ist nicht nur elegant, sondern auch die stärkste natürliche Faser. Obwohl sie so weich und geschmeidig ist, ist sie im Verhältnis zum Gewicht stärker als ein stählerner Stab. Zudem ist sie schimmelresistent und antibakteriell, womit sie sich ideal für Kleidung eignet.

Hanf ist die weltweit führende nachwachsende Ressource. Diese kann praktisch auf jedem Boden wachsen und eignet sich ausgezeichnet für die Regenerierung von sonst unbrauchbarem Land. Da Insekten sie nicht mögen, sind für ihre Produktion keine schädlichen Pestizide erforderlich. Hanf ist zu 100 Prozent natürlich, langlebig und verfügt über einen subtilen Glanz. Diese Faser gehört zu den ältesten und vielseitigsten Geweben, die in der Textilproduktion verwendet werden, und sie ist langlebig, wobei sie durch das Tragen und Waschen weicher wird. Als Faser könnte Hanf Kunstfasern ersetzen, da der Ertrag an brauchbaren Fasern hier größer ist als bei jeder anderen Pflanze.

Die Textilindustrie im weiteren Sinne hat einige Nachhaltigkeitsprobleme:

Umwelt – großer Wasserbedarf für Prozesse wie etwa Waschen, Ausspülen, Färben und Ausrüsten. Energieverbrauch für diese Prozesse und Umweltprobleme wie zum Beispiel Gifte in verunreinigtem Wasser. Verwendung von gefährlichen Pestiziden und Chemikalien.

Tierwohl – Tierzucht und Beschaffung von Rohstoffen.

Umweltverschmutzung – Übertragung über Luft und Wasser.

Abfallprodukte – enden auf Müllkippen, zusammen mit Verpackungen, die nicht recycelfähig oder biologisch abbaubar sind.

Wir müssen nachhaltige und regenerative Verfahren und Wege für die Zukunft finden. Natur und Technologie müssen Hand in Hand gehen. Wir brauchen Veränderungen, die sich wenig auf unsere Umwelt auswirken, müssen Alternativen bei Garnen, Fasern, Verfahren, Methoden und Einstellungen erkunden. Wie bei unserer Nahrung müssen wir auch beim Kauf und der Verwendung von Materialien informierte und überlegte Entscheidungen treffen. Wir alle tragen Verantwortung. Wahre Innovation kommt aus der wissenschaftlichen Erforschung der Biotechnologie, um umweltfreundliche Leistungsmerkmale zu entwickeln und unnötige Prozesse zu vermeiden.

Stricken ist der ideale Weg, um Nachhaltigkeit zu fördern – bei Garnen, Fasern, den Produkten und beim Stricken selbst. Es geht um Recycling, Regenerierung und Reformierung – um die Vermischung von natürlichen Fasern und recycelten, um die Gewinnung von Fasern aus reichhaltigen alternativen Quellen, die Wiederverwertung von Abfällen und darum, Garnen ein zweites Leben zu schenken.

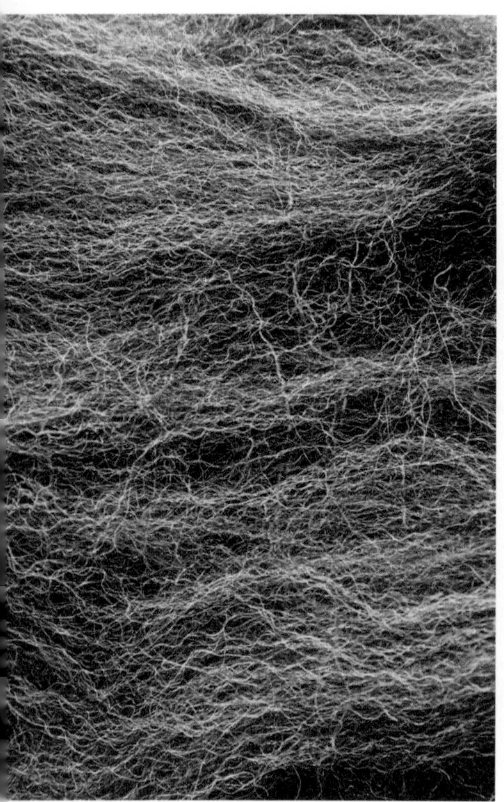

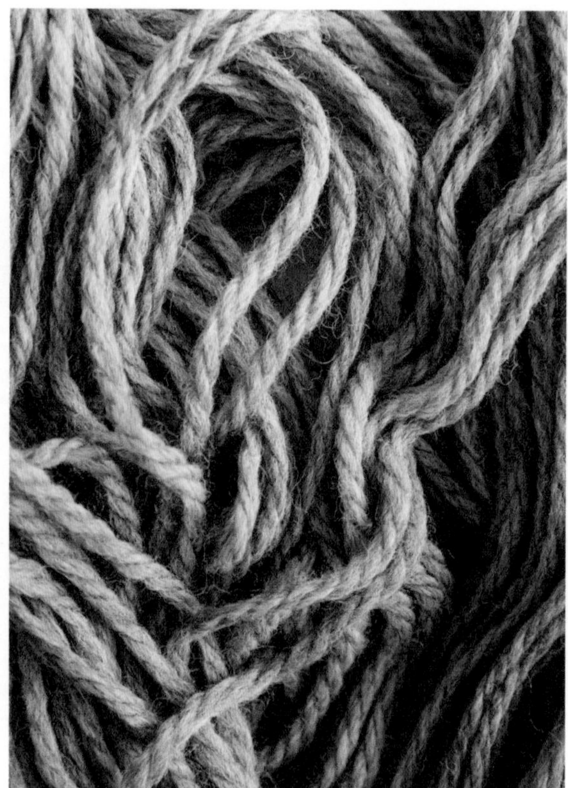

Garne ersetzen

Manchmal möchte man ein anderes Garn als das bei einer Anleitung angegebene verwenden. Das Garn ist vielleicht nicht mehr erhältlich, oder Sie möchten lieber ein Garn aus Ihrem Bestand verwenden, sind sich aber nicht ganz sicher bezüglich seiner Stärke. Oder Sie wollen gerne ein geliebtes handgefertigtes Garn verwenden, das keine Banderole hat. Ich habe zwei Modelle in dieses Buch aufgenommen, die aus meinem eigenen Garnbestand stammen: »Ökotown« (S. 78) und »Rutt« (S. 125.) Auch wenn ich bestimmte Garne für die Modelle empfohlen habe, können Sie gern andere Garne verwenden. Ich versuche, mich an allgemeine Garnstärken zu halten, damit ein Modell immer mit einem anderen Garn nachgearbeitet werden kann. Wenn Sie sich für ein alternatives Garn entscheiden, sollten Sie eines verwenden, das dem Originalgarn in Stärke, Gewicht und Struktur so ähnlich wie möglich ist. Dabei sind mehrere Faktoren zu beachten …

FASER

Achten Sie darauf, aus welchen Fasern das Garn besteht. Tierische oder proteinbasierte Fasern sind elastisch und flexibel und verfügen über ein natürliches Dehnungsvermögen, während Pflanzenfasern starr und unnachgiebig sind und möglicherweise nicht zum gleichen Ergebnis führen. Experimentieren Sie mit Garnen, Strukturen, Fasern, Mustern und Garnstärken. Schurwolle, Seide, Baumwolle und Alpaka ergeben vielleicht die gleiche Anzahl von Maschen und Reihen in der Maschenprobe, aber Griff und Erscheinungsbild der verstrickten Garne können völlig anders ausfallen. Lernen Sie die Fasern und Strukturen kennen, die sie ergeben, experimentieren Sie mit dem, was Ihnen gefällt, und trauen Sie sich, zu mischen.

MASCHENPROBE

Die Banderole des Garns sollte Ihnen alle nötigen Angaben zur Maschenprobe liefern: wie viele Maschen und Reihen pro cm, wenn das Garn glatt rechts in einer bestimmten Nadelstärke verstrickt wird. Sie können diese Angaben nutzen, um ein passendes Ersatzgarn auszuwählen.

LAUFLÄNGE

Zu berücksichtigen ist auch die erforderliche Garnmenge. Selbst wenn die Maschenproben der Garne übereinstimmen – also die gleiche Anzahl von Maschen und Reihen wie das Modell oder Projekt –, benötigen Sie für dasselbe Design vielleicht eine andere Garnmenge. Wolle ist leicht und elastisch und ergibt etwa 100 m pro Knäuel á 50 g Doppelstrickgarn. Baumwolle als pflanzliche Faser ist hingegen eine dichte, unelastische, schwere Faser und ergibt vielleicht nur 50 m Garn pro Knäuel á 50 g Doppelstrickgarn. Die Garnlänge pro Knäuel bestimmt, wie viele Knäuel Sie für das Modell oder Projekt benötigen. Wenn das Modell 200 m Doppelstrickgarn erfordert, bräuchten Sie 2 Knäuel Wolle, aber 4 Knäuel Baumwolle.

WPI

WPI (Wraps per inch – Umwicklungen pro Zoll) bezieht sich auf eine ganz einfache Methode, um Gewicht und Maschenprobenmaße eines Ersatzgarns zu bestimmen und damit die Nadelstärke. Dafür gibt es Werkzeuge, aber mit einem Bleitift oder Trinkhalm geht das auch einfach und schnell.

1. Nehmen Sie Ihr Ersatzgarn. Halten Sie den Stift oder Trinkhalm in der Hand und befestigen Sie das Fadenende, um den Faden zu fixieren.
2. Wickeln Sie das andere Ende des Garns locker um den Trinkhalm oder Bleistift, bis Sie ihn mehrere Zentimeter umwickelt haben. Bei Dochtwolle, dickem Garn oder Effektgarn müssen Sie möglicherweise zwischen den einzelnen Umwicklungen etwas Platz lassen und sollten daher ein etwas längeres Stück umwickeln.
3. Wenn Sie mit dem Umwickeln fertig sind, messen Sie mit einem Lineal und zählen einfach die Anzahl der Umwicklungen auf einer Länge von 2,5 cm. Oder wenn Sie Ihr Effektgarn beispielsweise 5 cm oder 7,5 cm hoch gewickelt haben, teilen Sie die Anzahl der Umwicklungen durch 2 bzw. 3.
4. Suchen Sie anhand der Anzahl der Umwicklungen in der untenstehenden Abbildung eine passende Kategorie. Sehen Sie auf das Kategoriensymbol links. Dies ist die Stärke des Garns, das Sie gemessen haben.

Diese Methode kannten einst vor allem Spinnerinnen und Spinner, sie ist aber auch für Strickerinnen und Stricker hilfreich. Ich verwende sie nun regelmäßig. Für alle Garne, die für die Modelle in diesem Buch verwendet werden, ist der WPI in den Angaben zu den empfohlenen Garnen enthalten (S. 188).

Wenn Sie den WPI kennen, stricken Sie eine Maschenprobe, die Sie dann vor dem Messen waschen und blocken. Falls die Anzahl der Maschen und Reihen der Anleitung entspricht, machen Sie weiter; wenn sie davon abweichen, versuchen Sie es mit einer weiteren Maschenprobe mit dickeren oder dünneren Nadeln.

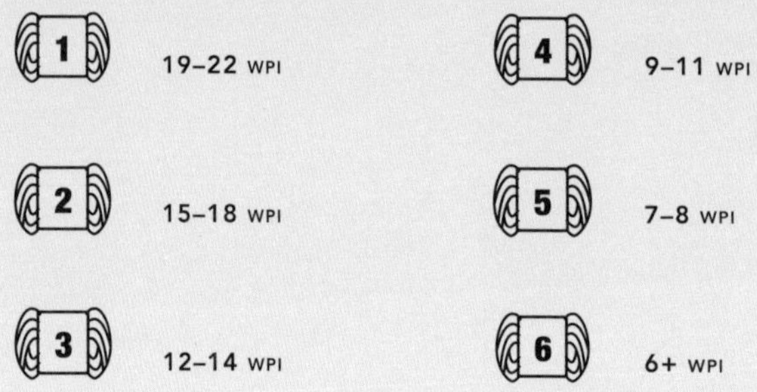

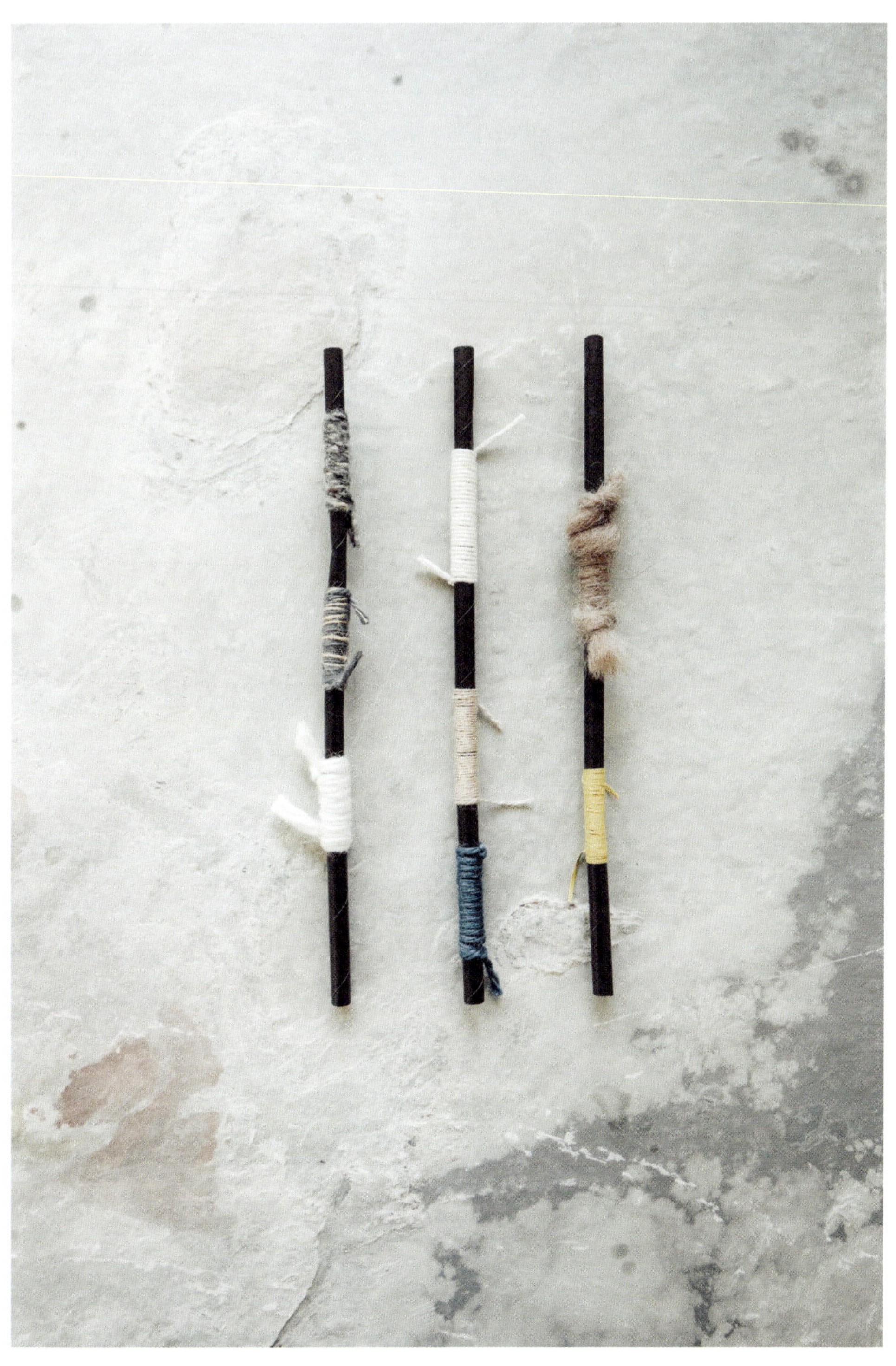

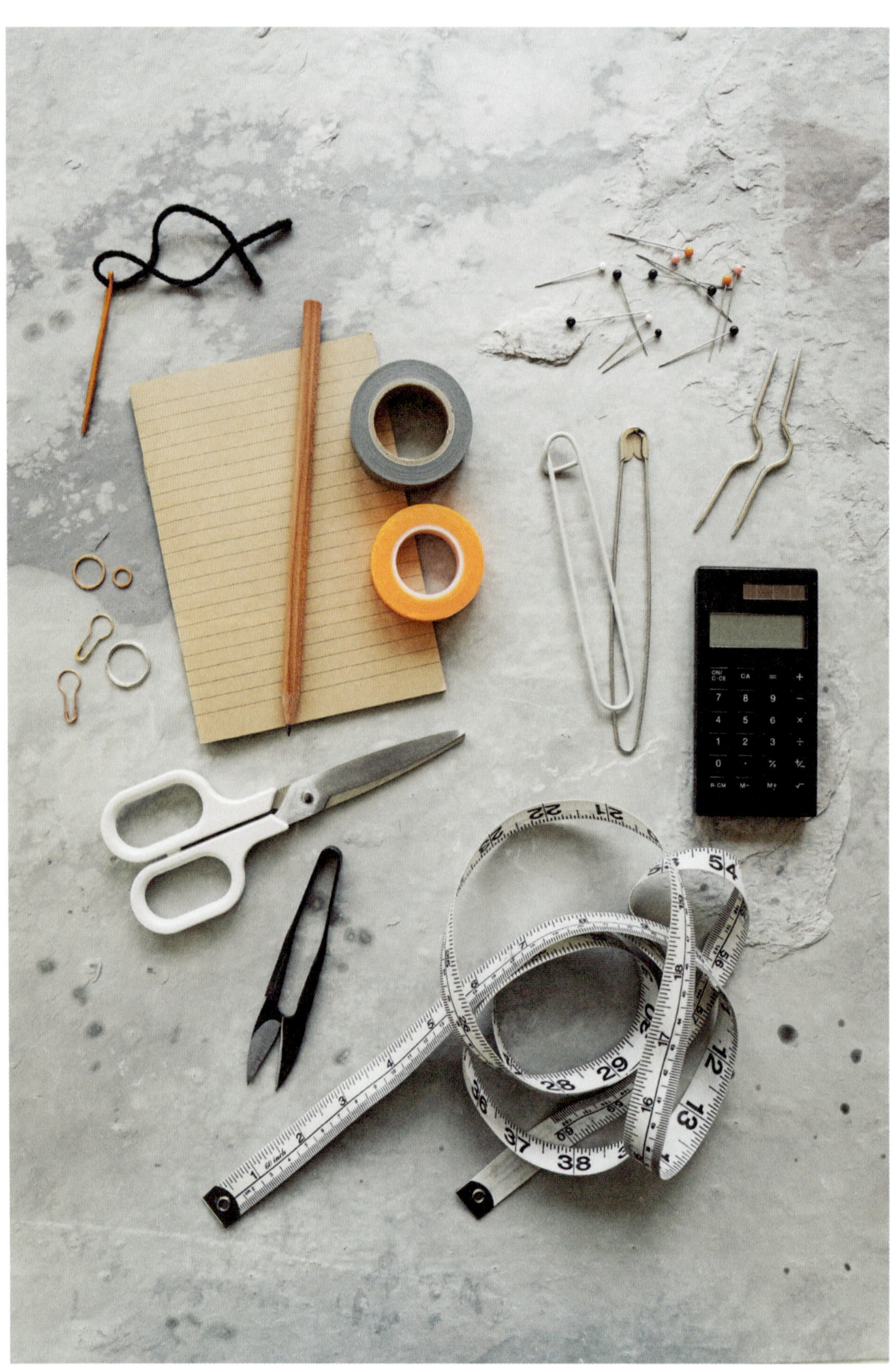

Zubehör

Nadeln
Stecknadeln
Rundstricknadel
Nadelspiele

Maschenmarkierer – um einzelne Maschen oder einen Bereich zu markieren, zu dem man zurückkehren will. (Sie können auch einen Faden in einer kontrastierenden anderen Farbe verwenden.)

Hilfsnadel – um stillgelegte Maschen zu sichern, damit sie sich nicht aufribbeln. (Sie können auch eine große Sicherheitsnadel verwenden.)

(Garn-)Schere – Zum Abschneiden von Fäden.

Stumpfe Nähnadel mit großem Öhr – um fertige Strickstücke zusammenzunähen oder Fadenenden zu vernähen; dank des großen Öhrs lassen sich dicke Garne leichter einfädeln.

Zopfnadel – zum Ablegen von Maschen bei einem Zopfmuster; die Stärke sollte jener der Stricknadeln entsprechen.

Glaskopfstecknadeln – zum Zusammenstecken von Strickstücken; mit den bunten Köpfen lassen sie sich beim Zusammennähen besser wiederfinden.

Maßband – zum Überprüfen von Maßen; das Band sollte nicht zu alt oder ausgeleiert sein, außerdem sollten Sie immer auf einer glatten Fläche messen.

Notizbuch – um Anmerkungen, Maschenzahlen und Musteränderungen oder zusätzliche Angaben festzuhalten.

Bleistift – um Notizen oder Ergänzungen im Notizbuch festzuhalten oder direkt beim Stricken Reihen abzuhaken.

Kreppband – um eine Stelle im Muster zu markieren.

Taschenrechner – um Maschenproben auszurechnen oder beim Anpassen des Musters oder Verwendung eines anderen Garns die Anzahl der Maschen und Reihen zu berechnen.

Maschenprobe

Für alle Strickmodelle braucht es ein bisschen Mathematik! Für den Entwurf jedes Modells sind zahlreiche Versuche mit Garnen, Nadeln und Maschen erforderlich. Ich stricke viele Probestücke, um mit Stärke, Haptik und Faltenwurf des Gestricks zu experimentieren. Wenn ich dann mit einer Version zufrieden bin, messe ich sie aus, um die Anzahl der Maschen und Reihen zu bestimmen. Mit diesen Zahlen berechne ich dann die Strickanweisungen, damit das Modell nachgearbeitet werden kann.

Jedes Modell und jeder Designer hat eine individuelle Maschen- und Reihenzahl in der Maschenprobe. Möglicherweise ist das Strickstück etwas weiter, dehnt sich mehr oder hat eine andere Haptik, sodass die Maschenprobe eines Modells nicht der auf der Banderole entspricht. Garne entsprechen allgemein einer genormten Stärke und empfohlenen Nadelstärke. Auf der Banderole oder dem Etikett eines Garns werden Maschen- und Reihenzahl gemäß diesen Richtlinien angegeben.

Um das bestmögliche Ergebnis zu erzielen, wenn Sie ein Modell nachstricken, empfiehlt es sich immer, zuerst eine Maschenprobe zu machen, um sicherzugehen, dass Sie auf der gleichen Wellenlänge wie der Designer oder das Modell liegen – d.h. dass Ihre Maschenprobe den Angaben in der Strickanleitung entspricht. Wenn Sie lockerer oder fester stricken und Ihre Maschenprobe deshalb von den Angaben in der Anleitung abweicht, fällt Ihr Kleidungsstück größer oder kleiner als angegeben aus. Die Zeit, die Sie hierfür aufwenden, kann Ihnen später einigen Kummer ersparen.

In den Anleitungen wird angegeben, wie viele Maschen und Reihen mit einer bestimmten Nadelstärke 10 cm ergeben. Die Art, wie Sie stricken, das Garn und die Nadeln halten, wie Sie das Garn mit den Händen regulieren und sogar Ihre Laune (viele ziehen den Faden stärker an, wenn sie sehr gestresst sind!) beeinflussen die Maschenprobe. Das verleiht handgemachter Kleidung ihre eigene Signatur. Um ein genaueres Ergebnis zu erzielen, stricke ich immer ein viel größeres Quadrat als die mindestens erforderlichen 10 x 10 cm, üblicherweise 25 x 25 cm. Man sollte auf jeden Fall auch mit Nadeln herumprobieren, die eine Nummer größer oder kleiner sind, um zu sehen, inwieweit dies die Haptik des Strickstückes verändert.

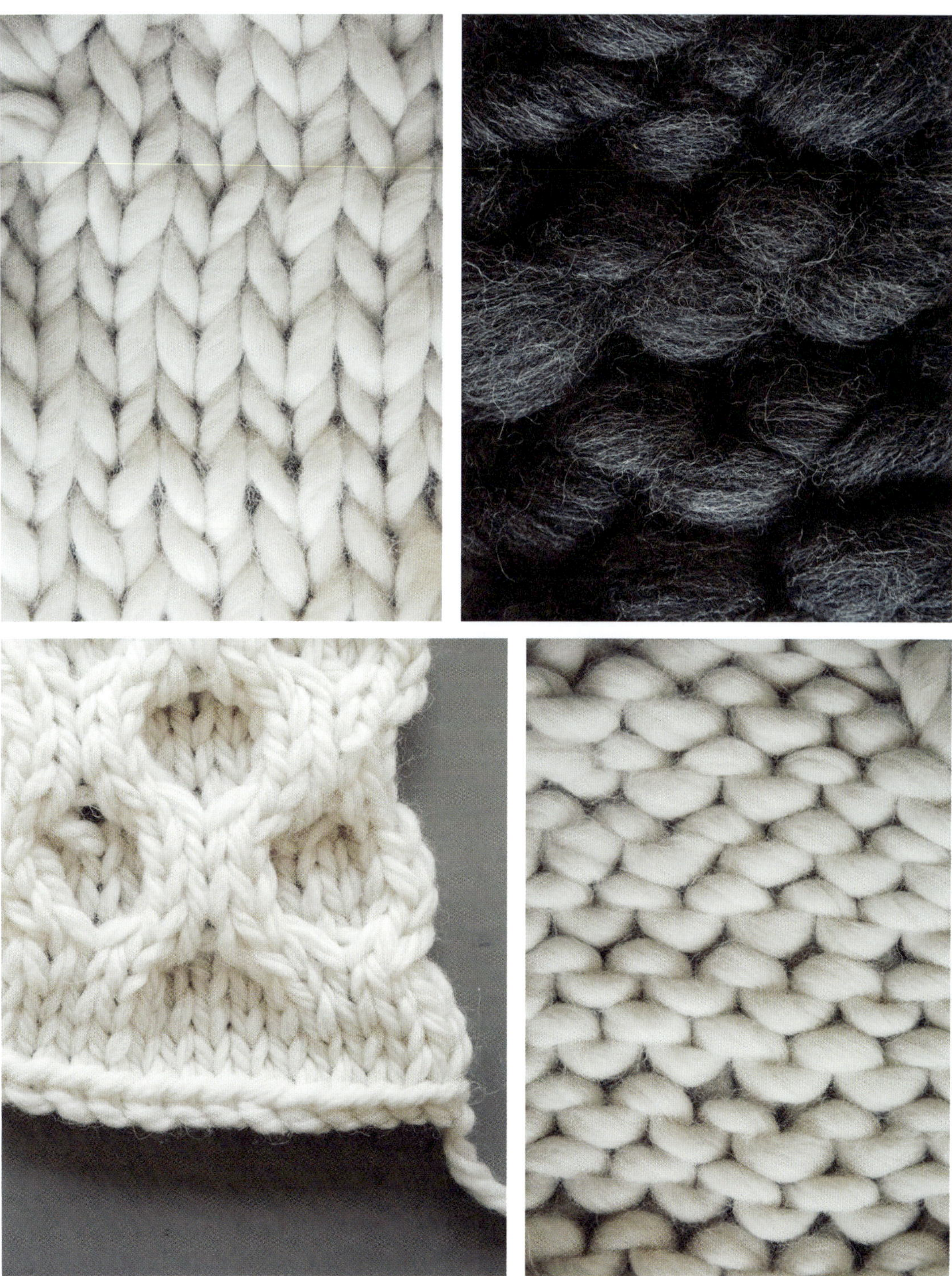

Die meisten Bücher empfehlen, einen Teil der Maschenprobe abzustecken, um ihn mit einem Maßband oder Lineal auszumessen. Nach meiner Erfahrung machen die meisten Stricker:innen das aber nur ungern. Deshalb nutze ich einfach eine quadratische Schablone (rasch aus einem Stück Pappe ausgeschnitten), die ich auf meine große Maschenprobe lege, um zum Auszählen der Maschen einen Bereich von 10 cm x 10 cm zu bestimmen.

So funktioniert's:

1. Stricken Sie mit den empfohlenen Nadeln und dem gewünschten Garn eine große Maschenprobe.

2. Waschen und trocken oder dämpfen Sie die Maschenprobe, spannen Sie sie dann auf ein Bügelbrett oder auf eine Spannmatte (Blocking Board).

3. Legen Sie die Pappschablone auf die Maschenprobe.

4. Zählen Sie die Maschen innerhalb der Schablone und notieren Sie sie. Zählen Sie die Reihen innerhalb der Schablone und notieren Sie sie.

Wenn die Anzahl der Maschen und Reihen größer als in der Anleitung ist, stricken Sie zu fest. Sie sollten dann dickere Nadeln verwenden. Wenn die Anzahl der Maschen kleiner ist, stricken Sie zu locker und sollten mit dünneren Nadeln weiterstricken.
Die Maschenzahl ist am wichtigsten, da die meisten Modelle eine bestimmte Länge vorschreiben.

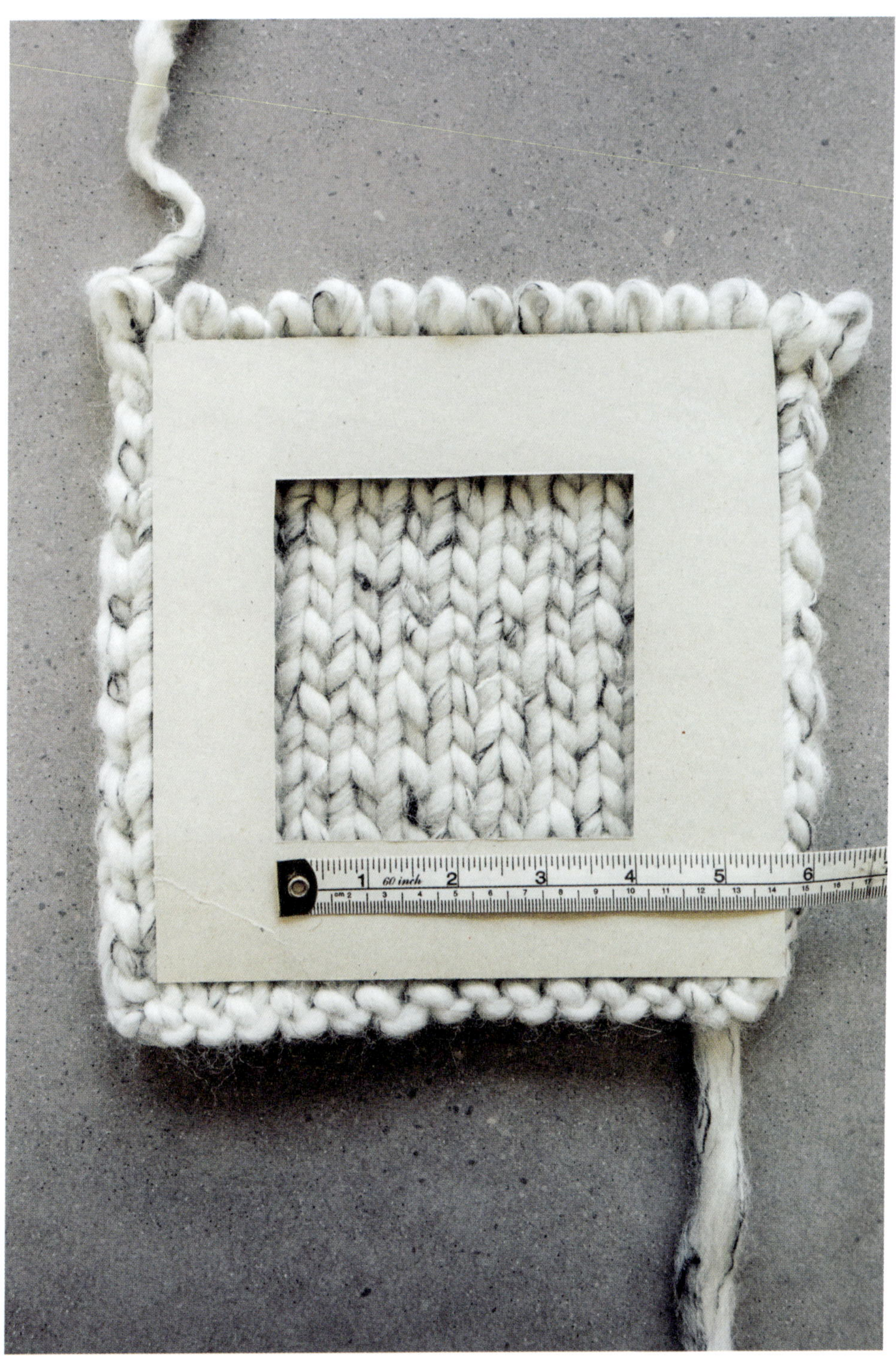
60 inch

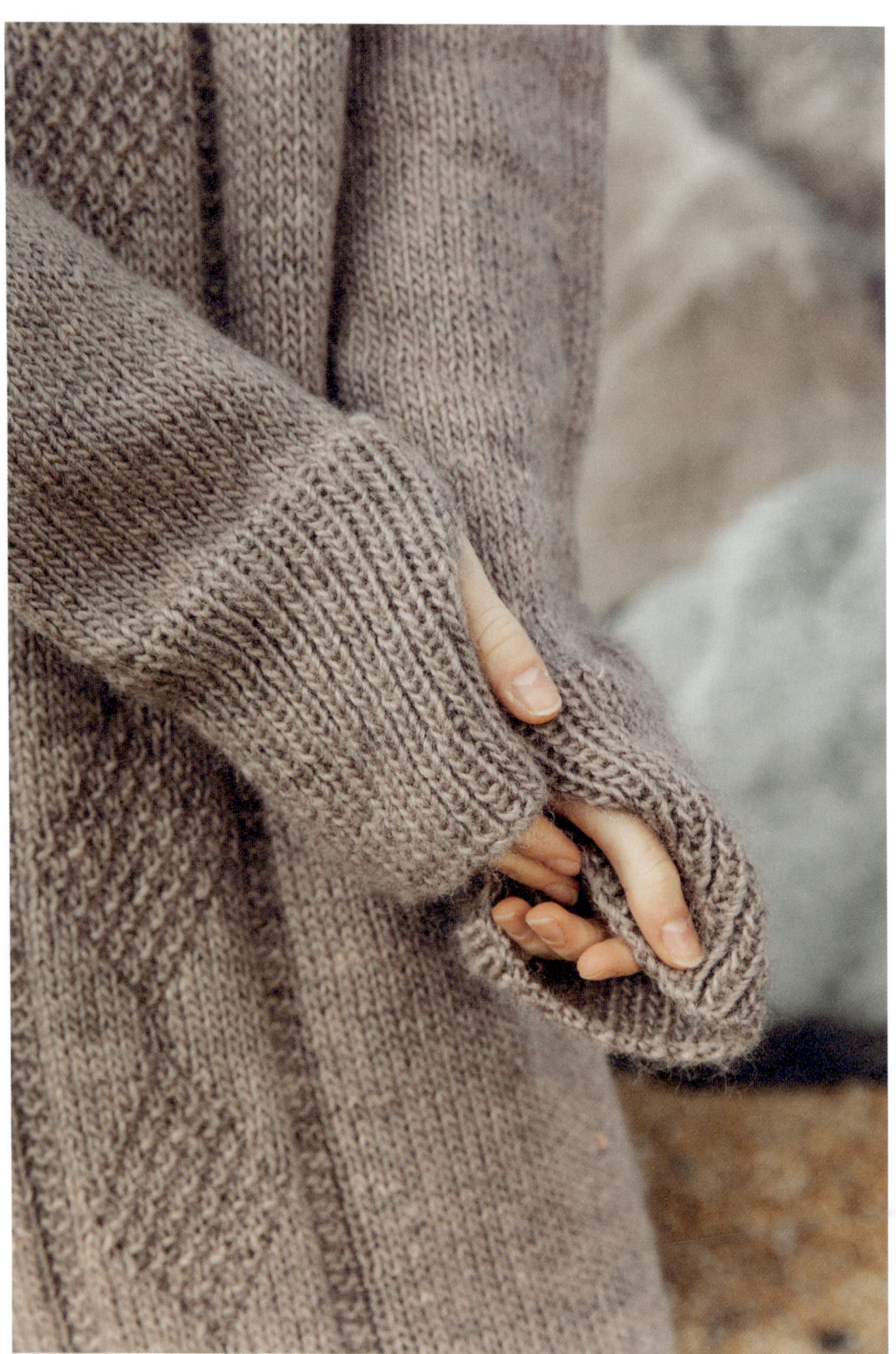

Größe, Passform und Spielraum

Damit ein Kleidungsstück bequem ist, wird immer etwas zusätzlicher Spielraum zwischen den Maßen des Körpers, für den es gedacht ist, und der tatsächlichen Größe des fertigen Kleidungsstücks hinzugefügt, die Bewegungszugaben.

Jedes Kleidungsstück in diesem Buch hat bestimmte Bewegungszugaben, sodass es manchmal enganliegend ist, häufiger aber übergroß mit einer großzügigen Mehrweite – so trage ich einen Pullover am liebsten. Wie viel Mehrweite Sie hinzufügen, ist eine individuelle Entscheidung und schwankt von Modell zu Modell.

Im Allgemeinen entsprechen die meisten Modelle einem »Industriestandard«, d.h., das Kleidungsstück hat etwa 5 cm mehr Brustumfang als die Größe, der es passen soll. Das sind etwa 2,5 cm mehr auf der Vorder- und Rückseite – perfekt für ein Kleidungsstück, das über einem dünnen T-Shirt oder beim Lagenlook über etwas Leichtem getragen wird.

Für Oberbekleidung, die über der Kleidung getragen werden soll, werden noch weitere 2,5 bis 5 cm hinzugefügt, d.h. 7,5 bis 10 cm Mehrweite.

Bei manchen Modellen in diesem Buch, die absichtlich voluminös und übergroß gestaltet wurden, ist eine Mehrweite eingerechnet, die über diese Standards hinausgeht (z.B. »Dickicht«, S. 130).

Bei anderen Modellen (z.B. »Seetang«, S. 160) fallen die Maße des fertigen Strickstücks kleiner aus als die Körpermaße, wobei Muster oder Ausführung so berechnet wurden, dass es eng am Körper anliegt. Wie viel Mehrweite man zugibt, hängt auch vom verwendeten Garn ab, da Wolle und andere Proteinfasern naturgemäß elastischer sind als pflanzenbasierte Fasern wie Baumwolle oder Leinen.

Bei jedem Modell in diesem Buch werden die Maße für jede Größe am Anfang der Anleitung angegeben. Zusätzlich dazu gibt es bei den meisten Modellen eine Schemazeichnung, welche die Maße der Einzelteile vor dem Zusammennähen zeigt. Außerdem werden beim Schema auch (in Klammern) die Maße für die unterschiedlichen Größen angegeben. Das Schema hilft Ihnen, Passform und Mehrweite des Modells einzuschätzen, damit Sie eine Größe wählen können, die gut passt. Sie sollten auf jeden Fall die Fertigmaße des Modells notieren und sich selbst ausmessen.

Das wichtigste Maß ist der Brustumfang. Die Körperlänge oder Ärmellänge kann problemlos beim Stricken angepasst werden. Sie können etwa ein paar Reihen mehr oder weniger stricken, ehe Sie mit dem Armausschnitt beginnen.

SO WIRD GEMESSEN

Brustumfang – messen Sie unter den Armen und um die stärkste Stelle der Brust herum.

Länge – messen Sie von der Mitte Ihres Nackens bis zur schmalsten Stelle Ihrer Taille oder von der Oberkante der Schulter bis zum Saum Ihres Lieblingspullovers.

Taille – messen Sie an der schmalsten Stelle Ihrer Taille herum unterhalb Ihres Brustkorbs, wobei Sie das Maßband etwas locker lassen.

Hüften – messen Sie um die stärkste Stelle Ihrer Hüfte herum, oberhalb des Beinansatzes.

Ärmellänge – messen Sie bei leicht gebeugtem Arm von der Achselhöhle bis zum Handgelenk.

Länge des Armausschnitts – messen Sie bei ausgestrecktem Arm von der oberen Außenkante der Schulter bis zur Achsel hinunter.

Alternativ können Sie einen gern getragenen Pullover oder ein T-Shirt wählen, das Ihnen gut passt. Breiten Sie das T-Shirt oder den Pullover flach aus und messen Sie. Notieren Sie sich die Maße. Vergleichen Sie sie mit Ihren tatsächlichen Körpermaßen. Wählen Sie eine passende Größe aus und vergrößern oder verkleinern Sie gegebenenfalls die Maße, um entweder ein Modell anzupassen oder etwas Neues zu gestalten.
Einer der Vorteile der Handarbeit ist die perfekte Passform, denn so entstehen Kleidungsstücke, die von Ihnen und für Sie maßgeschneidert hergestellt wurden.

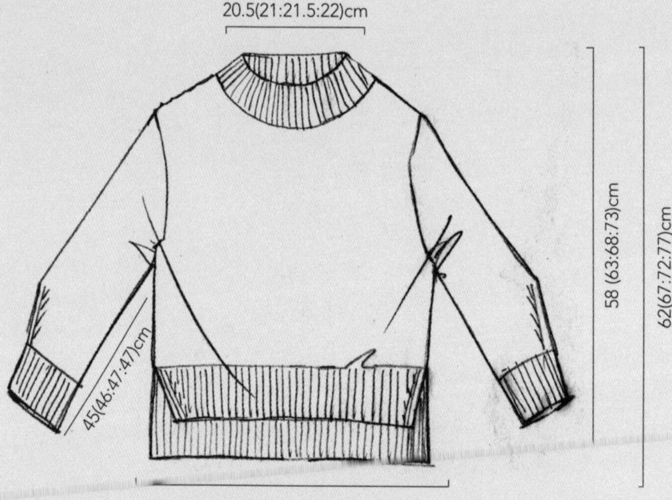

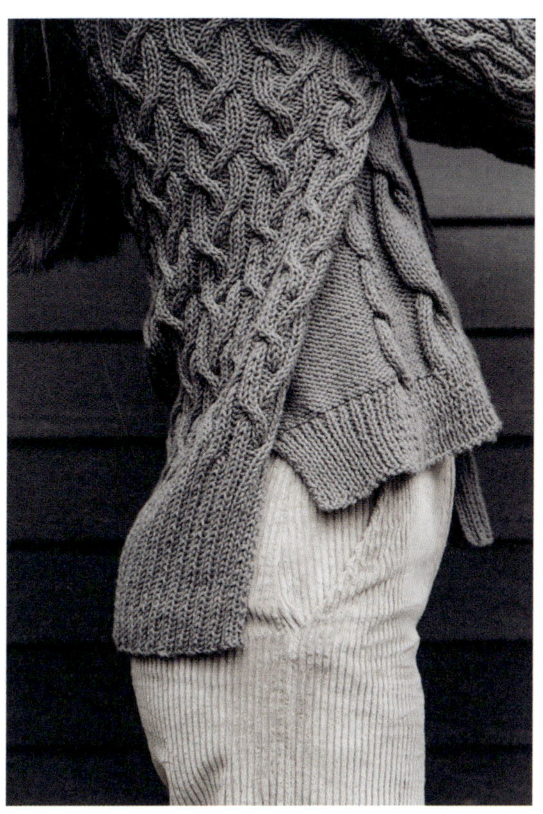

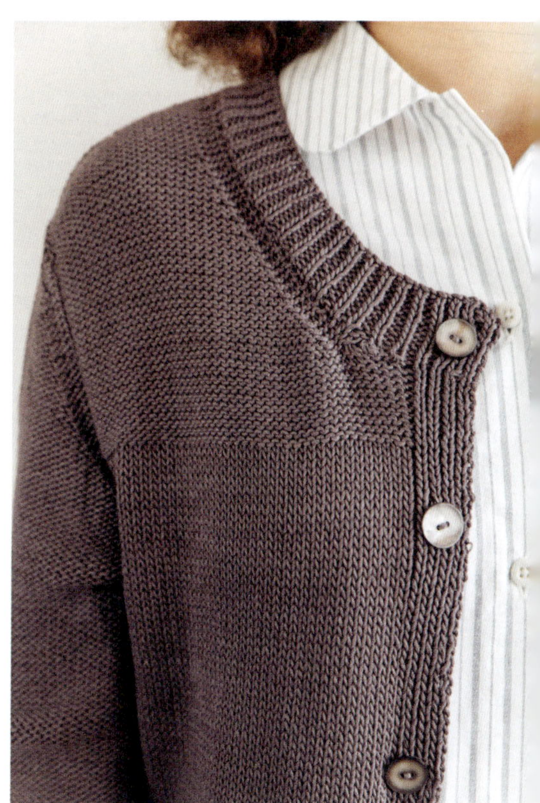

Fertigstellung

Nachdem Sie hochwertiges Garn und etliche Stunden Arbeit in Ihr selbstgestaltetes Kleidungsstück investiert haben, sollte es am Ende auch wunderschön aussehen.

Blocken Sie zuerst alle fertiggestellten Teile: Dafür wird Ihr Strickstück nass gemacht oder gedämpft, sodass sich die Fasern entspannen können. Damit gleicht sich das Maschenbild aus, Details wie Zöpfe oder Lochmuster werden hervorgehoben, und es lässt Ihr Strickstück einfach toll aussehen! Es gibt zwei Möglichkeiten des Blockens – nassblocken und dämpfen. Welche Sie bevorzugen ist Ihre persönliche Entscheidung.

NASSBLOCKEN

1. Eine Schüssel, einen Eimer oder die Spüle mit lauwarmem Wasser und etwas Wollwaschmittel füllen – nie mit heißem Wasser, dann filzt die Wolle!
2. Die Strickstücke ein paar Minuten lang einweichen lassen. Herausnehmen und überschüssiges Wasser vorsichtig herausdrücken.
3. Die Strickstücke auf ein Handtuch legen, das Handtuch zusammenrollen und weiteres Wasser ausdrücken.
4. Die Form der fertigen Strickteile und die empfohlenen Maße entnehmen Sie bitte dem Schema des Modells. Die Teile in der gewünschten Form und Größe auf einer flachen, gepolsterten Oberfläche oder einer Spannmatte (Blocking Board) feststecken.
5. Wenn Sie Lochmuster blocken (s. »Futtersuche«, S. 96), sollten Sie Spanndrähte verwenden. Die Drähte mit T-Nadeln fixieren und mithilfe der Kante der Spannmatte oder eines Lineals die Ränder gerade ausrichten.
6. Die Strickteile lufttrocknen lassen, dann die Nadeln entfernen.

DÄMPFEN

1. Die Strickstücke auf eine flache, gepolsterte Fläche oder eine Spannmatte (Blocking Board) legen.
2. Gemäß den erforderlichen Maßen feststecken. Mit einem feinen Baumwolltuch wie z.B. einem Geschirrtuch abdecken. Das Dampfbügeleisen auf »Dampfbügeln« einstellen.
3. Das Bügeleisen in kurzem Abstand über das Strickstück halten, damit der Dampf den Stoff durchdringen kann.
4. Das Bügeleisen nicht auf das Gestrick pressen. Rippenmuster, Bündchen usw. sollten nicht gedämpft werden, da die Rippen dadurch flachgedrückt werden könnten.
5. Das Tuch abheben und das Gestrick vor dem Entfernen der Nadeln trocknen lassen.

Jetzt können Sie die Teile zusammennähen. Wenn die Schultern von außen mit der Drei-Nadel-Technik geschlossen werden, ergibt das als zusätzliches schmückendes Detail eine abgesetzte Luftmaschenkette entlang der Naht.

MIT DREI NADELN ABKETTEN

1. Halten Sie die beiden Nadeln mit den Strickstücken (links auf links) parallel zueinander in der linken Hand.
2. Die jeweils erste Masche von beiden Nadeln mit einer dritten Nadel zusammenstricken.
3. Die nächste Masche von beiden Nadeln zusammenstricken.
4. Die erste rechte Masche auf der dritten Nadel über die zweite Masche ziehen.
5. Schritte 2 und 3 wiederholen, bis alle Maschen abgekettet sind.

Sehen Sie in der Anleitung nach, in welcher Reihenfolge die Teile zusammengenäht werden sollen. Für eine saubere, professionelle Naht verwende ich die folgenden beiden Methoden.

MASCHENSTICH (UNSICHTBARE NAHT)

Der Maschenstich wird für alle Seiten- und Ärmelnähte verwendet bzw. wo eine flache Naht erforderlich ist.
1. Den Faden am Rand eines Strickteils befestigen, wobei die rechten Seiten beider Teile zu Ihnen zeigen.
2. Die Nadel zur gegenüberliegenden Kante des anderen Strickteils führen, die entsprechende Masche dieses Teils aufnehmen und den Faden durchziehen. Dann die Nadel wieder zur Kante des ersten Strickteils und durch die vorherige Masche zurückführen, die nächste Masche aufnehmen und den Faden durchziehen.
3. So fortfahren und über die gesamte Länge der Naht hinweg Masche für Masche (Reihe für Reihe) aufnehmen und zusammenbringen. (Wenn Sie die Methode einmal beherrschen, wollen Sie keine andere mehr verwenden.)

RÜCKSTICHNAHT

Eine Rückstichnaht wird dort verwendet, wo eine feste Kante erforderlich ist, um die Form zu halten, wie z.B. ein eingesetzter Ärmel oder um eine besonders strapazierte Stelle des Kleidungsstücks zu verstärken.
1. Die Teile mit den rechten Seiten zueinander zusammenlegen. Auf der linken Seite des Gestricks eine Masche von der Kante entfernt arbeiten. Den Faden fixieren und von rechts nach links arbeiten.
2. Mit der Nadel auf der Rückseite der Arbeit um die Länge einer gestrickten Masche nach links stechen, die Nadel wieder durch das Gestrick nach vorne führen und das Garn durchziehen.
3. Die Nadel über die Vorderseite der Arbeit nach rechts zum Ende des letzten Stiches führen, zur Rückseite durchstechen und den Faden durchziehen.
4. Bis zum Ende so fortfahren.

Die Pflege Ihrer Strickstücke

Wenn man soviel Zeit in ein handgestricktes Produkt investiert hat, ist es wichtig, es zu pflegen, um eine lange Haltbarkeit zu gewährleisten.

WASCHEN

Wie oft ein Kleidungsstück gewaschen werden muss, hängt von seiner Verwendung ab. Überbekleidung muss meist nicht regelmäßig gewaschen werden. Wenn sie mal gewaschen werden muss, sollten Sie unbedingt die Pflegeanleitung des verwendeten Garns beachten. Nicht alle Garne sind maschinenwaschbar. Werfen Sie einen Blick auf die Etiketten: Bei den meisten handelsüblichen Garnen enthalten sie Anweisungen fürs Waschen, Reinigen, Trocknen und Bügeln. Bei einem Projekt aus nur einem Garn sagt Ihnen ein rascher Blick aufs Etikett also, wie Sie es pflegen müssen. Wenn Sie mehrere Garne verwendet haben, erfordert die Pflege etwas mehr Überlegung. Wenn ein Garn nur chemisch gereinigt werden darf, lassen Sie das Modell reinigen. Wenn Sie sich unsicher sind, ob Ihr Strickstück waschbar ist, stricken Sie ein Probestück aus dem gleichen Garn. Waschen Sie es, um festzustellen, ob sich das Einweichen im Wasser darauf auswirkt, ob es schrumpft oder sich ausdehnt. Wenn Sie mit den Ergebnissen zufrieden sind, waschen Sie das Strickstück per Hand mit lauwarmem Wasser. Verwenden Sie niemals heißes Wasser, da Ihr Strickstück dadurch verfilzen kann und sich nicht wieder in den ursprünglichen Zustand zurückversetzen lässt. Insbesondere Wolle neigt dazu, auf größere Temperaturschwankungen zu reagieren. Wenn Sie Strickstücke waschen, gehen Sie vorsichtig damit um. Das Kleidungsstück sollte vollständig vom Wasser bedeckt und die Seife ganz aufgelöst sein, bevor es eingetaucht wird. Für die beste Pflege verwenden

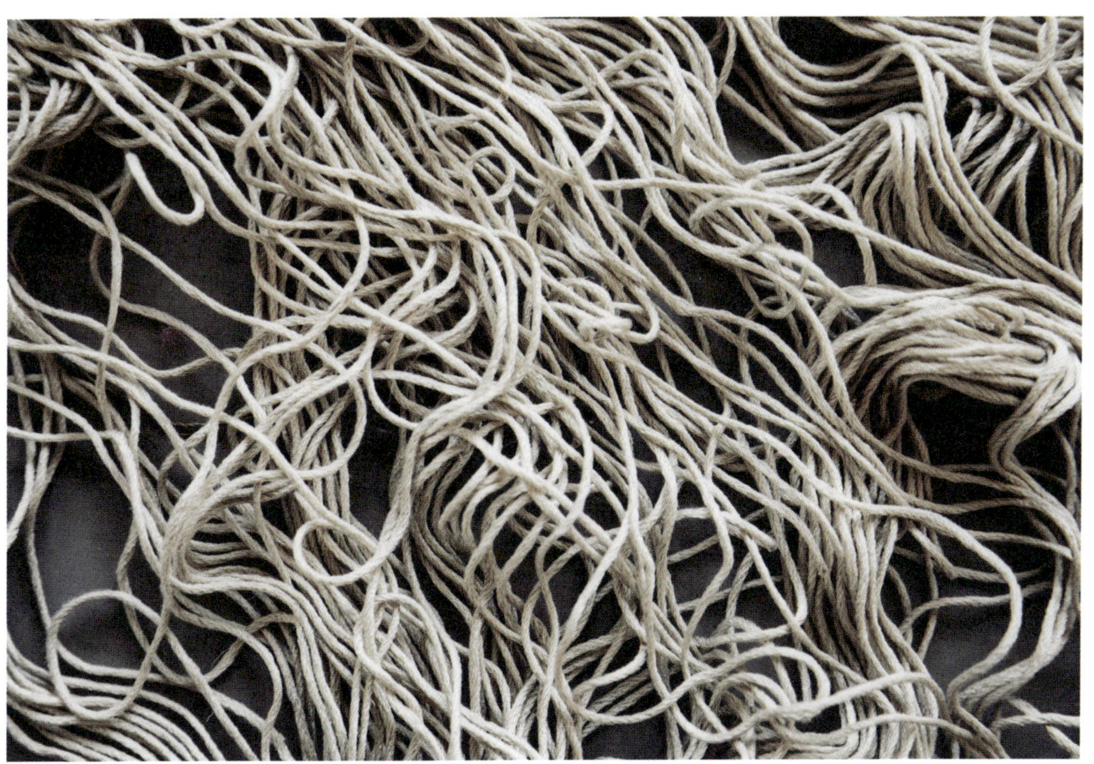

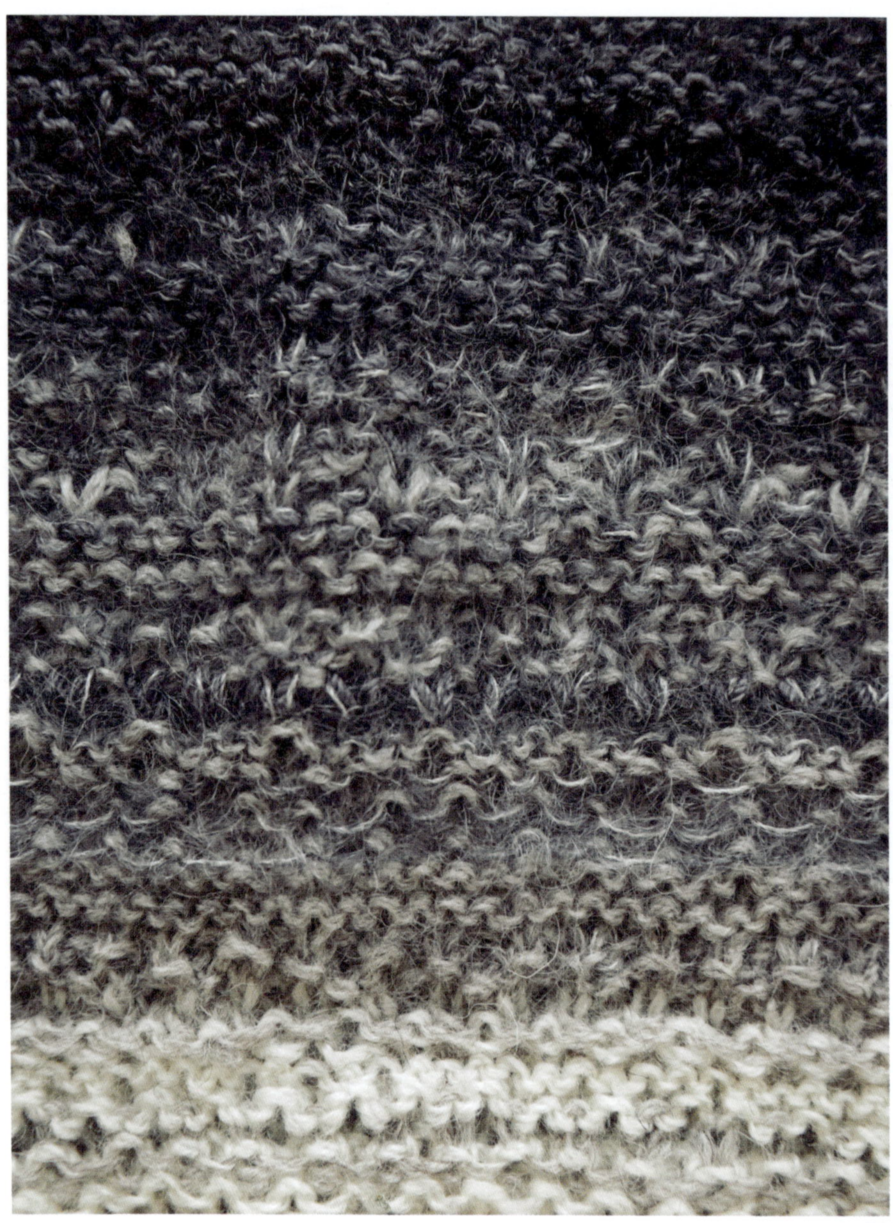

Sie ein spezielles Wollwaschmittel. Bei manchen ist weiteres Klarspülen nicht erforderlich, beachten Sie deshalb die Angaben auf dem gewählten Waschmittel. Wenn Sie ein Strickstück in der Maschine waschen wollen, sollten Sie es als zusätzlichen Schutz in eine Kissenhülle stecken und eine niedrige Schleudergeschwindigkeit wählen.

TROCKNEN

Legen Sie das Kleidungsstück zwischen Handtücher und drücken Sie sanft das überschüssige Wasser heraus. Hängen Sie keine nassen Strickstücke zum Trocknen auf, da sie sich durch das Wassergewicht dehnen und außer Form geraten. Legen Sie sie zum Trocknen flach auf ein Handtuch, das die Feuchtigkeit teilweise absorbiert. Ziehen Sie das Kleidungsstück sanft in Form. Lassen Sie es vor direkter Hitze geschützt flach liegen, bis es vollständig trocken ist.

BÜGELN

Ziehen Sie das Kleidungsstück sanft in Form, wenn es trocken ist. Beachten Sie das Etikett des Garns, bevor Sie das Strickstück bügeln, da die meisten Fasern nur wenig Dampf benötigen; außerdem sollten diese sanft gebügelt werden. Alternativ bügeln Sie mit einem feuchten Tuch zwischen dem Kleidungsstück und dem Bügeleisen.

AUFBEWAHRUNG

Da Essensflecken und Körperfette Motten anlocken, sollten Kleidungsstücke aus Naturfasern wie z.B. Wolle (die Motten besonders attraktiv finden) sauber sein, bevor Sie sie in luftdichten Beuteln oder Behältern wegpacken. Sie können auch Mottenschutzmittel in die Aufbewahrungsbox oder den Kleiderschrank legen, aber nicht direkt auf das Kleidungsstück.

REPARIEREN

Im Lauf der Zeit entstehen in Ihrem Strickstück kleine Löcher durch Motten, gezogene Fäden oder allgemeine Abnutzungserscheinungen an Stellen wie Ellbogen, Hals und Bündchen. Diese können unsichtbar durch Stopfen mit demselben Garn geflickt werden. Sie können aber auch eine sichtbare Methode wählen, um die Reparatur zu betonen und zu einer Besonderheit zu machen.

Die Patina des Alters und der Abnutzung sowie die Eigenheiten des Handgemachten zu akzeptieren, ist Teil der Slow-Fashion-Bewegung (s. S. 32).

Slow Fashion

Auch wenn ich einmal begeisterte Anhängerin von Modebewegungen wie Punk (Laufmaschen und Sicherheitsnadeln liebe ich noch immer) oder New Romantic (wegen der Androgynität und des Kajals) war, ist die Slow-Fashion- bzw. Slow-Clothes-Bewegung etwas, woran ich wirklich glaube. Das Konzept orientiert sich an der in den 1980er-Jahren von dem italienischen Publizisten und Soziologen Carlo Petrini gegründeten Slow-Food-Bewegung. Mit ihr setzte sich Petrini nicht nur für die köstliche Zubereitung vorwiegend regionaler Spezialitäten ein, sondern drang vor allem darauf, sich Zeit zum Kochen zu nehmen und gutes Essen zu genießen – etwas, das zu den alltäglichen Freuden gehören sollte. Heute ist Slow Food eine globale Bewegung, die sich nicht nur auf die Qualität der Lebensmittel auf unseren Tellern bezieht, sondern auch darauf, wie sich der Anbau und die Verteilung von Nahrung auf das Wohlergehen der gesamten Welt auswirken. Die Parallelen zur Mode- und Textilindustrie sind leicht zu erkennen. In diesem Sinne ist Slow Fashion eine Antithese zur Fast-Fashion-Industrie, die in den letzten dreißig Jahren Mode zu einem Wegwerfartikel machte. Ständig wechselnde Modetrends mit billig angefertigter, schnelllebiger Ware führten nicht zuletzt zu erheblichen Umweltproblemen, die sich nicht länger ignorieren lassen. Deshalb sind mir Qualität, umweltbewusste Herstellung und ein fairer Handel für Verbraucher und Hersteller ein besonderes Anliegen. Da ich seit vielen Jahren in der Mode- und Textilindustrie tätig bin, habe ich mit vielen Designern, Einzelhändlern, Facharbeitern und Produzenten auf der ganzen Welt zusammengearbeitet. So erfuhr ich aus erster Hand, wie negativ es sich auf alle Beteiligten auswirkt, wenn hochqualifizierte Fähigkeiten, Praktiken, Techniken und Technologien zwangsweise auf schnelllebige Billigprodukte konzentriert werden. Es ist ein Teufelskreis, und es bricht mir das Herz. Auch wenn es keine einfache, schnelle Lösung gibt, bin ich davon überzeugt, dass jeder von uns ganz individuell die Macht hat, etwas zu verändern und zur Entschleunigung beizutragen, indem er zu einem bewussteren Verbraucher wird.

WENIGER KAUFEN, MEHR KREIEREN

Stricken ist die Inspiration. Es ist eine sehr grundlegende Fähigkeit, die jeder erlernen kann; wir brauchen nicht mehr als zwei Stäbchen und ausreichend Faden. Als Stricker:innen können wir uns für nachhaltige Materialien, Verfahren und Methoden entscheiden. Wir können uns fragen, woher unser Garn kommt, mit fundiertem Wissen natürliche und nachhaltige Fasern auswählen, sie wiederverwenden, recyceln oder reparieren. Beim Handarbeiten ging es schon immer um Einfallsreichtum. Zerschneiden Sie alte Stoffe, abgetragene Baumwollhemden, geschrumpfte oder verblichene Jersey-T-Shirts oder sogar Plastiktüten und verwandeln Sie sie in einen durchgehenden »Faden«. Fühlen Sie sich nicht schuldig, dass Ihr Garnvorrat so groß ist – verstricken Sie ihn. Experimentieren Sie mit Fasermischungen, indem Sie für eine einzigartige Interpretation eines Lieblingsmusters verschiedene Strukturen miteinander kombinieren. Ribbeln Sie eine vor langer Zeit begonnene und wieder vergessene Arbeit auf und verwenden Sie das Garn wieder. Führen Sie einen früheren Lieblingspullover einem neuen Zweck zu, indem Sie ihn in etwas anderes verwandeln. Wenn er aus Wolle besteht – filzen Sie ihn. Flicken Sie ein mottenzerfressenes Strickstück mit sichtbarer Stopfarbeit, oder verschönern Sie es mit Stickerei, Aufnähern oder Applikationen. Schneiden Sie die Ärmel ab. Spinnen Sie Ihr eigenes Garn von einer nachhaltigen Quelle, färben Sie naturfarbene Fasern in Ihrer Küche mit umweltfreundlichen Pflanzenfarben. Beschenken Sie Freunde und Verwandte lieber mit Handgestricktem als mit fertig gekauften Waren. Vererben Sie abgelegte Sachen, damit sie von der nächsten Generation getragen und geschätzt werden. Das alles sind traditionelle Wege, die wir Stricker:innen uns meist längst zu eigen gemacht haben. Denn wir haben ja bereits in unserem eigenen Kunsthandwerk erfahren, dass Stricken eine Tätigkeit ist, die Zeit braucht, um etwas Nützliches und Schönes zu erschaffen – sie hat ihr eigenes Tempo und ihren eigenen Rhythmus, der von der natürlichen Bewegung des Arms und der Hand bestimmt wird. Es ist ein fesselnder, sogar meditativer Pro-

»Ich bin davon überzeugt, dass jeder von uns ganz individuell die Macht hat, etwas zu verändern und zur Entschleunigung beizutragen, indem er zu einem bewussteren Verbraucher wird.« Erika Knight

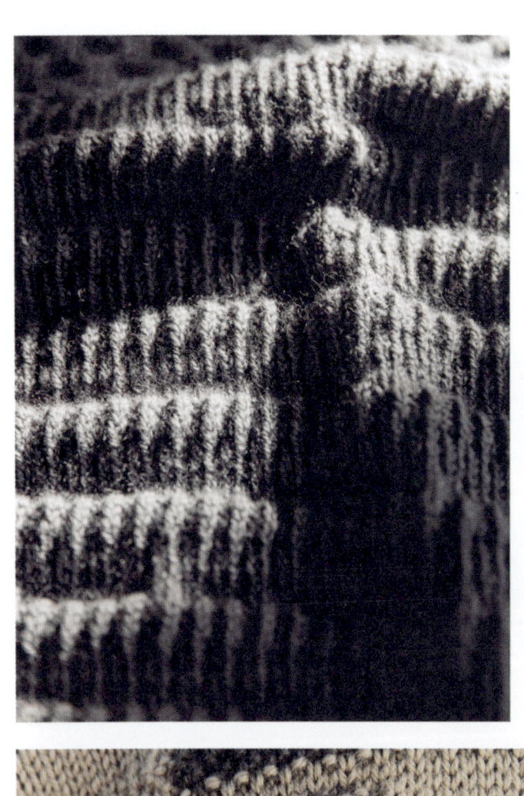

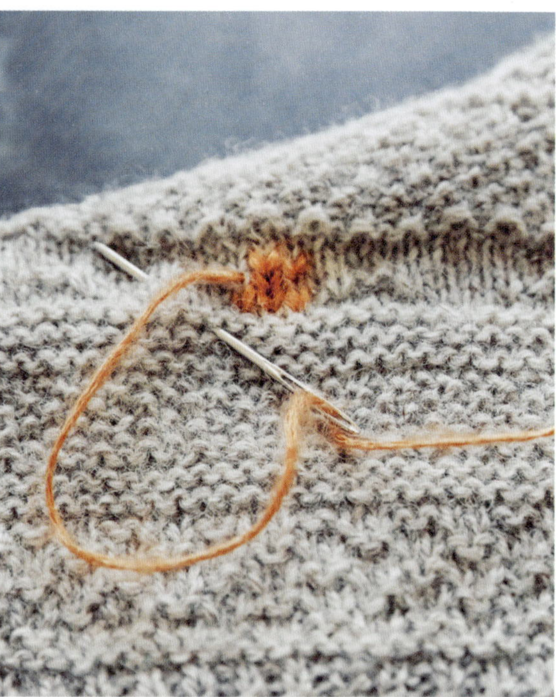

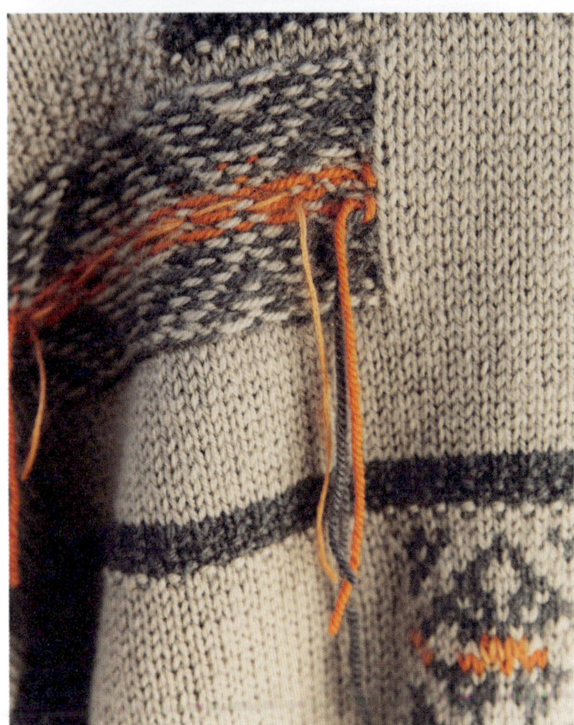

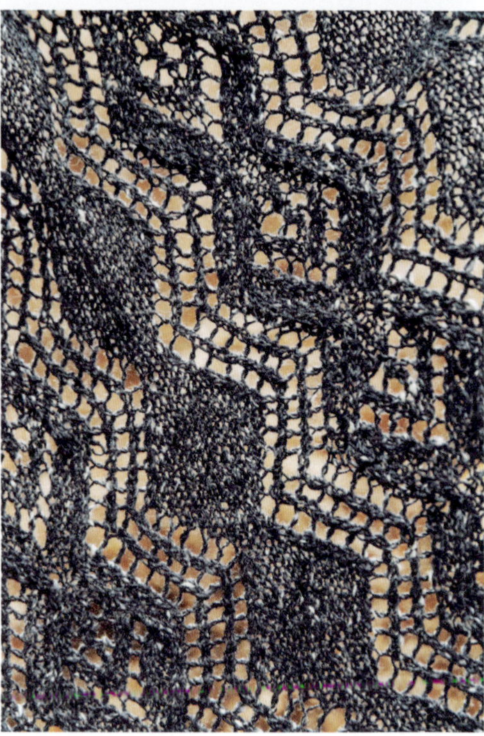

zess, der auch etliche gesundheitliche Vorteile bietet. Stricken ist entspannend und achtsam; es fördert Konzentration und Fokussierung. Stricken ist eine logische Tätigkeit mit sich wiederholenden Mustern, für die auch Erinnerungsvermögen nötig ist. Etwas manuell zu erschaffen kann das Selbstvertrauen steigern. Sie können stolz darauf sein, Ziele erreicht oder eine neue Technik gemeistert zu haben, können Lob und Anerkennung für Ihre Kreationen genießen. Sobald Sie eine Technik erlernt und gemeistert haben, können Sie diese Fähigkeiten bei sozialen Treffen, Handarbeitsveranstaltungen und in den sozialen Medien austauschen, teilen und ausbauen. Der kleine Kreis gleichgesinnter Stricker:innen, die zusammenkommen, um Beziehungen und Gemeinschaften aufzubauen und durchdachte Textilien zu gestalten, ist im Kern schon ein gutes Beispiel für eine nachhaltige Kreislaufwirtschaft.

Beim Stricken geht es um den Prozess – nicht darum, als Erster über die Ziellinie zu kommen! Dieser Prozess ist genauso wichtig wie das Endprodukt. Stricken ermutigt zu innovativen Experimenten und fördert zugleich Konzentration und Präzision. Nehmen Sie sich die Zeit, den handwerklichen Prozess zu würdigen und zu verstehen, dass »jeder Fehler auch eine neue Chance birgt, nochmal neu und anders an etwas heranzugehen«, wie ein talentierter, weiser Freund und Mentor oft zu mir gesagt hat.

GENIESSEN SIE DEN PROZESS

Lassen Sie sich Zeit, um das Garn auszusuchen. Wickeln Sie für den Anfang das Garn aus einem Strang ab, um sich zu fokussieren. Wickeln Sie das Garn zum Arbeiten zu einem Knäuel auf, und Sie sind startbereit.

ARBEITEN SIE AN IHREM HANDWERK

Widerstehen Sie der Versuchung, auf die Maschenprobe zu verzichten. Das ist Ihre Chance, das Garn kennenzulernen, bevor Sie sich dem Projekt widmen – wie es fällt, die Maschendefinition, ob es sich für den Zweck eignet. Betrachten Sie die Maschenprobe nicht nur als praktische Übung, sondern als etwas, das Ihnen das Experimentieren und die Kreativität ermöglicht. Können zwei (oder mehr) Garne miteinander kombiniert werden, um der Maschenprobe zu entsprechen? Wie verändert sich ein Muster, wenn es mit einem dickeren oder dünneren Garn gestrickt wird? Wenn Sie mit einem Garn arbeiten, das Sie nicht kennen, oder einer Musterkombination, die Sie noch nie zuvor gestrickt haben, sollten Sie am besten eine größere Maschenprobe stricken, um die Anzahl der Maschen und Reihen genauer zu bestimmen. Wenn Sie in der Runde stricken, stricken Sie auch die Maschenprobe in der Runde.

BLEIBEN SIE PRÄSENT

Stricken Sie eine Masche, mehrere Maschen, eine Reihe. Stricken Sie etliche Reihen, kreieren Sie eine Textilie. Das ist die Technik in ihrer einfachsten, grundlegenden Form, die das Logische, das Kreative und das Pragmatische ideal miteinander verbindet. Spüren Sie, wie sich das Garn anfühlt, während es durch Ihre Finger und über die Nadeln gleitet. Lassen Sie sich von der rhythmisch-repetitiven Bewegung der Maschen mitreißen, die die von der Natur inspirierten Strukturen zum Leben erwecken.

Abkürzungen

*	ab * so oft arbeiten wie angegeben
[ ]	Anweisungen in den eckigen Klammern so oft wie angegeben arbeiten
( )	Anweisungen in runden Klammern für Ihre gewählte Größe arbeiten
1re verschr	Rechts verschränkt stricken
2Mlizus	2 Maschen links zusammenstricken
2Mliverschr.zus	2 Maschen links verschränkt zusammenstricken
2Mzus	2 Maschen rechts zusammenstricken
2Mverschr.zus	2 Maschen rechts verschränkt zusammenstricken
abn	abnehmen, Abnahme
abw	abwechselnd
aMüberz	abgehobene M überziehen
Anf	Anfang(en)
ca.	circa
cm	Zentimeter
Fdv	Faden vor der Arbeit
FdvN	Faden zwischen den Nadeln durch nach vorne
FdvR	Faden vor der Arbeit und rund um die Nadel, um eine Masche zuzunehmen.
FdvU	Faden vor der Arbeit und Umschlag, um eine Masche zuzunehmen
fortf	fortfahren
folg	folgende
g	Gramm
gl.li	glatt links
gl.re	glatt rechts
kr.re	kraus rechts stricken
labh	1 M wie zum Linksstricken abheben (sofern nicht anders angegeben)
LH	linke Hand
li	links
li verschr.	Links verschränkt stricken
LS	linke Seite
M1	1M zunehmen: 1M aus dem Querfaden der Vorreihe herausstricken
M1li	1M links zunehmen: 1linke M aus dem Querfaden der Vorreihe herausstricken
M1re.ü	1M abh, 1re, aMüberz; nächste M abh, 1re, aMüberz
M2zus.ü	1M abh, 2Mzus, aMüberz; nächste M abh, 2Mzus, abgehobene M überziehen
M	Masche(n)
Me	Maschenmarkierer einsetzen
Ms	Muster
MV	Maschenmarkierer versetzen
PTMs	Patentmuster
R	Reihe
Rd	Runde
re	rechts
restl.	restliche(n)
RH	Rechte Hand
RMs	Rippenmuster
RS	rechte Seite
tM	tiefer gestochene Masche (bei

	der nächsten Masche in die Reihe darunter einstechen und normal abstricken)
U	Umschlag
UM	Umschlag, um eine Masche zuzunehmen
verschr.	verschränkt
wdh.	wiederholen
zun	zunehmen, Zunahme
zus.	zusammen

SPEZIELLE ABKÜRZUNGEN

Dopp. Zun – Doppelte Zun in 1 M: Die nächste M mit ihrem U zus.stricken, U, dann erneut in dieselbe M stricken. (»Farnkraut«, s. S. 140; »Hochbetrieb«, s. S. 62).

re dopp. Abn – rechte doppelte Abn: Die nächste Masche mit ihrem U und die folg M re abheben, Nadel der LH von vorne in diese M einstechen und re zus, diese M zurück auf Nadel der LH heben, die nächste M mit ihrem U über diese abgehobene M überziehen und diese M wieder auf die Nadel der RH heben. (»Farnkraut«, s. S. 140; »Hochbetrieb«, s. S. 62).

li dopp. Abn – linke doppelte Abnahme: Die nächste M und ihren U rechts auf die Nadel in der RH abheben, die nächste M und die folgende M mit ihrem U zus. stricken, dann die abgehobene M und ihren U über diese M ziehen (»Farnkraut, s. S. 140; »Hochbetrieb«, s. S. 62).

Z3h – Zopf über 3 Maschen hinten: Die nächste M auf die Zopfnadel nehmen und hinter die Arbeit legen, die nächsten 2 M von der Nadel in der LH rechts abstricken, dann M von der Zopfnadel rechts abstricken

Z3v – Zopf über 3 Maschen vorne: Die nächsten 2 M auf die Zopfnadel nehmen und vor die Arbeit legen, die nächste M von der Nadel in der LH rechts abstricken, dann die M von der Zopfnadel rechts abstricken

Z4h – Zopf über 4 Maschen hinten: Die nächsten 2 M auf die Zopfnadel nehmen und hinter die Arbeit legen, die nächsten 2 M von der Nadel in der LH rechts abstricken, dann M von der Zopfnadel rechts abstricken

Z4v – Zopf über 4 Maschen vorne: Die nächsten 2 M auf die Zopfnadel nehmen und vor die Arbeit legen, die nächsten 2 M von der Nadel in der LH abstricken, dann die M von der Zopfnadel rechts abstricken

lZ4re – Über 4 Maschen nach links zopfen, rechte Masche: Die nächsten 3 M auf die Zopfnadel nehmen und vor die Arbeit legen, die nächste M von der Nadel in der LH rechts abstricken, dann die M von der Zopfnadel rechts abstricken

lZ4li – Über 4 Maschen nach links zopfen, linke Masche: Die nächsten 3 M auf die Zopfnadel nehmen und vor die Arbeit legen, die nächste M von der Nadel in der LH links abstricken, dann die M von der Zopfnadel rechts abstricken

rZ4re – Über 4 Maschen nach rechts zopfen, rechte Maschen: Die nächste M auf die Zopfnadel nehmen und hinter die Arbeit legen, die nächsten 3 M von der Nadel in der LH rechts abstricken, dann die M von der Zopfnadel rechts abstricken

rZ4li – Über 4 Maschen nach rechts zopfen, linke Masche: Die nächste M auf die Zopfnadel nehmen und hinter die

Arbeit legen, die nächsten 3 M von der Nadel in der LH rechts abstricken, dann die M von der Zopfnadel links abstricken
Z6h – Zopf über 6 Maschen hinten: Die nächsten 3 M auf die Zopfnadel nehmen und hinter die Arbeit legen, die nächsten 3 M von der Nadel in der LH abstricken, dann M von der Zopfnadel abstricken

Z6v – Zopf über 6 Maschen vorne: Die nächsten 3 M auf die Zopfnadel nehmen und vor die Arbeit legen, die nächsten 3 M von der Nadel in der LH rechts abstricken, dann die M von der Zopfnadel rechts abstricken

l5verkr.re – Links verkreuzen über 5 Maschen, rechte Maschen: Die nächsten 3 M auf die Zopfnadel nehmen und vor die Arbeit legen, die nächsten 2 M von der Nadel in der LH rechts abstricken, dann die M von der Zopfnadel rechts abstricken

l5verkr.li – Links verkreuzen über 5 Maschen, linke Maschen: Die nächsten 3 M auf die Zopfnadel nehmen und vor die Arbeit legen, die nächsten 2 M von der Nadel in der LH links abstricken, dann die M von der Zopfnadel rechts abstricken

r5verkr.re – Rechts verkreuzen über 5 Maschen, rechte Maschen: Die nächsten 2 M auf die Zopfnadel nehmen und hinter die Arbeit legen, die nächsten 3 M von der Nadel in der LH rechts abstricken, dann die M von der Zopfnadel rechts abstricken

r5verkr.li – Rechts verkreuzen über 5 Maschen, linke Maschen: Die nächsten 2 M auf die Zopfnadel nehmen und hinter die Arbeit legen, die nächsten 3 M von der Nadel in der LH rechts abstricken, dann die M von der Zopfnadel links abstricken

l6verkr.RMs – Links über 6 Maschen verkreuzen, Rippenmuster: Die nächsten 4 M auf die Zopfnadel nehmen und vor die Arbeit legen, die nächsten 2 M von der Nadel in der LH rechts abstricken, dann die 2 li M von der Zopfnadel wieder auf die LH-Nadel nehmen und links abstricken, dann die verbliebenen 2 M auf der Zopfnadel rechts abstricken

r6verkr.RMs – Rechts über 6 Maschen verkreuzen, Rippenmuster: Die nächsten 4 M auf die Zopfnadel nehmen und hinter die Arbeit legen, die nächsten 2 M von der Nadel in der LH rechts abstricken, dann die 2 li M von der Zopfnadel wieder auf die LH-Nadel nehmen und links abstricken, dann die verbliebenen 2 M auf der Zopfnadel rechts abstricken

Z12v – Zopf über 12 Maschen vorne: Die nächsten 6 M auf die Zopfnadel nehmen und vor die Arbeit legen, die nächsten 6 M von der Nadel in der LH rechts abstricken, dann die M von der Zopfnadel rechts abstricken

Z16v – Zopf über 16 Maschen vorne: Die nächsten 8 M auf die Zopfnadel nehmen und vor die Arbeit legen, die nächsten 8 M von der Nadel in der LH abstricken, dann die M von der Zopfnadel abstricken

Z16h – Zopf über 16 Maschen hinten: Die nächsten 8 M auf die Zopfnadel nehmen und hinter die Arbeit legen, die nächsten 8 M von der Nadel in der LH rechts abstricken, dann M von der Zopfnadel rechts abstricken

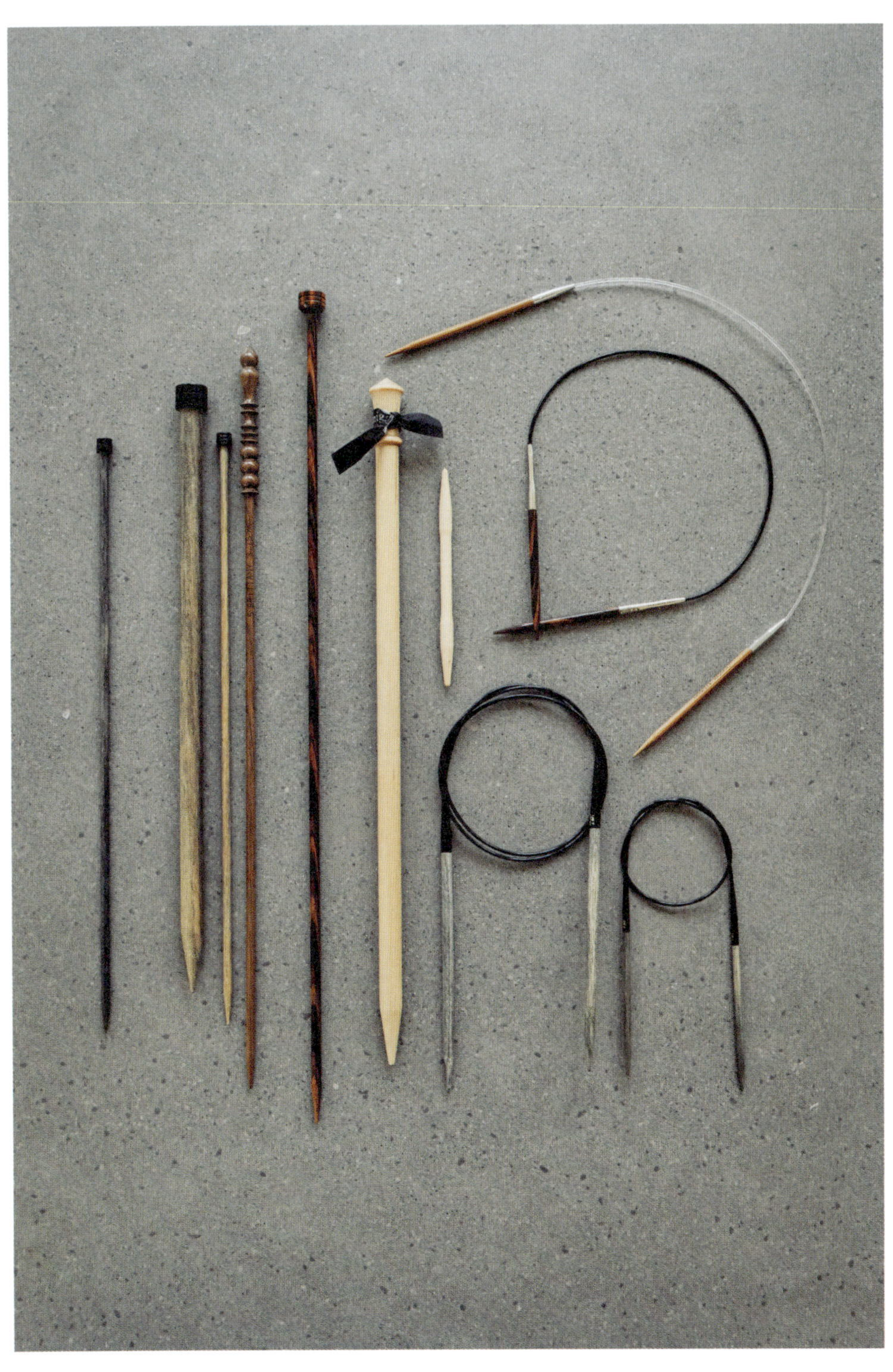

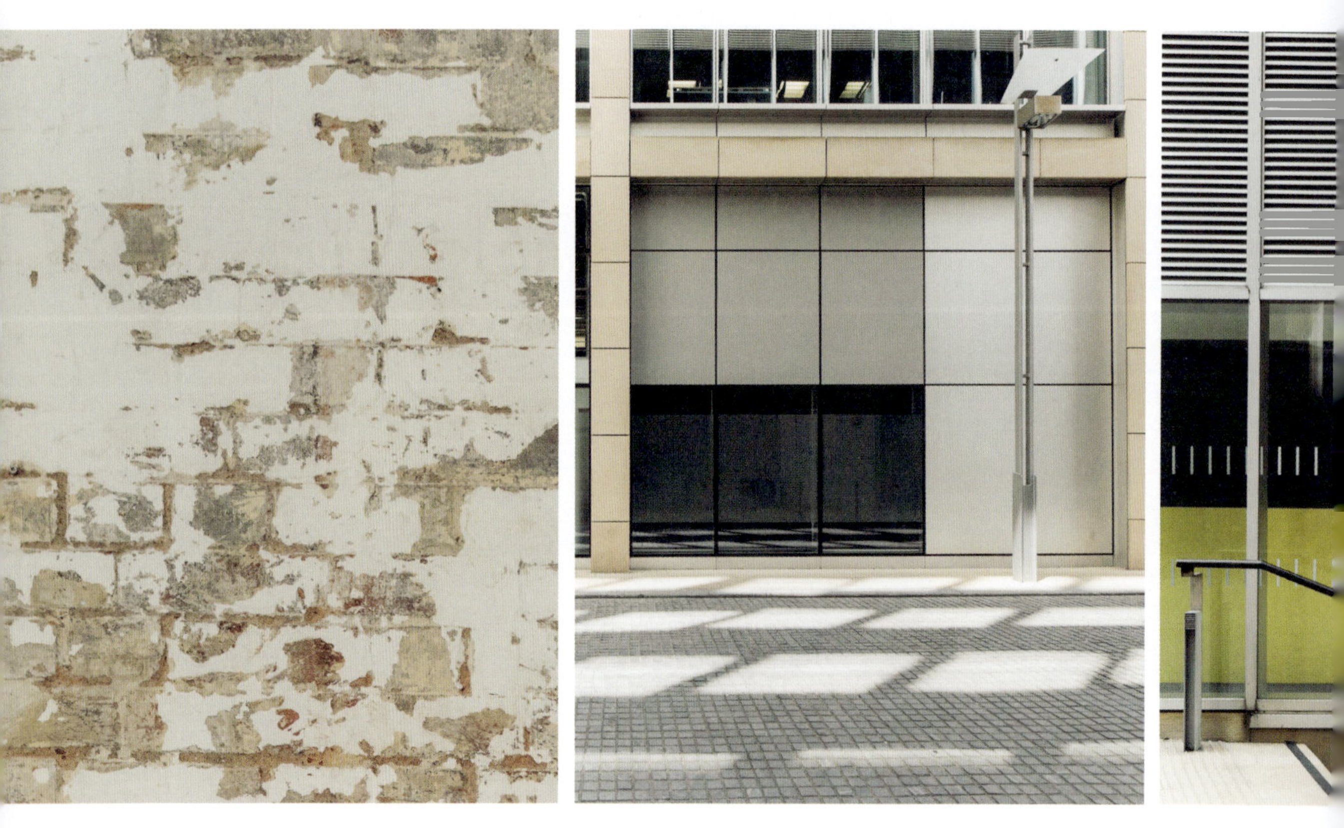

Stadt

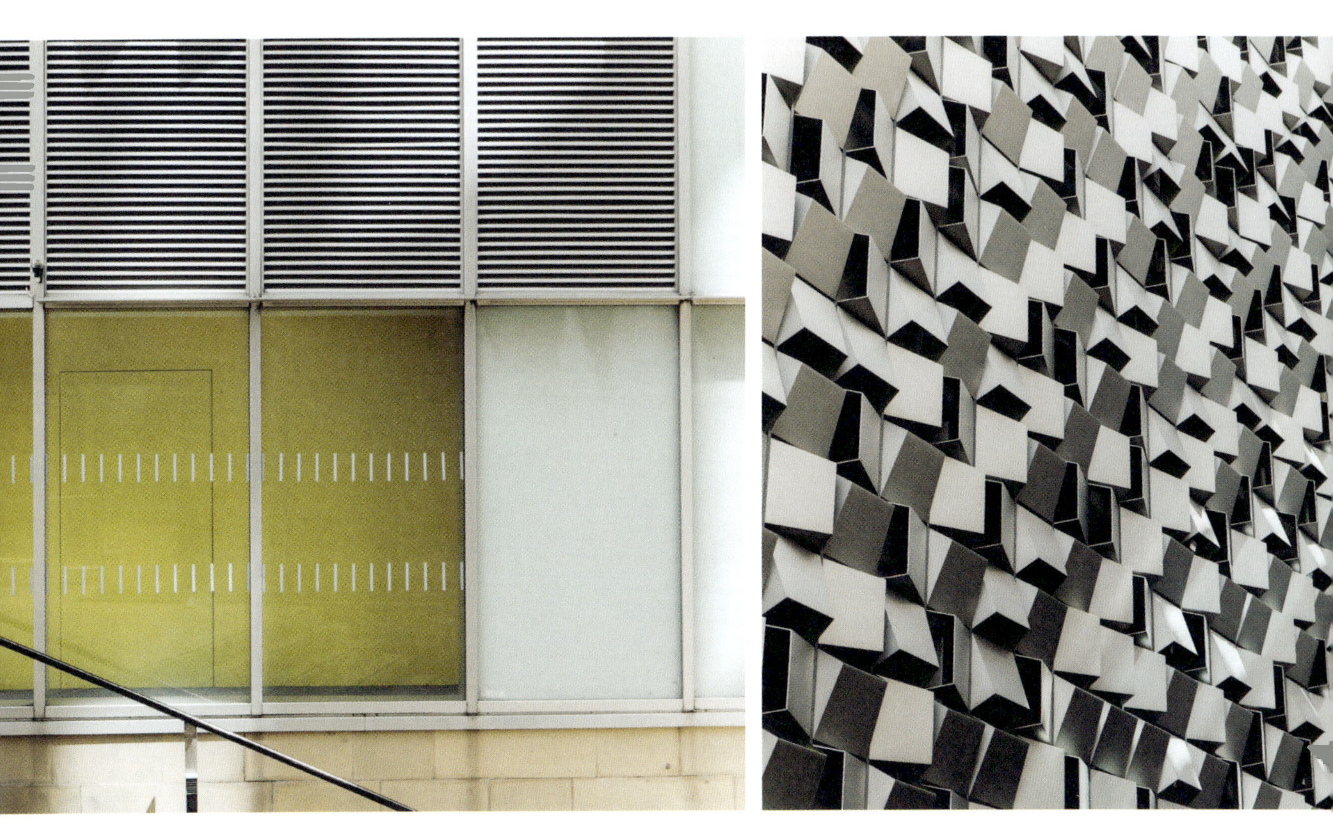

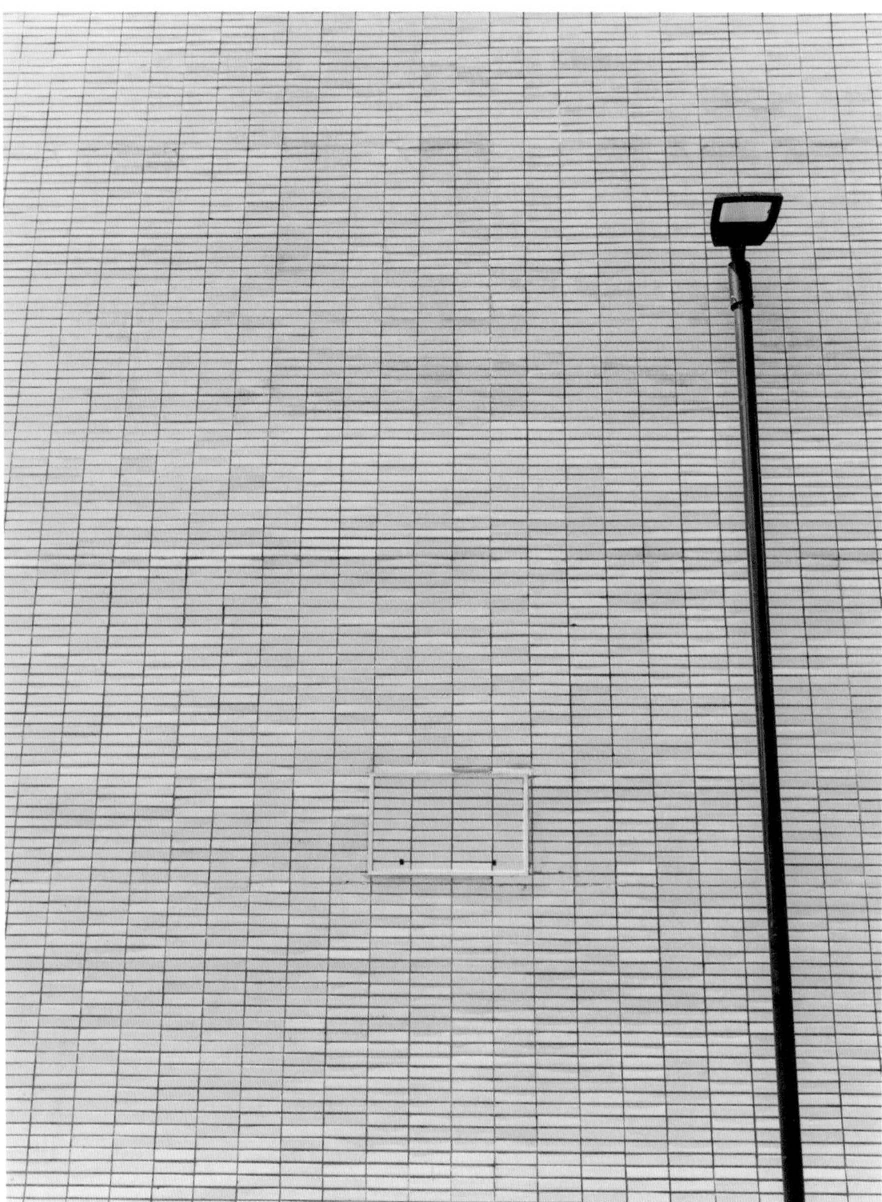

Skyline

Dunstglocke über der Stadt

Geometrischer Schattenwurf

Frühnebel

Die Stunden vergehen

Das letzte Tageslicht

Wanderschaft

Abfall

Über Bürgersteige stapfen

Pylonen

Äußere Grenzen

Papierweiß

Falten

Farbloser Himmel

Gelbe Linien

Beton

Von einem Tag zum anderen

Das Stadtbild ist von geraden Linien und geometrischen, von Menschenhand geschaffenen Formen geprägt. Beton, Metall und Glas werden zu starken, sich wiederholenden Mustern kombiniert. Die weiten Flächen der flachen, harten Oberfläche wirken interessanter, wenn sie in Mosaikform verlegt werden oder Strukturmuster aufweisen, die in die Oberfläche gepresst wurden. Der starke Kontrast zwischen Schwarz und Weiß wird durch Bereiche in kühlem Grau gemildert, während leuchtende Farbtupfer gelegentlich interessante Details hinzufügen.

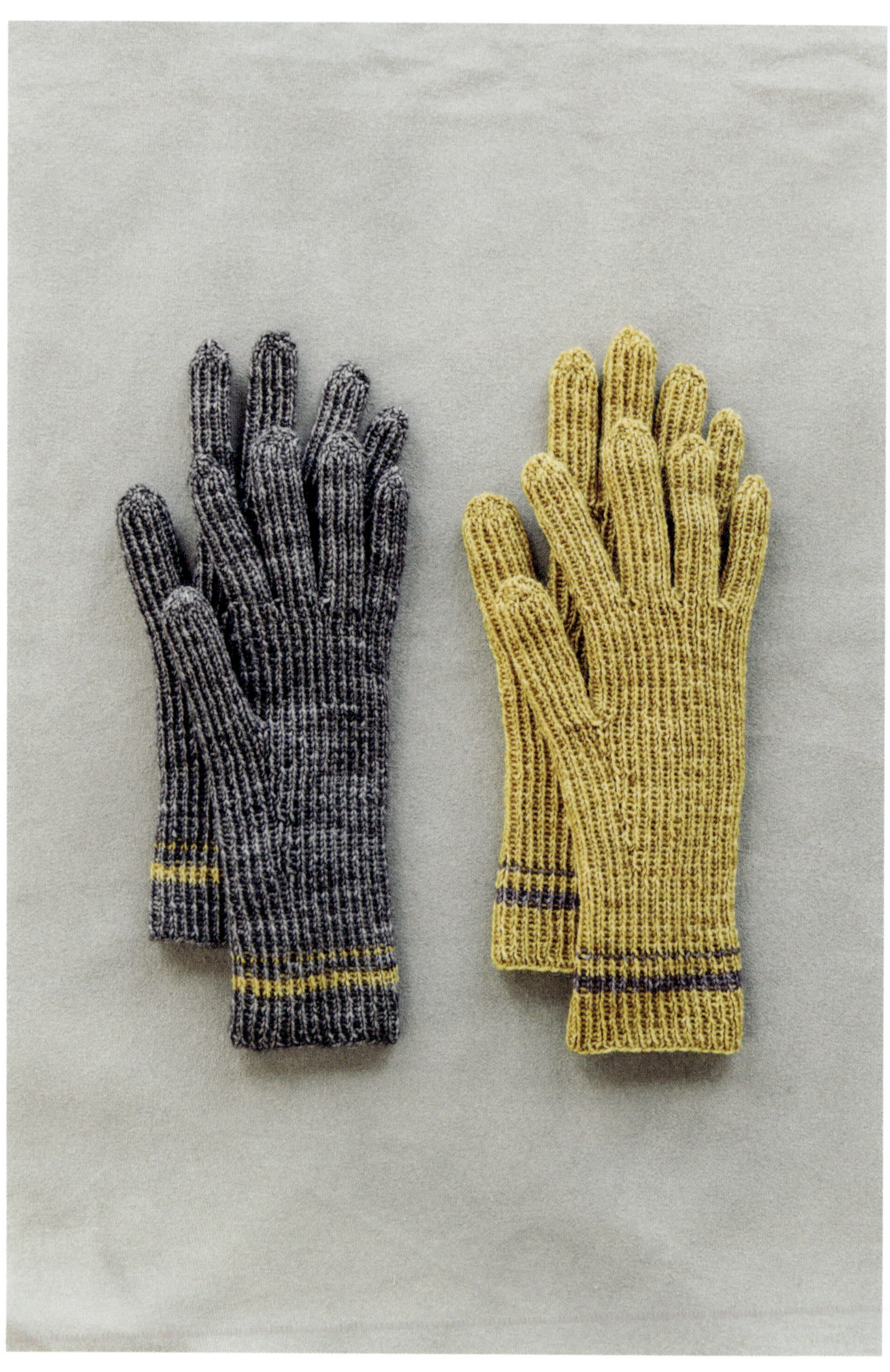

Straßenbahn

Klassische Handschuhe im Rippenmuster 1re, 1li, für eine nahtlose, bequeme Passform in Runden gestrickt, mit kontrastfarbenen feinen Streifen. Das Garn reicht für ein zweites Paar in der umgekehrten Farbkombination aus.

GARN
The Uncommon Thread BFL Fingering
100 % Bluefaced Leicester wool
Ca. 400 m auf 100 g

MASSE
Einheitsgröße. Länge von der Spitze des Mittelfingers bis zum Bündchenrand ca. 27 cm.

ANMERKUNG
Die Modelle auf den Fotos werden in folgenden Farben präsentiert: A Cobble & B Meadow Grass und A Meadow Grass & B Cobble.

MATERIALIEN
A 1 Knäuel á 100 g
B 1 Knäuel á 100 g
Nadelspiel Stärke 3
Hilfsnadeln
Sicherheitsnadel (groß)
Stumpfe Nähnadel mit großem Nadelöhr

Bei den angegebenen Garnmengen handelt es sich um Richtwerte, die auf einem Durchschnittsbedarf basieren.

MASCHENPROBE
37 M x 38 Rd. = 10 x 10 cm im Rippenmuster, mit Nadeln Nr. 3 und **nach dem Dämpfen**. Wechseln Sie nach Bedarf die Nadelstärke, um der Maschenprobe zu entsprechen.

ABKÜRZUNGEN
Siehe S. 36–38.

HINWEIS
Verwenden Sie einen kontrastfarbenen Faden, um den Rundenanfang und den Daumenzwickel zu markieren. Die Handschuhe werden durchgehend im Rippenmuster 1re, 1li gestrickt.

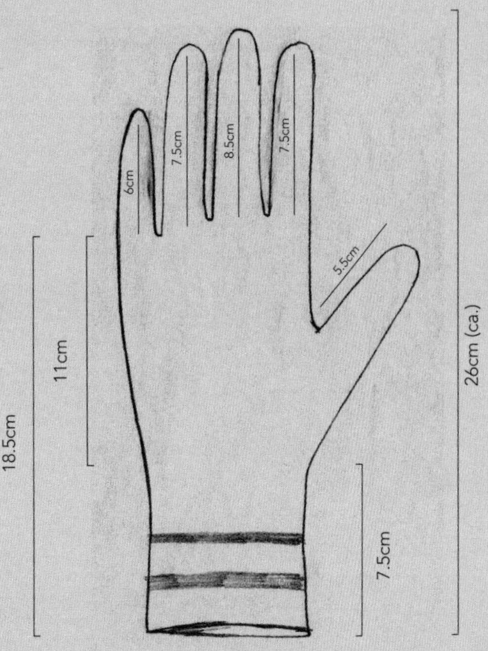

ANLEITUNG

RECHTER HANDSCHUH

Mit Nadeln Nr. 3 in A 60 M anschlagen. Die Maschen auf 3 Nadeln aufteilen, Me zum Markieren des Rundenanfangs und wie folgt im RMs 1re, 1li arbeiten:

Runde 1: [1re, 1li] bis zum Ende der Runde.
Die letzte Runde 9-mal wdh.
Ab jetzt mit B 3 Runden im RMs 1re, 1li stricken.
Dann mit A 3 Runden im RMs 1re, 1li stricken.
Dann mit B 1 Runde im RMs 1re, 1li stricken.
B abschneiden.
Mit A weiterarbeiten, bis 30 Runden RMs ab dem Anschlag erreicht sind.

Daumenzwickel formen:

Nächste Runde: 23 M im RMs, Me, 17 M im RMs, Me, RMs bis zum Ende der Runde.
Nächste Runde (zun): Im RMs bis zum Markierer, M1, MV, 17 M im RMs, M1, RMs bis zum Ende der Runde.
3 Runden stricken.
Die letzten 4 Runden wdh., bis 72 M erreicht sind, und die neuen M ins RMs integrieren.
Nächste Runde: 29 M im RMs bis zum Markierer, Markierer entfernen, die nächsten 18 M auf eine Sicherheitsnadel legen, 6 M aufnehmen und bis zum Ende der Runde stricken. *60 M.*
20 Runden stricken. Faden abschneiden und ein langes Ende stehen lassen.

Aufteilung für die Finger:

Die ersten 22 M der Runde auf eine Hilfsnadel legen. *38 M.*

Zeigefinger

Mit der RS vorne das Garn mit den restl. M zusammenführen, 16 M im RMs, umdrehen, 2 M anschlagen, umdrehen. Diese 18 M auf 3 Nadeln verteilen und 24 Runden stricken.

Fingerspitze:

Nächste Runde (abn): [2Mzus, 2Mlizus] 4-mal, 2Mzus. 9 M.
Nächste Runde: [1re, 1li] bis zur letzten M, 1re.
Nächste Runde (abn): [2Mzus, 2Mlizus] 2-mal, 1re. 5 M.
Faden abschneiden und ein langes Ende stehen lassen.
Faden durch die restl. M ziehen, fest anziehen und abketten.

Mittelfinger

Mit der RS vorne Garn anknüpfen, die ersten 8 M im RMs, 2 M anschlagen, die letzten 8 M der Rd. im RMs, dann 2 M von der Basis des ersten Fingers aufnehmen und re stricken. *20 M.*
Diese M auf 3 Nadeln verteilen und 28 Runden stricken.

Fingerspitze:

Nächste Runde (abn): [2Mzus, 2Mlizus] 5-mal. *10 M.*
Nächste Runde: [1re, 1li].
Nächste Runde (abn): [2Mzus, 2Mlizus] 2-mal, 2Mzus. *5 M.*
Faden abschneiden und ein langes Ende stehen lassen.
Faden durch die restl. M ziehen, fest anziehen und abketten.

Ringfinger

Mit der RS vorne Garn anknüpfen, die ersten 7 M im RMs, 2 M anschlagen, die letzten 7 M der Rd. im RMs, dann 2 M von der Basis des zweiten Fingers aufnehmen und re stricken. *18 M.*
Diese M auf 3 Nadeln verteilen und 24 Runden stricken.

Fingerspitze:

Nächste Runde (abn): [2Mzus, 2Mlizus] 4-mal, 2Mzus. (9 M)
Nächste Runde: [1re, 1li] bis zur letzten M, 1re. Nächste Runde (abn): [2Mzus, 2Mlizus] 2-mal, 1re. 5 M.
Faden abschneiden und ein langes Ende stehen lassen.
Faden durch die restl. M ziehen, fest anziehen und abketten.

Kleiner Finger

Mit der RS vorne Garn anknüpfen, 14 M im RMs, dann 2 M von der Basis des dritten Fingers aufnehmen und re stricken. *16 M.*

Diese M auf 3 Nadeln verteilen und 20 Runden stricken.

Fingerspitze:

Nächste Runde (abn): [2Mzus, 2Mlizus] 4-mal. *8 M.*

Nächste Runde: [1re, 1li] bis zum Ende der Runde.

Nächste Runde (abn): [2Mzus, 2Mlizus] 2-mal. *4 M.*

Faden abschneiden und ein langes Ende stehen lassen.

Faden durch die restl. M ziehen, fest anziehen und abketten.

Daumen

Mit der RS vorne Garn anknüpfen, die 18 M von der Sicherheitsnadel, dann 6 M von der Basis des Daumens aufnehmen und re stricken. *24 M.*

Diese M auf 3 Nadeln verteilen und 24 Runden stricken.

Fingerspitze:

Nächste Runde (abn): [2Mzus, 2Mlizus] 6-mal. *12 M.*

Nächste Runde: [1re, 1li].

Nächste Runde (abn): [2Mzus, 2Mlizus] 3-mal. *6 M.*

Faden abschneiden und ein langes Ende stehen lassen.

Faden durch die restl. M ziehen, fest anziehen und abketten.

LINKER HANDSCHUH

Mit Nadeln Nr. 3 in A 60 M anschlagen. Die Maschen auf 3 Nadeln aufteilen, Me zum Markieren des Rundenanfangs und wie folgt im RMs 1re, 1li arbeiten:

Runde 1: [1re, 1li] bis zum Ende der Runde.

Die letzte Runde 9-mal wdh.

Ab jetzt mit B 3 Runden im RMs 1re, 1li stricken.

Dann mit A 3 Runden im RMs 1re, 1li stricken.

Dann mit B 1 Runde im RMs 1re, 1li stricken.

B abschneiden.

Mit A weiterarbeiten, bis 30 Runden ab dem Anschlag erreicht sind.

Daumenzwickel:

Nächste Runde: 19 M im RMs, Me, 17 M im RMs, Me, RMs bis zum Ende der Runde.

Nächste Runde (zun): Im RMs bis zum Markierer, M1, MV, 17 M im RMs, MV, M1, RMs bis zum Ende der Runde. 3 Runden stricken.

Die letzten 4 Runden wdh., bis 72 M erreicht sind, und die neuen M ins RMs integrieren.

Nächste Runde: 25 im RMs bis zum Markierer, Markierer entfernen, dabei die nächsten 18 M für den Daumen auf eine Sicherheitsnadel legen, 6 M aufnehmen und bis zum Ende der Runde stricken. *60 M.*

20 Runden stricken.

Faden abschneiden und ein langes Ende stehen lassen.

Aufteilung für die Finger:

Die ersten 20 M auf eine Hilfsnadel legen.

Finger und Daumen

Finger und Daumen wie beim rechten Handschuh arbeiten.

FERTIGSTELLUNG

Fadenenden auf der LS vernähen. Wählen Sie eine flache, gepolsterte Oberfläche oder eine Spannmatte. Handschuhe auf links drehen, mit einem feuchten Tuch bedecken und sanft dämpfen. Flach liegend trocknen lassen.

Nachbarschaft

Ein einfacher Pullover aus mittlerem Garn mit drei simplen Mustern: RMs 1re, 1li, glatt rechts und ein Rapport über 2 R. Dieser Pullover hat vorne einen geformten Saum, hinten einen längeren Saum sowie schräge Nähte an den Ärmeln.

GARN
erika knight for John Lewis aran wool
100 % Schurwolle
Ca. 160 m auf 100 g

MASSE	S	M	L	XL
BRUSTKORB	112cm	**122cm**	132cm	**142cm**
LÄNGE – RÜCKEN	62cm	**67cm**	72cm	**77cm**
LÄNGE – VORDERTEIL	58cm	**63cm**	68cm	**73cm**
ÄRMELLÄNGE	45cm	**46cm**	47cm	**47cm**

HINWEIS
Das Modell auf allen Fotos hat die Größe M.
Farbe: Ecru. **Model:** Größe 36–38.
Körpergröße: 1,65 m

MATERIALIEN
Benötigte Menge:
6 (**7**:7:**8**) Knäuel á 100 g
Nadeln Nr. 5
Rundnadel Nr. 4,5 – Länge 40 cm
Maschenmarkierer
Hilfsnadeln
Stumpfe Nähnadel mit großem Nadelöhr

Bei den angegebenen Garnmengen handelt es sich um Richtwerte, die auf einem Durchschnittsbedarf basieren.

MASCHENPROBE
17 M x 23 Reihen = 10 x 10 cm gl.re, mit Nadeln Nr. 5 und **nach dem Dämpfen**. Wechseln Sie nach Bedarf die Nadelstärke, um der Maschenprobe zu entsprechen.

ABKÜRZUNGEN
Siehe S. 36–38.

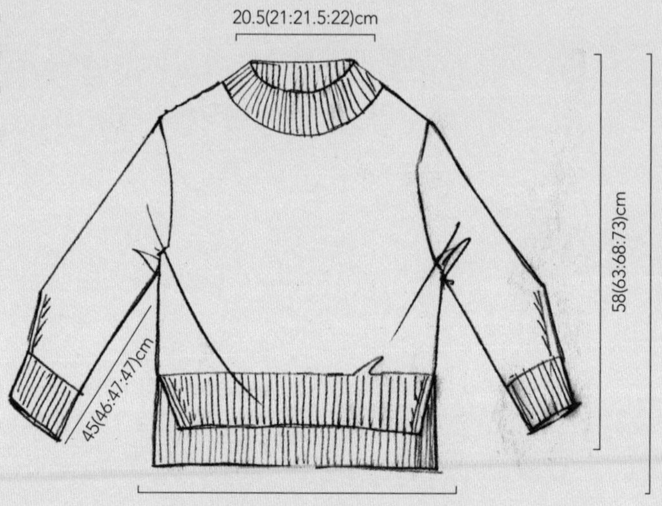

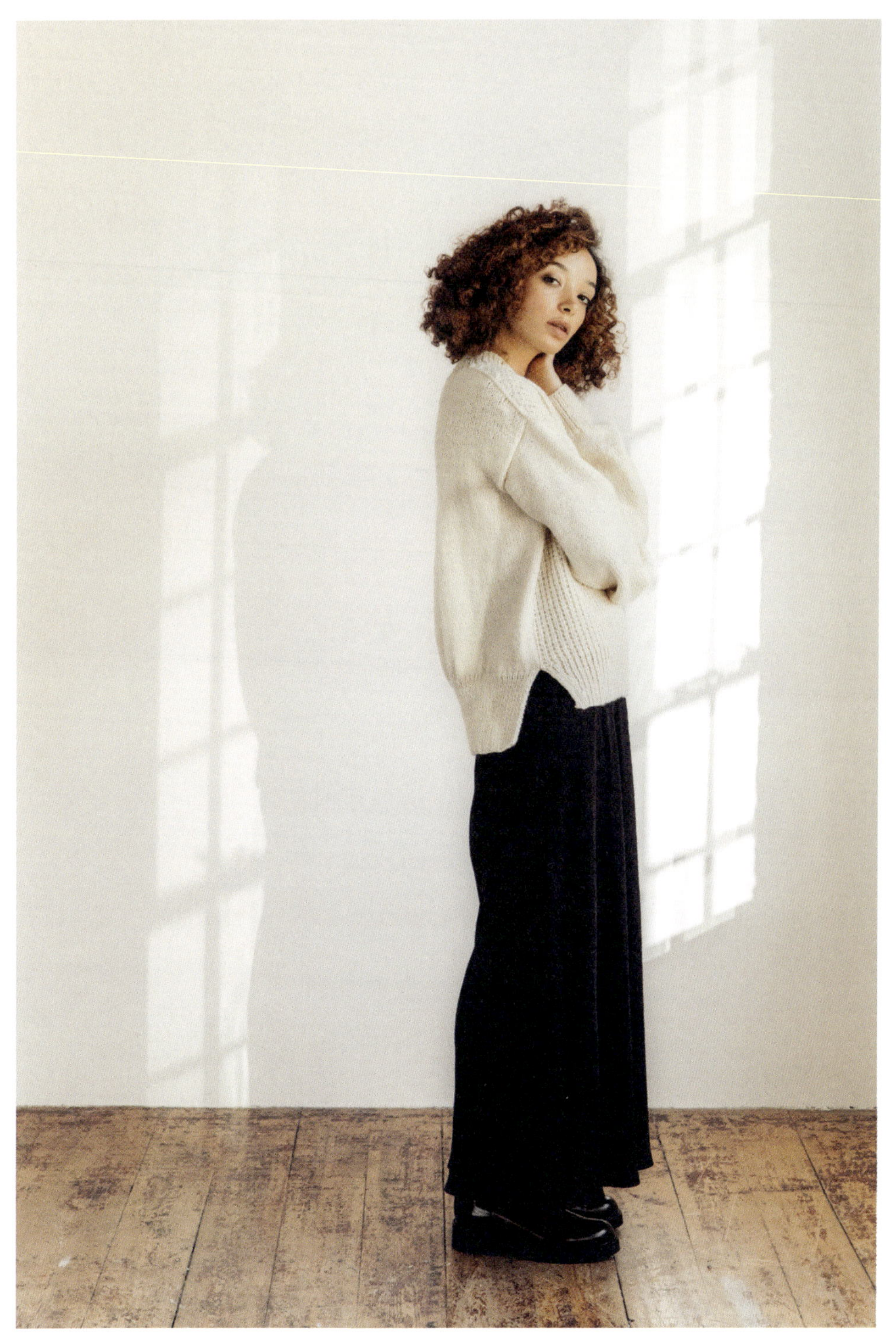

ANLEITUNG

RÜCKSEITE

101 (**109**:119:**127**) M mit Nadeln Nr. 5 anschlagen und im RMs 1re, 1li wie folgt stricken:
Reihe 1 (RS): [1re, 1li] bis zur letzten M, 1re.
Reihe 2: [1li, 1re] bis zur letzten M, 1li.
Die letzten 2 R 15-mal wdh. und auf RS für die nächste R enden, Me an beiden Enden der letzten R.
Mit einer re R anf, gl.re, bis Strickstück 38 (**42**:46:**50**) cm ab Anschlag misst, dabei auf RS für nächste R enden.
Armausschnitte:
Am Anf der nächsten 2 R je 3 M abketten.
*95 (**103**:113:**121**) M.*
Nächste Reihe (abn, RS): 3re, 2Mzus, re bis letzte 5 M, 2Mverschr.zus, 3re.
Nächste Reihe: Li bis zum Ende der Reihe.
Die letzten 2 R wdh., bis es 87 (**95**:105:**113**) M sind. Gerade fortf, bis Armausschnitt 18 (**19**:20:**21**) cm misst, dabei auf RS für nächste Reihe enden.
Rückwärtiger Halsausschnitt und Schultern:
Nächste Reihe (RS): Re bis zu den letzten 5 (**5**:6:**7**) M, Wickelmasche, wenden.
Nächste Reihe: Li bis zu den letzten 5 (**5**:6:**7**) M, Wickelmasche, wenden.
Nächste Reihe: Re bis zu den letzten 9 (**10**:12:**13**) M, Wickelmasche, wenden.
Nächste Reihe: Li bis zu den letzten 9 (**10**:12:**13**) M, Wickelmasche, wenden.
Nächste Reihe: Re bis zu den letzten 13 (**15**:18:**19**) M, Wickelmasche, wenden.
Nächste Reihe: Li bis zu den letzten 13 (**15**:18:**19**) M, Wickelmasche, wenden.
Nächste Reihe: Re bis zu den letzten 17 (**20**:23:**25**) M, Wickelmasche, wenden.
Nächste Reihe: Li bis zu den letzten 17 (**20**:23:**25**) M, Wickelmasche, wenden.
Nächste Reihe: Re bis zu den letzten 21 (**25**:28:**31**) M, Wickelmasche, wenden.
Nächste Reihe: Li bis zu den letzten 21 (**25**:28:**31**) M, Wickelmasche, wenden.
Nächste Reihe: 6 (**6**:7:**8**) re, wenden und restl. 60 (**64**:70:**74**) M auf eine Hilfsnadel legen. *27 (**31**:35:**39**) M.*
Nächste Reihe: 2 M abketten, li bis zum Ende der Reihe und dabei die Umwicklungen aufnehmen. *25 (**29**:33:**37**) M.*
Faden abschneiden und ein langes Ende stehen lassen.
Diese M für die Schulter auf einer Hilfsnadel stilllegen. Mit der RS vorne die mittleren 33 (**33**:35:**35**) M auf eine Hilfsnadel legen, das Garn für die restl. 27 (**31**:35:**39**) M wieder anknüpfen und wie folgt arbeiten:
Nächste Reihe: 2 M abketten, re bis zum Ende der Reihe und dabei die Umwicklungen aufnehmen.
*25 (**29**:33:**37**) M.*
Faden abschneiden und ein langes Ende stehen lassen.
Diese M für die Schulter auf eine Hilfsnadel nehmen.

VORDERSEITE

91 (**99**:109:**117**) M mit Nadeln Nr. 5 anschlagen und im RMs 1re, 1li wie folgt stricken:
Nächste Reihe (RS): [1re, 1li] bis zur letzten M, 1re.
Nächste Reihe: [1li, 1re] bis zur letzten M, 1li.
Nächste Reihe (zun): 5 M im RMs, M1, bis zu den letzten 5 M RMs wie die M erscheinen, M1, RMs bis Ende der R.
Im RMs fortf, wie die M erscheinen, an jedem Ende einen Rand aus 5 M arbeiten und wie oben in jeder folg. vierten R an beiden Enden 1 M auf der Innenseite zun, bis es 101 (**109**:119:**127**) M sind, und dabei die neuen M ins RMs integrieren.
3 R gerade hochstricken, Me zu beiden Enden der letzten R.
Wie folgt im RMs fortf:
Reihe 1 (RS): [1li, 1re] bis zur letzten M, 1li.
Reihe 2: Li bis zum Ende der Reihe.
Die letzten 2 R wdh., bis Strickstück 34 (**38**:42:**46**) cm ab Anschlag misst, dabei auf RS für nächste R enden.
Armausschnitte:
Am Anf der nächsten 2 R je 3 M abketten.
*95 (**103**:113:**121**) M.*
Nächste Reihe (abn, RS): 3 M im Ms, 2Mzus, Ms bis letzte 5 M, 2Mverschr.zus, 3 M im Ms.
Nächste Reihe: Li bis zum Ende der Reihe.
Die letzten 2 R wdh. bis es 87 (**95**:105:**113**) M sind. Unter Beibehaltung des Musters gerade fortf, bis Armausschnitt 11 (**12**:13:**14**) cm misst, dabei auf RS für nächste Reihe enden.

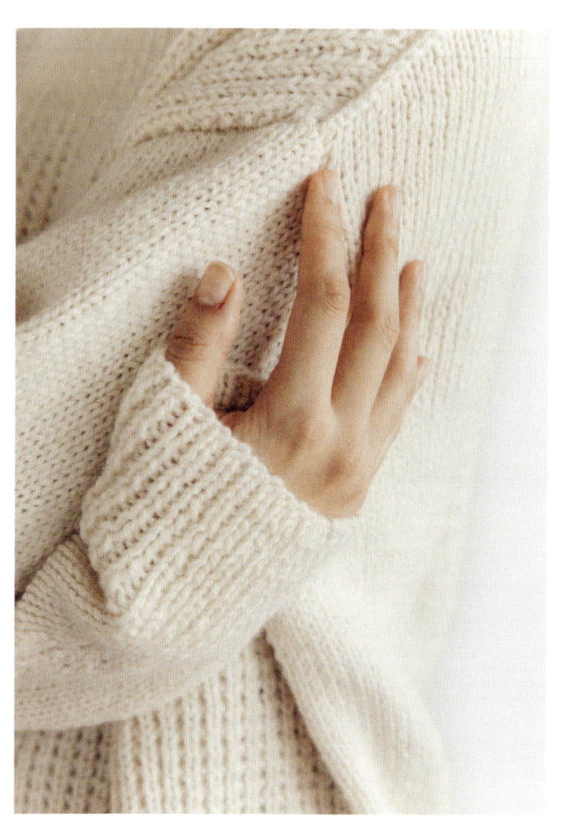

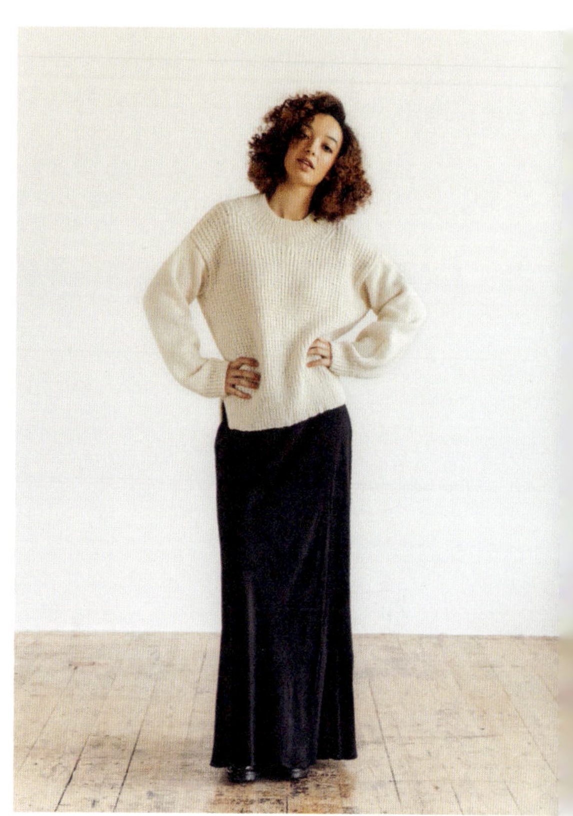

Halsausschnitt:
Nächste Reihe (RS): 34 (**38**:42:**46**) M im Ms, wenden und restl. 53 (**57**:63:**67**) M auf eine Hilfsnadel legen.
Am Anf der nächsten R und dann bei jeder folg. zweiten R je 2 M abketten.
*30 (**34**:38:**42**) M.*
Nächste Reihe (abn, RS): Ms bis letzte 5 M, 2Mzus, 3 Ms.
Nächste Reihe: Li bis zum Ende der Reihe.
Die letzten 2 R wdh. bis es 25 (**29**:33:**37**) M sind. Unter Beibehaltung des Musters fortf, bis Armausschnitt 18 (**19**:20:**21**) cm misst, dabei auf LS für nächste Reihe enden.
Schulter:
Nächste Reihe (LS): Li bis zu den letzten 5 (**5**:6:**7**) M, Wickelmasche, wenden.
Nächste Reihe: Ms bis zum Ende der Reihe.
Nächste Reihe: Li bis zu den letzten 9 (**10**:12:**13**) M, Wickelmasche, wenden.
Nächste Reihe: Ms bis zum Ende der Reihe.
Nächste Reihe: Li bis zu den letzten 13 (**15**:18:**19**) M, Wickelmasche, wenden.
Nächste Reihe: Ms bis zum Ende der Reihe.
Nächste Reihe: Li bis zu den letzten 17 (**20**:23:**25**) M, Wickelmasche, wenden.
Nächste Reihe: Ms bis zum Ende der Reihe.
Nächste Reihe: Li bis zu den letzten 21 (**25**:28:**31**) M, Wickelmasche, wenden.
Nächste Reihe: Ms bis zum Ende der Reihe.
Nächste Reihe: Li bis zum Ende der Reihe und dabei die Umwicklungen aufnehmen.
Faden abschneiden und ein langes Ende stehen lassen.
Diese 25 (**29**:33:**37**) M für die Schulter auf eine Hilfsnadel legen.
Mit RS nach vorne die mittleren 19 (**19**:21:**21**) M auf eine weitere Hilfsnadel legen. Den Faden für die restl. 34 (**38**:42:**46**) M wieder zusammenfügen und wie folgt arbeiten:
Unter Einhaltung des Musters am Anf dieser und der übernächsten R 2 M abketten. *30 (**34**:38:**42**) M.*
Nächste Reihe (LS): Li bis zum Ende der Reihe.
Nächste Reihe (abn): 3 M im Ms, 2Mverschr. zus, Ms bis zum Ende der Reihe.
Nächste Reihe: Li bis zum Ende der Reihe.
Die letzten 2 R wdh., bis es 25 (**29**:33:**37**) M sind. Unter Einhaltung des Musters gerade fortf, bis Armausschnitt 18 (**19**:20:**21**) cm misst, dabei auf RS für nächste Reihe enden.

Schulter:
Nächste Reihe (RS): Ms bis zu den letzten 5 (**5**:6:**7**) M, Wickelmasche, wenden.
Nächste Reihe: Li bis zum Ende der Reihe.
Nächste Reihe: Ms bis zu den letzten 9 (**10**:12:**13**) M, Wickelmasche, wenden.
Nächste Reihe: Li bis zum Ende der Reihe.
Nächste Reihe: Ms bis zu den letzten 13 (**15**:18:**19**) M, Wickelmasche, wenden.
Nächste Reihe: Li bis zum Ende der Reihe.
Nächste Reihe: Ms bis zu den letzten 17 (**20**:23:**25**) M, Wickelmasche, wenden.
Nächste Reihe: Li bis zum Ende der Reihe.
Nächste Reihe: Ms bis zu den letzten 21 (**25**:28:**31**) M, Wickelmasche, wenden.
Nächste Reihe: Li bis zum Ende der Reihe.
Nächste Reihe: Ms bis zum Ende der Reihe und dabei die Umwicklungen aufnehmen.
Faden abschneiden und ein langes Ende stehen lassen.
Diese 25 (**29**:33:**37**) M für die Schulter auf eine Hilfsnadel legen.

ÄRMEL (2)
55 (**57**:59:**61**) M mit Nadeln Nr. 5 anschlagen und im RMs 1re, 1li wie folgt stricken:
Reihe 1 (RS): [1re, 1li] bis zur letzten M, 1re.
Reihe 2: [1li, 1re] bis zur letzten M, 1li. Die letzten 2 R 8-mal wdh.
Gl.re mit hervorgehobener mittlerer M wie folgt fortf:
Nächste Reihe (RS): 26 (**27**:28:**29**) re, 1li, 1re,1li, re bis zum Ende der Reihe.
Nächste Reihe: 26 (**27**:28:**29**) li, 1re, 1li, 1re, li bis zum Ende der Reihe.
Nächste Reihe (zun): 26 (**27**:28:**29**) re, M1, 3 M im RMs wie die M erscheinen, M1, re bis zum Ende der Reihe. *57 (**59**:61:**63**) M.*
In jeder folg. R wie oben zu beiden Seiten der 3 Rippenmaschen in der Mitte zun, bis 67 (**69**:71:**73**) M erreicht sind. Dabei die zusätzlichen M gl. re stricken.
3 Reihen mit Rippen gerade hochstricken und auf RS für die nächste Reihe enden.
Mit einer re R anf, gl.re über alle M weiterstricken, bis der Ärmel 45 (**46**:47:**47**) cm ab Anschlag misst, dabei auf RS für die nächste R enden.
Halsausschnitt:
Am Anf der nächsten 2 R je 3 M abketten.
61 (**63**:65:**67**) M.
Nächste Reihe (abn, RS): 3re, 2Mzus, re bis letzte 5 M, 2Mverschr.zus, 3re.

Nächste Reihe: Li bis zum Ende der Reihe. Die letzten 2 R wdh. bis es 53 (**55**:57:**59**) M sind. Am Anf der nächsten 4 R je 2 M abketten. *45 (**47**:49:**51**) M.*
Locker abketten.

FERTIGSTELLUNG

Beide Schultern mit drei Nadeln zusammen abketten, dabei die **LS** zusammenlegen, sodass die Naht auf der Außenseite liegt.

HALSBBLENDE

Mit **RS** nach vorne mit einer Rundnadel Nr. 4,5 an der linken Schulter beginnend 24 (**24**:24:**26**) M aufnehmen und den linken vorderen Hals hinunterstricken, über 19 (**19**:21:**21**) M der Hilfsnadel in der vorderen Mitte Ms wie vorgegeben, 24 (**24**:24:**26**) M den rechten Halsausschnitt hoch, 4 M über den rechten hinteren Halsausschnitt, 33 (**33**:35:**35**) M von der Hilfsnadel in der hinteren Mitte und 4 M über den linken hinteren Halsausschnitt, Me um den Anfang der Rd. zu markieren. *108 (**108**:112:**112**) M.*
Runde 1: Re bis zum Ende der Runde.
Runde 2: [1re, 1li] bis zum Ende der Runde.
Rd 2 wdh., bis die Halsblende 7 cm misst.
Locker im RMs abketten.

Fadenenden auf der LS vernähen. Wählen Sie eine flache, gepolsterte Oberfläche oder eine Spannmatte und stecken Sie das Strickstück mit der LS nach oben gemäß Schnitt fest. Dann mit einem feuchten Tuch bedecken und sanft dämpfen, Bündchen dabei auslassen. Flach liegend trocknen lassen.

Ärmel einnähen.

Ärmel- und Seitennähte schließen, aber unterhalb der Markierer offenlassen.

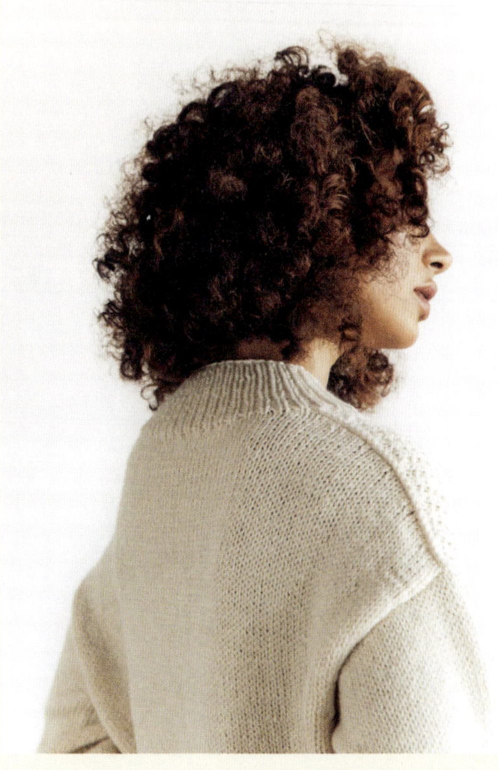

Threadneedle Street

Eine leicht taillierte Strickjacke mit rundem Halsausschnitt, gestrickt im RMS 1re, 1li sowie glatt rechts und glatt links. Die Rückseite hat ein Bündchen mit seitlichem Schlitz und wird glatt rechts und glatt links gestrickt. Das rechte Vorderteil hat ein ausgestaltetes Bündchen und eine glatt links gestrickte Passe. Das linke Vorderteil ist länger und wird im Rippenmuster sowie glatt rechts gestrickt. Ein Ärmel wird glatt links gestrickt und der andere glatt rechts.

GARN
erika knight Studio Linen
85 % recyceltes Leinen, 15 % Premiumleinen
Ca. 120 m auf 50 g

MASSE	S	M	L	XL
BRUSTKORB	98cm	**104cm**	110cm	**116cm**
LÄNGE – RÜCKEN	67cm	**69cm**	71cm	**73cm**
LÄNGE – RE VORN	60cm	**62cm**	64cm	**66cm**
LÄNGE – LI VORN	67cm	**69cm**	71cm	**73cm**
ÄRMELLÄNGE	43cm	**43cm**	45cm	**45cm**

HINWEIS
Das Modell auf allen Fotos hat die Größe M.
Farbe: Lacy. **Model**: Größe 36–38. Körpergröße: 1,65 m

MATERIALIEN
Benötigte Menge:
10 (**11**:12:**13**) Knäuel á 50 g
Nadeln Nr. 3,25 und 3,75
Hilfsnadeln
6 Knöpfe á 16 mm
Stumpfe Nähnadel mit großem Nadelöhr

Bei den angegebenen Garnmengen handelt es sich um Richtwerte, die auf einem Durchschnittsbedarf basieren

MASCHENPROBE
22 M x 30 Reihen = 10 x 10 cm gl.re, mit Nadeln Nr. 3,75 und **nach dem Dämpfen**. Wechseln Sie nach Bedarf die Nadelstärke, um der Maschenprobe zu entsprechen.

ABKÜRZUNGEN
Siehe S. 36–38.

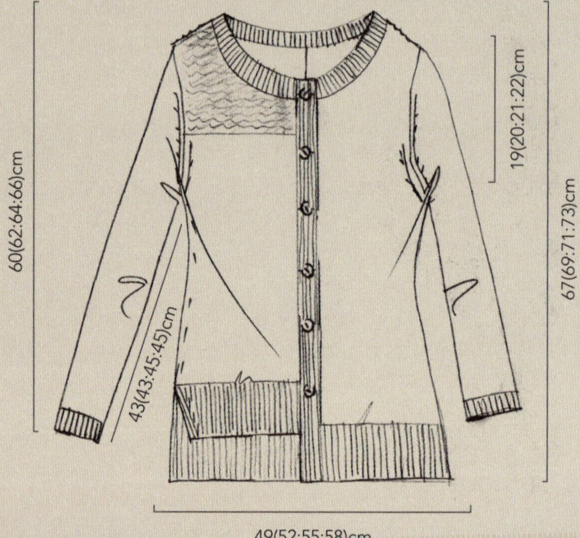

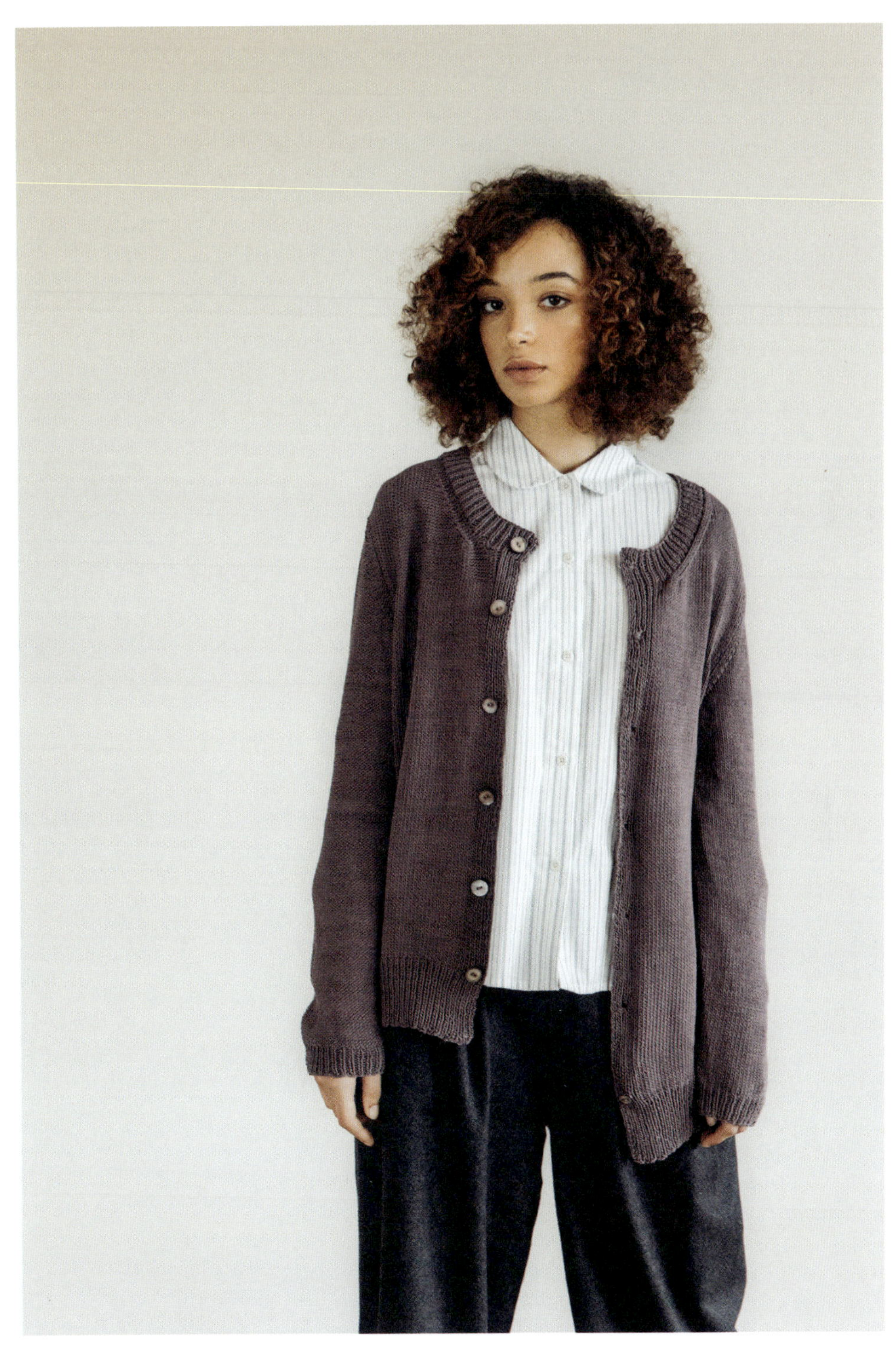

ANLEITUNG

RÜCKEN

Der Rücken wird glatt links und glatt rechts gestrickt.
108 (**114**:120:**126**) M mit Nadeln Nr. 3,25 anschlagen und im RMs 1re, 1li wie folgt stricken:
Reihe 1 (RS): [1re, 1li] bis zum Ende der Reihe.
Reihe 2: [1re, 1li] bis zum Ende der Reihe.
Die letzten 2 R 10-mal wdh.
Mit Nadeln Nr. 3,75 gl.re und gl.li mit einer Randblende wie folgt fortf:
Nächste Reihe (RS): 1re, 1li, 1re, 51 (**54**:57:**60**) li, Me, 54 (**57**:60:**63**) re.
Nächste Reihe: Li bis zum Markierer, MV, re bis zu den letzten 3 M, 1li, 1re, 1li.
Nächste Reihe: 1re, 1li, 1re, bis zum Markierer li, MV, re bis zum Ende der R.
Nächste Reihe: Li bis zum Markierer, MV, re bis zu den letzten 3 M, 1li, 1re, 1li.
Nächste Reihe (abn): 3 M im RMs wie sie erscheinen, 2Mlizus, li bis zum Markierer, MV, re bis zu den letzten 5 M, 2Mverschr. zus, 3re. Im Ms fortf, wie die M erscheinen, und wie oben in jeder folg 10. R abn, bis es 98 (**104**:110:**116**) M sind. **GLEICHZEITIG** 20 R nach Ende des RMs keine Randblende mehr stricken, Me in die Kante und mit 3 M Bündchen in gl.li beginnen.
Wenn die Abn fertig ist, 17 R gerade hochstricken, dabei mit RS vorne für die nächste Reihe enden.
Nächste Reihe (zun, RS): 3li, M1, li bis zum Markierer, MV, re bis zu den letzten 3 M, M1, 3 re.
In jeder folg 6. R wie oben zun, bis es 108 (**114**:120:**126**) M sind.
Weiter gerade hochstricken, bis das Strickstück 45 (**46**:47:**48**) cm ab Anschlag misst, dabei auf RS für nächste R enden.
Armausschnitte
Am Anf der nächsten 2 R je 5 M abketten. *98 (**104**:110:**116**) M.*
Nächste Reihe (abn, RS): 3li, 2Mlizus, li bis zum Markierer, MV, re bis zu den letzten 5 M, 2Mzus, 3re.
Nächste Reihe (abn): 3li, 2Mliverschr.zus, li bis zum Markierer, MV, re bis zu den letzten 5 M, 2Mzus, 3re.
Die letzten 2 R noch 1-mal wdh. 90 *(96:102:**108**) M.*
Nächste Reihe (abn): 3li, 2Mlizus, li bis zum Markierer, MV, re bis zu den letzten 5 M, 2Mverschr.zus, 3re.
Nächste Reihe: Li bis zum Markierer, MV, re bis zum Ende der R.
Die letzten 2 R wdh. bis es 82 (**88**:94:**100**) M sind. Gerade fortf, bis der Armausschnitt 17 (**18**:19:**20**) cm misst, dabei auf RS für nächste Reihe enden.
Schultern und hinterer Halsausschnitt:
Nächste Reihe (abn, RS): 21 (**23**:26:**29**) li, 2Mlizus, 3li, wenden und restl. 56 (**60**:63:**66**) M auf eine Hilfsnadel legen. *25 (**27**:30:**33**) M.*
Nächste Reihe: Re bis zum Ende der Reihe.
Nächste Reihe (abn): Li bis zu den letzten 5 M, 2Mlizus, 3li. Die letzten 2 R noch 2-mal wdh. *22 (**24**:27:**30**) M.*
Nächste Reihe: Re bis zu den letzten 6 (**6**:7:**8**) M, Wickelmasche, wenden.
Nächste Reihe: Li bis zum Ende der Reihe.
Nächste Reihe: Re bis zu den letzten 12 (**12**:14:**16**) M, Wickelmasche, wenden.
Nächste Reihe: Li bis zum Ende der Reihe.
Nächste Reihe: Re bis zu den letzten 17 (**18**:21:**23**) M, Wickelmasche, wenden.
Nächste Reihe: Li bis zum Ende der Reihe.
Nächste Reihe: Re über alle M und dabei die Umwicklungen aufnehmen.
Faden abschneiden und ein langes Ende stehen lassen.
Diese 22 (**24**:27:**30**) M für die Schulter auf eine Hilfsnadel legen.
Mit RS vorne die mittleren 30 (**32**:32:**32**) M auf eine Hilfsnadel nehmen (Markierer entfernen), das Garn für die restl. 26 (**28**:31:**34**) M wieder anknüpfen und wie folgt arbeiten:

Nächste Reihe (abn, RS): 3re, 2Mverschr.zus, re bis zum Ende der Reihe.
Nächste Reihe: Li bis zum Ende der Reihe. Die letzten 2 R noch 3-mal wdh. *22 (**24**:27:**30**) M.*
Nächste Reihe: Re bis zu den letzten 6 (**6**:7:**8**) M, Wickelmasche, wenden.
Nächste Reihe: Li bis zum Ende der Reihe.
Nächste Reihe: Re bis zu den letzten 12 (**12**:14:**16**) M, Wickelmasche, wenden.
Nächste Reihe: Li bis zum Ende der Reihe.
Nächste Reihe: Re bis zu den letzten 17 (**18**:21:**23**) M, Wickelmasche, wenden.
Nächste Reihe: Li bis zum Ende der Reihe.
Nächste Reihe: Re über alle M und dabei die Umwicklungen aufnehmen.
Faden abschneiden und ein langes Ende stehen lassen.
Diese 22 (**24**:27:**30**) M für die Schulter auf eine Hilfsnadel nehmen.

RECHTES VORDERTEIL

Glatt rechts mit Schmuckelement in glatt links am Hals und integrierter vorderer Blende mit RMs über 9 M.
56 (**58**:60:**64**) M mit Nadeln Nr. 3,25 anschlagen und im RMs 1li, 1re wie folgt stricken:
Reihe 1 (RS): [1li, 1re] bis zum Ende der Reihe.
Reihe 2: [1li, 1re] bis zum Ende der Reihe.
Nächste Reihe (zun): Bis zu den letzten 7 M RMs wie die M erscheinen, M1, RMs bis Ende der R.
Im RMs fortf und in jeder folg 4. R wie oben zun, bis es 61 (**63**:65:**69**) M sind.
3 R im RMs und dabei auf RS für die nächste R enden, Me in die Randblende.
Mit Nadeln Nr. 3,75 gl.re mit einer vorderen Blende im RMs über 9 M wie folgt fortf:
Nächste Reihe (RS): 9 M RMs wie die M erscheinen, re bis zum Ende der Reihe.
Nächste Reihe: Li bis zu den letzten 9 M, 9 M im RMs wie sie erscheinen.
Die letzten 2 R noch 1-mal wdh.
Nächste Reihe (abn): 9 M im RMs wie die M erscheinen, re bis zu den letzten 5 M, 2Mverschr.zus, 3re
In jeder folg 10. R wie oben abn, bis es 58 (**60**:62:**66**) M sind.
17 Reihen hochstricken und auf RS für die nächste Reihe enden.
Nächste Reihe (zun): 9 M im RMs wie die M erscheinen, re bis zu den letzten 3 M, M1, 3re.
In jeder folg 6. R wie oben zun, bis es 63 (**65**:67:**71**) M sind.
Weiter gerade mit gerippptem Rand hochstricken, bis Strickstück 38 (**39**:40:**41**) cm ab Anschlag misst, dabei auf LS für nächste R enden.
Armausschnitt:
Am Anf der nächsten R 5 M abketten. *58 (**60**:62:**66**) M.*
Nächste Reihe (abn, RS): 9 M im RMs wie die M erscheinen, re bis zu den letzten 5 M, 2Mverschr.zus, 3re.
Nächste Reihe (abn): 3li, 2Mliverschr.zus, li bis zu den letzten 9 M, 9 M im RMs wie sie erscheinen.
Die letzten 2 R noch 1-mal wdh. *54 (**56**:58:**62**) M.*
Nächste Reihe (abn): 9 M im RMs wie die M erscheinen, re bis zu den letzten 5 M, 2Mverschr.zus, 3re.
Nächste Reihe: Li bis zu den letzten 9 M, 9 M im RMs wie sie erscheinen.
Die letzten 2 R wdh. bis es 50 (**52**:54:**58**) M sind.
4 Reihen mit gerippptem Rand gerade hochstricken und auf RS für die nächste Reihe enden.
Mit einer li R beginnend 10 R gl.li mit gerippptem Rand stricken und auf RS für die nächste Reihe enden.
Halsausschnitt:
Nächste Reihe (RS): 9 M im RMs, wie sie erscheinen, 3li und diese 12 M auf eine Hilfsnadel nehmen, li bis zum Ende der Reihe. *38 (**40**:42:**46**) **M**.*

Nächste Reihe: Re bis letzte 5 M, 2Mverschr. zus, 3re.
Nächste Reihe: 3li, 2Mliverschr.zus, li bis zum Ende der Reihe. Die letzten 2 R noch 2-mal wdh. *32 (**34**:36:**40**) M.*
Nächste Reihe: Re bis zum Ende der Reihe.
Nächste Reihe: 3li, 2Mliverschr.zus, li bis zum Ende der Reihe.
Die letzten 2 R wdh., bis es 22 (**24**:27:**30**) M sind.
Gl.li fortf, bis Armausschnitt 19 (20:21:22) cm misst, dabei auf RS für nächste Reihe enden.
Schulter:
Nächste Reihe (RS): Li bis zu den letzten 6 (**6**:7:**8**) M, Wickelmasche, wenden.
Nächste Reihe: Re bis zum Ende der Reihe.
Nächste Reihe: Li bis zu den letzten 12 (**12**:14:**16**) M, Wickelmasche, wenden.
Nächste Reihe: Re bis zum Ende der Reihe.
Nächste Reihe: Li bis zu den letzten 17 (**18**:21:**23**) M, Wickelmasche, wenden.
Nächste Reihe: Re bis zum Ende der Reihe.
Nächste Reihe: Li bis zum Ende der Reihe und dabei die Umwicklungen aufnehmen.
Faden abschneiden und ein langes Ende stehen lassen.
Diese 22 (**24**:27:**30**) M für die Schulter auf eine Hilfsnadel nehmen.
Knopflöcher markieren:
5 Knöpfe wie folgt auf dem rechten Vorderteil markieren:
1. Knopf – 7 cm ab Anschlag, am oberen Rand des RMs.
5. Knopf – 6,5 (**6,5**:7:**7,5**) cm unterhalb des Halsausschnitts.
2., 3. und 4. Knopf – gleichmäßig zwischen 1. und 5. Knopf verteilen. (Der 6. Knopf ist an der Halsblende.)
Beim Stricken des linken Vorderteils die Knopflöcher direkt wie folgt gegenüber von den Knöpfen einarbeiten, immer in einer R der RS. Das linke Vorderteil ist länger als das rechte, deshalb wird das erste Knopfloch eingearbeitet, wenn das linke Vorderteil 14 cm ab Anschlag misst. Das passt dann zum markierten ersten Knopf auf dem rechten Vorderteil.
Knopflochreihe:
Bis zu den letzten 9 M arbeiten, 1li, 1re, 1li, die nächsten 2 M abketten, RMs bis zum Ende der Reihe.
In der nächste Reihe 2 M über den in der vorigen R abgeketteten M anschlagen.

LINKES VORDERTEIL

Glatt rechts mit Knopflöchern und integrierter vorderer Blende mit RMs über 9 M.
63 (**65**:67:**71**) M mit Nadeln Nr. 3,25 anschlagen und im RMs 1li, 1re wie folgt stricken:
Reihe 1 (RS): [1li, 1re] bis zur letzten M, 1li.
Reihe 2: [1re, 1li] bis zur letzten M, 1re.
Die letzten 2 R 10-mal wdh.
Mit Nadeln Nr. 3,75 gl.re mit einer vorderen Blende im RMs über 9 M wie folgt fortf:
Nächste Reihe (RS): Li bis zu den letzten 9 M, 9 M im RMs, wie sie erscheinen.
Nächste Reihe: 9 M im RMs wie die M erscheinen, li bis zum Ende der Reihe. Die letzten 2 R noch 1-mal wdh.
Nächste Reihe (abn, RS): 3re, 2Mzus, re bis zu den letzten 9 M, 9 M im RMs, wie sie erscheinen.
In jeder folg 10. R wie oben abn, bis es 58 (**60**:62:**66**) M sind.
17 Reihen hochstricken und auf RS für die nächste Reihe enden.
Nächste Reihe (zun): 3re, M1, re bis zu den letzten 9 M, 9 M im RMs, wie sie erscheinen.
In jeder folg 6. R wie oben zun, bis es 63 (**65**:67:**71**) M sind.
Weiter gerade mit geripptem Rand hochstricken, bis Strickstück 45 (**46**:47:**48**) cm ab Anschlag misst, dabei für nächste R auf RS enden.
Armausschnitt:
Am Anf der nächsten R 5 M abketten. 58 (**60**:62:**66**) M.
Nächste Reihe (abn, LS): 9 M im RMs wie die M erscheinen, li bis zu den letzten 5 M, 2Mlizus, 3li.
Nächste Reihe (abn): 3re, 2Mzus, re bis zu den letzten 9 M, 9 M im RMs.
Nächste Reihe (abn): 9 M im RMs wie die M erscheinen, li bis zu den letzten 5 M, 2Mlizus, 3li.
Die letzten 2 R noch 1-mal wdh. 53 (**55**:57:**61**) M.
Nächste Reihe (abn, RS): 3re, 2Mzus, re bis zu den letzten 9 M, 9 M im RMs, wie sie erscheinen.
Nächste Reihe: Li bis zum Ende der Reihe.
Die letzten 2 R wdh. bis es 50 (**52**:54:**58**) M sind.
15 Reihen gl.re mit geripptem Rand stricken und auf LS für die nächste Reihe enden.
Halsausschnitt:
Nächste Reihe (LS): 9 M im RMs, wie sie erscheinen, 3li und diese 12 M auf eine

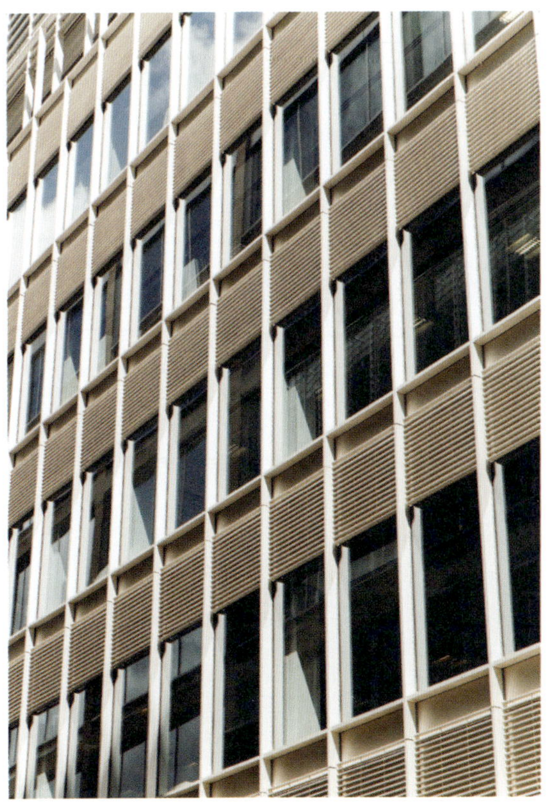

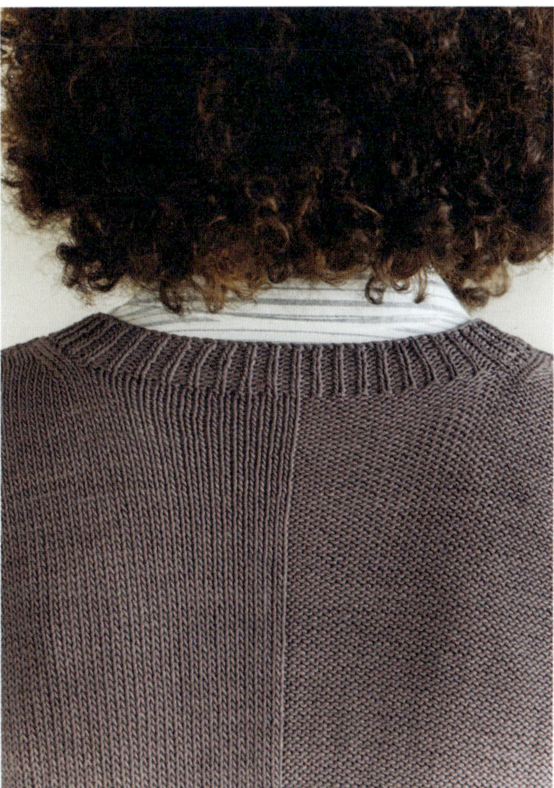

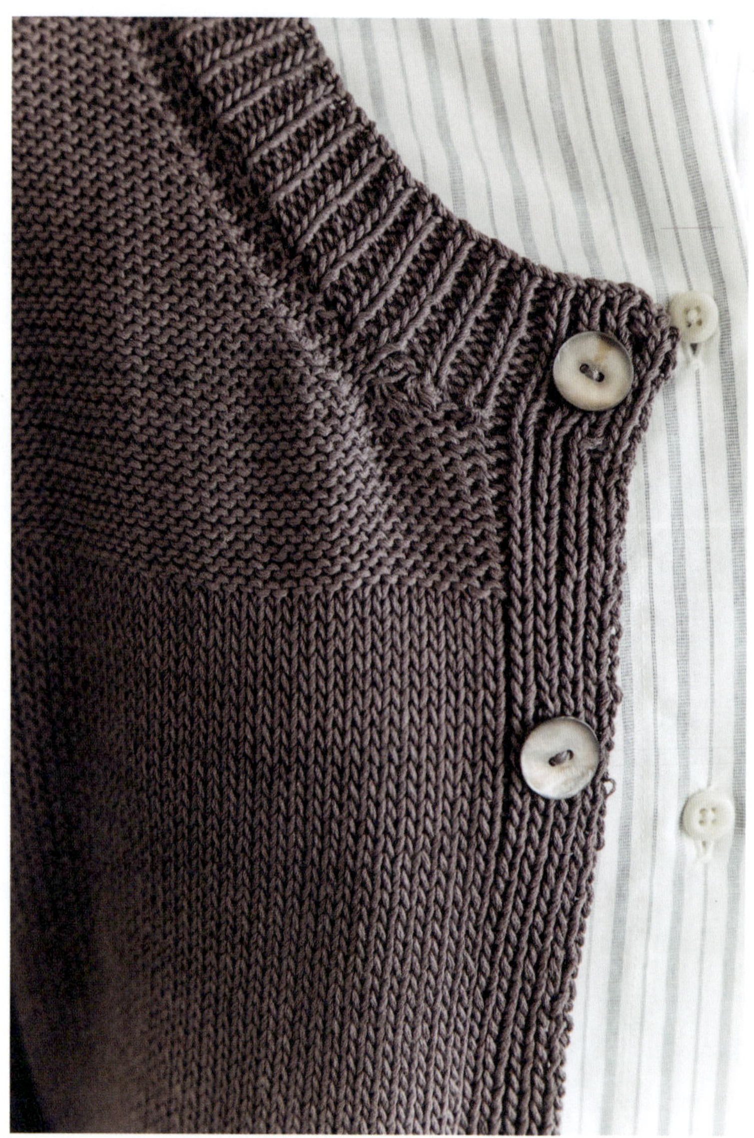

Hilfsnadel legen, li bis zum Ende der Reihe. *38 (**40**:42:**46**) M.*
Nächste Reihe (abn): Re bis letzte 5 M, 2Mzus, 3re.
Nächste Reihe (abn): 3li, 2Mlizus, li bis zum Ende der Reihe. Die letzten 2 R noch 2-mal wdh. *32 (**34**:36:**40**) M.*
Nächste Reihe (abn): Re bis letzte 5 M, 2Mzus, 3re.
Nächste Reihe: Li bis zum Ende der Reihe. Die letzten 2 R wdh. bis es 22 (**24**:27:**30**) M sind. Gerade fortf, bis der Armausschnitt 19 (**20**:21:**22**) cm misst, dabei auf LS für nächste Reihe enden.
Schulter:
Nächste Reihe (LS): Li bis zu den letzten 6 (**6**:7:**8**) M, Wickelmasche, wenden.
Nächste Reihe: Re bis zum Ende der Reihe.
Nächste Reihe: Li bis zu den letzten 12 (**12**:14:**16**) M, Wickelmasche, wenden.
Nächste Reihe: Re bis zum Ende der Reihe.
Nächste Reihe: Li bis zu den letzten 17 (**18**:21:**23**) M, Wickelmasche, wenden.
Nächste Reihe: Re bis zum Ende der Reihe.
Nächste Reihe: Li über alle M und dabei die Umwicklungen aufnehmen.
Faden abschneiden und ein langes Ende stehen lassen. Diese 22 (**24**:27:**30**) M für die Schulter auf eine Hilfsnadel nehmen.

ÄRMEL (2)

Beide Ärmel werden gleich gearbeitet, aber der rechte erscheint als glatt links, da er mit der LS vorne in die Armöffnung genäht wird. 56 (**56**:60:**60**) M mit Nadeln Nr. 3,25 anschlagen und im RMs 1re, 1li wie folgt stricken:
Reihe 1 (RS): [1re, 1li] bis zum Ende der Reihe.
Reihe 2: [1re, 1li] bis zum Ende der Reihe.
Die letzten 2 R 4-mal wdh.
Mit Nadeln Nr. 3,75 gl.re fortf und wie folgt zun:
Nächste Reihe (zun, RS): 3re, M1, re bis letzte 3 M, M1, 3re.
In jeder folg 6. R wie oben zun, bis es 72 (**72**:76:**76**) M sind.
Weiter gerade hochstricken, bis das Strickstück 43 (**43**:45:**45**) cm ab Anschlag misst, dabei auf RS für nächste R enden.
Am Anf der nächsten 2 R je 5 M abketten. *62 (**62**:66:**66**) M.*
Nächste Reihe (abn): 3re, 2Mzus, re bis letzte 5 M, 2Mverschr.zus, 3re.
Nächste Reihe (abn): 3li, 2Mliverschr.zus, li bis zu den letzten 5 M, 2Mlizus, 3li.
Die letzten 2 R noch 1-mal wdh. *54 (**54**:58:**58**) M.*
Nächste Reihe (abn): 3re, 2Mzus, re bis letzte 5 M, 2Mverschr.zus, 3re.
Nächste Reihe: Li bis zum Ende der Reihe.
Die letzten 2 R wdh., bis es 24 M sind.
Nächste Reihe (abn): 3re, 2Mzus, re bis letzte 5 M, 2Mverschr.zus, 3re.
Nächste Reihe (abn): 3li, 2Mliverschr.zus, li bis zu den letzten 5 M, 2Mlizus, 3li.
Die letzten 2 R noch 1-mal wdh. *16 M.*
Nächste Reihe (abn): 3re, 2Mzus, re bis letzte 5 M, 2Mverschr.zus, 3re. *14 M.*
Nächste Reihe: Li bis zum Ende der Reihe.
Die verbliebenen M abketten.

FERTIGSTELLUNG

Beide Schultern mit drei Nadeln zusammen abketten, dabei die LS so zusammenlegen, dass die Naht auf der Außenseite liegt.

HALSBBLENDE

Mit RS nach vorne mit Nadeln Nr. 3,25 12 M im RMs von der re vorderen Hilfsnadel, am re vorderen Hals 31 (**33**:35:**37**) M aufnehmen und re stricken, 11 M den re hinteren Hals hinunterstricken, 30 (**32**:32:**32**) M von der Hilfsnadel in der hinteren Mitte, 12 M den li Hals hoch, 31 (**33**:35:**37**) M die li Vorderseite hinunter und 12 M von der linken vorderen Hilfsnadel im RMs.
*139 (**145**:149:**153**) M.*
Mit einer LS-Reihe beginnend 10 R im RMs 1re, 1li, so wie vom linken Vorderteil vorgegeben, dabei in R 6 in der linken vorderen Halsblende ein Knopfloch einarbeiten. Im RMs abketten.

Fadenenden auf der LS vernähen. Wählen Sie eine flache, gepolsterte Oberfläche oder eine Spannmatte und stecken Sie das Strickstück mit der LS nach oben gemäß Schnitt fest. Dann mit feuchtem Tuch bedecken, sanft dämpfen, Bündchen dabei auslassen. Flach liegend trocknen lassen.

Ärmel einnähen und dabei darauf achten, dass der rechte Ärmel so eingenäht wird, dass er gl.li erscheint.

Ärmel- und Seitennähte schließen, wobei die Markierer in der rechten Vorder- und Rückseite auf gleicher Höhe liegen, und die Naht unterhalb der Markierer offenlassen.

Knöpfe bei den Markierungen annähen.

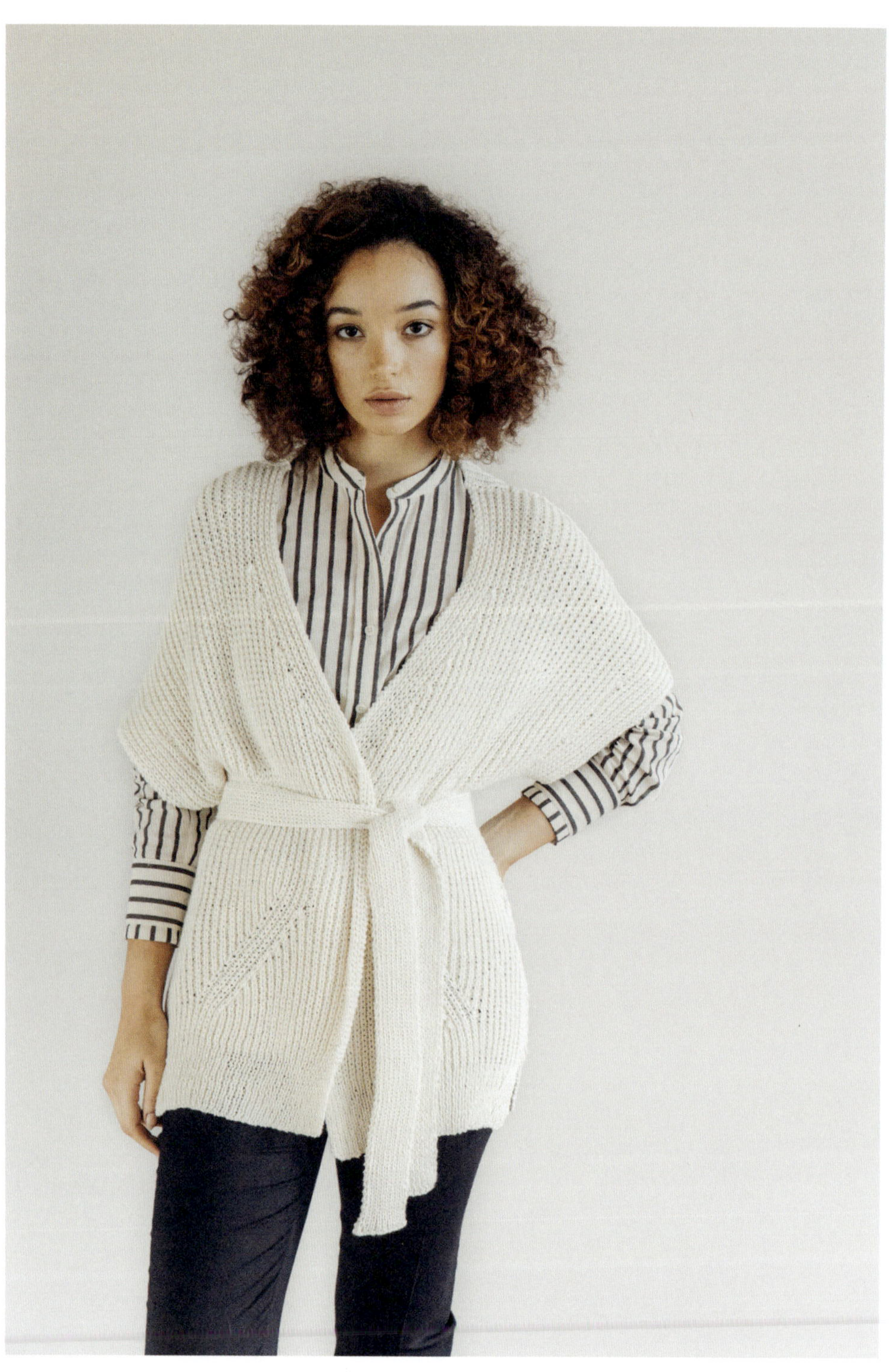

Hochbetrieb

Eine vielseitige, ärmellose Strickjacke im Patentmuster. Die Maschen werden auf der Rückseite nach links und rechts versetzt, sodass interessante und raffinierte vertikale und diagonale Linien, Strukturen und Muster entstehen. Die Vorderseiten werden dagegen im RMs 1re, 1li und im Patentmuster gestrickt und haben Fake-Taschen. Die überschnittenen Schultern sind weit geformt und die angestrickten Blenden geben ein sauberes Finish. In der Taille wird die Jacke mit einem Gürtel im Rippmuster gebunden.

GARN

erika knight gossypium cotton
100 % Baumwolle
Ca. 100 m auf 50 g

MASSE	S	M	L	XL
BREITE RÜCKEN	52,5cm	**56cm**	59,5cm	**63cm**
BRUSTKORB	104cm	**112cm**	120cm	**128cm**
LÄNGE	63cm	**66cm**	69cm	**72cm**

HINWEIS

Das Modell auf allen Fotos hat die Größe M.
Farbe: Milk. **Model**: Größe 36–38. Körpergröße: 1,65 m.

MATERIALIEN

Benötigte Menge:
13 (**14**:15:**16**) Knäuel á 50 g
Nadeln Nr. 3,25 und 3,75
Maschenmarkierer
Hilfsnadeln
Stumpfe Nähnadel mit großem Nadelöhr

Bei den angegebenen Garnmengen handelt es sich um Richtwerte, die auf einem Durchschnittsbedarf basieren.

MASCHENPROBE

22 M x 34 Reihen = 10 x 10 cm im Patentmuster, mit Nadeln Nr. 3,75 und **nach dem Dämpfen**
Wechseln Sie nach Bedarf die Nadelstärke, um der Maschenprobe zu entsprechen.

ABKÜRZUNGEN

Siehe S. 36–38 und:

Dopp. Zun – Doppelte Zun in 1 M: Die nächste M mit ihrem U zus.stricken, U, dann erneut in dieselbe M stricken

re dopp. Abn – rechte doppelte Abn: Die nächste Masche mit ihrem U und die folg M re abheben, Nadel der LH von vorne in diese M einstechen und re zus, diese M zurück auf Nadel der LH heben, die nächste M mit ihrem U über diese abgehobene M überziehen und diese M wieder auf die Nadel der RH heben

li dopp. Abn – linke doppelte Abnahme: Die nächste M und ihren U rechts auf die Nadel in der RH abheben, die nächste M und die folgende M mit ihrem U zus. stricken, dann die abgehobene M und ihren U über diese M ziehen

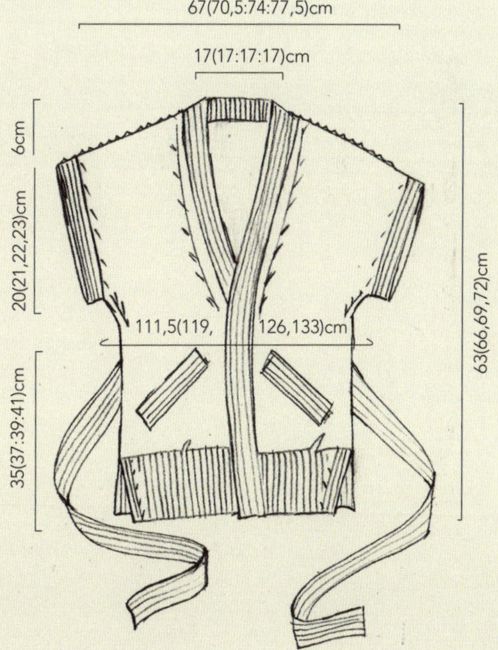

ANLEITUNG

RÜCKSEITE

Im RMs 1li, 1re sowie im PTMs, wobei die M über 4 R versetzt werden. *115 (**123**:131:**139**)* M mit Nadeln Nr. 3,75 anschlagen und im RMs 1li 1re wie folgt stricken:
Reihe 1 (RS): [1li, 1re] bis zur letzten M, 1li.
Reihe 2: [1re, 1li] bis zur letzten M, 1re.
Die letzten 2 R 8-mal wdh., dann noch einmal R 1 und auf LS für die nächste R enden, Me an beiden Enden der letzten R.
Wie folgt im PTMs fortf:
Nächste Reihe (LS): [1re, FdvN, nächste M li abheben] bis zur letzten M, 1re.
Nächste Reihe: [1li, nächste M mit ihrem U zus.stricken] bis zur letzten M, 1li.
Hinweis: Zählen Sie die abgehobene M und den dazugehörigen Umschlag immer als eine einzige Masche.
Die letzten 2 R noch 1-mal wdh.
Nächste Reihe: [1re, FdvN, nächste M li abheben] bis zur letzten M, 1re. Mittlere M dieser R markieren – d.h. M 58 (**62**:66:**70** der R).
Wie folgt mit der Versetzung der M beginnen:
Nächste Reihe (RS): 1li, nächste M mit ihrem U zus.stricken, 1li, Me, re dopp. Abn, Ms bis 2 M vor der markierten M, dopp. Zun in nächster M, 1li, nächste M mit ihrem U zus. stricken, 1li, dopp. Zun in nächster M, Ms bis zu den letzten 6 M, li dopp. Abn, Me, 1li, nächste M mit ihrem U zus.stricken, 1li.
Nächste Reihe: [1re, FdvN, nächste M li abheben] bis zur letzten M, 1re, dabei MV.
Nächste Reihe: [1li, nächste M mit ihrem U zus.stricken] bis zur letzten M, 1li, dabei MV.
Nächste Reihe: [1re, FdvN, nächste M li abheben] bis zur letzten M, 1re, dabei MV.
Die letzten 4 R wdh., bis das Strickstück 35 (**37**:39:**41**) cm ab Anschlag misst (ca. 100:**106**:114:**120** R im RMs ab Seitenmarkierer), dabei auf RS für nächste R enden.
Notieren Sie sich die Anzahl der gestrickten Reihen, da Sie für die Vorderteile ebenso viele Reihen stricken müssen.
Armausschnitte:
Zum Einhalten des 4-R-Rapports an den beiden Enden der nächsten 6 R je 1 M zun.
*127 (**135**:143:**151**) M.*
Hinweis: Bei 2 aufeinanderfolgenden neuen M diese im Ms arbeiten.

Armausschnittblende:
Zum Einhalten des 4-R-Rapports wie folgt weiterarbeiten: Am Anf der nächsten 2 R je 6 M anschlagen. *139 (**147**:155:**163**) M.*
12 R hochstricken.
Nächste Reihe (zun) (RS): 12 M im Ms, M1, bis zu den letzten 12 M Ms, M1, Ms bis Ende der R.
Hinweis: M1 in den R der LS re stricken und in denen der RS li.
In jeder folg 14. R wie oben zun, bis es 147 (**155**:163:**171**) M sind.
Hinweis: Bei 2 aufeinanderfolgenden neuen M diese im Ms arbeiten.
GLEICHZEITIG wenn der Ärmelausschnitt 14 (**15**:16:**17**) cm ab Anschlagmaschen an der Ausschnittkante misst (ca. 48:**52**:54:**58** R), und die LS für die nächste Reihe vorne liegt die Markierer entfernen und wie folgt über alle M im PTMs arbeiten:
Reihe 1 (LS): [1re, FdvN, nächste M li abheben] bis zur letzten M, 1re.
Reihe 2: [1li, nächste M mit ihrem U zus. stricken] bis zur letzten M, 1li.
Die letzten 2 R wdh., bis der Armausschnitt 20 (**21**:22:**23**) cm ab Anschlagmaschen an der Ausschnittkante misst (ca. 68:**72**:74:**78** R), dabei für nächste R auf RS enden.
Rückwärtiger Halsausschnitt und Schultern:
Nächste Reihe (RS): Ms bis zu den letzten 5 (**6**:6:**6**) M, Wickelmasche, wenden.
Nächste Reihe: Ms bis zu den letzten 5 (**6**:6:**6**) M, Wickelmasche, wenden.
Nächste Reihe: Ms bis zu den letzten 10 (**12**:12:**12**) M, Wickelmasche, wenden.
Nächste Reihe: Ms bis zu den letzten 10 (**12**:12:**12**) M, Wickelmasche, wenden.
Nächste Reihe: Ms bis zu den letzten 15 (**18**:18:**18**) M, Wickelmasche, wenden.
Nächste Reihe: Ms bis zu den letzten 15 (**18**:18:**18**) M, Wickelmasche, wenden.
Nächste Reihe: Ms bis zu den letzten 20 (**24**:24:**24**) M, Wickelmasche, wenden.
Nächste Reihe: Ms bis zu den letzten 20 (**24**:24:**24**) M, Wickelmasche, wenden.
Nächste Reihe: Ms bis zu den letzten 25 (**29**:30:**30**) M, Wickelmasche, wenden.
Nächste Reihe: Ms bis zu den letzten 25 (**29**:30:**30**) M, Wickelmasche, wenden.
Nächste Reihe: Ms bis zu den letzten 30 (**34**:36:**36**) M, Wickelmasche, wenden.
Nächste Reihe: Ms bis zu den letzten 30 (**34**:36:**36**) M, Wickelmasche, wenden.

Nächste Reihe: Ms bis zu den letzten 35 (**39**:42:**42**) M, Wickelmasche, wenden.
Nächste Reihe: Ms bis zu den letzten 35 (**39**:42:**42**) M, Wickelmasche, wenden.
Nächste Reihe: Ms bis zu den letzten 40 (**44**:48:**48**) M, Wickelmasche, wenden.
Nächste Reihe: Ms bis zu den letzten 40 (**44**:48:**48**) M, Wickelmasche, wenden.
Nächste Reihe: 18(**18**:18:**22**) M im Ms, wenden und restl. M auf eine Hilfsnadel legen. 58 (**62**:66:**70**) M.
Nächste Reihe: 3 M abketten, Ms bis zu den letzten 45 (**49**:53:**54**) M, Wickelmasche, wenden.
55 (59:63:67) M.
Nächste Reihe: Ms bis zum Ende der Reihe.
Nächste Reihe: Ms bis zu den letzten 50 (**54**:58:**60**) M, Wickelmasche, wenden.
Nächste Reihe: Ms bis zum Ende der Reihe.
Nächste Reihe: Ms über alle M und dabei die Umwicklungen aufnehmen.
Faden abschneiden und ein langes Ende stehen lassen.
Diese 55 (**59**:63:**67**) M für die Schulter auf eine Hilfsnadel legen.
Mit RS vorne die mittleren 31 (**31**:31:**31**) M auf eine Hilfsnadel legen. Den Faden für die restl. 58 (**62**:66:**70**) M wieder anknüpfen und wie folgt arbeiten:
Nächste Reihe (RS): 3 M abketten, Ms bis zu den letzten 45 (**49**:53:**54**) M, Wickelmasche, wenden. *55 (59:63:67) M.*
Nächste Reihe: Ms bis zum Ende der Reihe.
Nächste Reihe: Ms bis zu den letzten 50 (**54**:58:**60**) M, Wickelmasche, wenden.
Nächste Reihe: Ms bis zum Ende der Reihe.
Nächste Reihe: Ms über alle M und dabei die Umwicklungen aufnehmen.
Faden abschneiden und ein langes Ende stehen lassen.
Diese 55 (**59**:63:**67**) M für die Schulter auf eine Hilfsnadel nehmen.
Hinweis: Neue Garnknäuel immer an den Seitenrändern der Vorderteile anknüpfen.

RECHTES VORDERTEIL

Im RMs 1li, 1re sowie im PTMs gestrickt, mit einer Pseudotasche.
61 (**65**:69:**73**) M mit Nadeln Nr. 3,75 anschlagen und im RMs 1li, 1re wie folgt stricken:
Reihe 1 (RS): [1li, 1re] bis zur letzten M, 1li.
Reihe 2: [1re, 1li] bis zur letzten M, 1re.
Nächste Reihe (zun): Bis zu den letzten 7 M RMs wie die M erscheinen, M1, 7 M im RMs, wie vorgegeben.
In jeder folg 4. R wie oben zun, bis es 65 (**69**:73:**77**) M sind.
Weitere 4 R im RMs und dabei auf LS für die nächste R enden, Me am Ende der letzten R. Wie folgt im PTMs fortf:
Reihe 1 (LS): [1re, FdvN, nächste M li abheben] bis zur letzten M, 1re.
Reihe 2: [1li, nächste M mit ihrem U zus. stricken] bis zur letzten M, 1li.
Hinweis: Zählen Sie die abgehobene M und den dazugehörigen Umschlag immer als eine einzige Masche.
Weitere 17 (**17**:23:**23**) Reihen im PTMs stricken und auf RS für die nächste Reihe enden.
Pseudotasche:
Nächste Reihe (RS): Ms bis zu den letzten 26 (**28**:30:**32**) M, re dopp. Abn, Me, 5 M im Ms, dopp. Zun, Ms bis zum Ende der Reihe.
3 Runden im PTMs stricken.
Nächste Reihe: Ms bis zu den letzten 3 M vor dem Markierer, re dopp. Abn, MV, 5 M im Ms, dopp. Zun, Ms bis zum Ende der Reihe.
3 Runden im PTMs stricken. Die letzten 4 R 9-mal wdh.
Unter Einhaltung des Ms weiter hochstricken, bis das Strickstück 35 (**37**:39:**41**) cm ab Anschlag misst (ca. 100:**106**:114:**120** R im PTMs ab Seitenmarkierer – die gleiche Anzahl von R wie für den Rücken), dabei auf RS für nächste R enden.
Armausschnitt und Hals:
Nächste Reihe (zun, RS): Ms bis zur letzten M, in nächster M zun.
Nächste Reihe (zun): In erster M zun, Ms bis zum Ende der Reihe.
Nächste Reihe (zun): 9 M im Ms, re dopp. Abn, Ms bis zur letzten M, in nächster M zun. 66 (**70**:74:**78**) M.
Nächste Reihe (zun): In erster M zun, Ms bis zum Ende der Reihe.
Nächste Reihe (zun): Ms bis zur letzten M, in nächster M zun.
Nächste Reihe (zun): In erster M zun, Ms bis zum Ende der Reihe. *69 (73:77:81) M.*
Nächste Reihe: Ms bis zum Ende der Reihe.
Armausschnittblende:
Nächste Reihe (LS): 6 M anschlagen, Ms bis zum Ende der Reihe. *75 (79:83:87) M.*
2 R stricken.

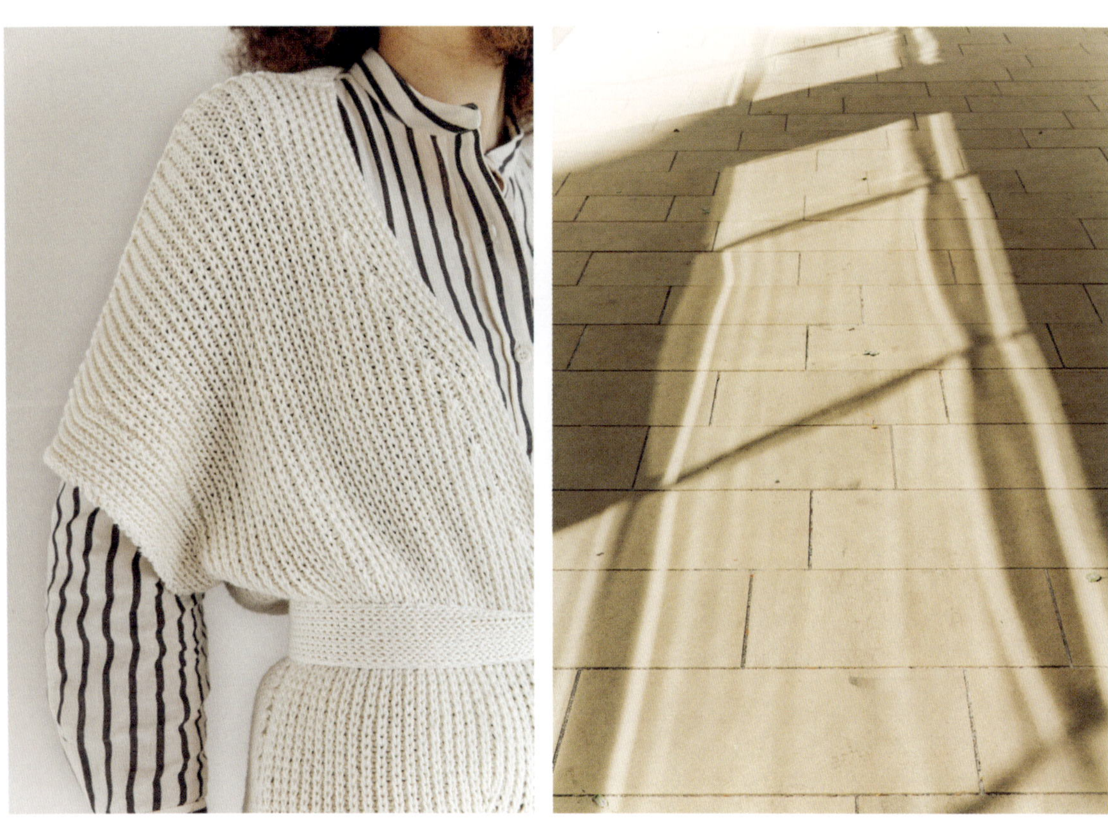

Nächste Reihe (abn): 9 M im Ms, re dopp. Abn, Ms bis zum Ende der Reihe.
*73 (**77**:81:**85**) M.*
7 R stricken.
Nächste Reihe (abn): 9 M im Ms, re dopp. Abn, Ms bis zum Ende der Reihe.
*71 (**75**:79:**83**) M.*
1 R stricken.
Nächste Reihe (zun): Ms bis zu den letzten 12 M, M1, Ms bis Ende der R. *72 (**76**:80:**84**) M.*
5 R stricken.
Nächste Reihe (abn): 9 M im Ms, re dopp. Abn, Ms bis zum Ende der Reihe.
*70 (**74**:78:**82**) M.*
7 R stricken.
Nächste Reihe (abn): 9 M im Ms, re dopp. Abn, Ms bis zu den letzten 12 M, M1, Ms bis Ende der R.
*69 (**73**:77:**81**) M.*
7 R stricken.
Nächste Reihe (abn): 9 M im Ms, re dopp. Abn, Ms bis zum Ende der Reihe.
*67 (**71**:75:**79**) M.*
5 R stricken.
Nächste Reihe (zun): Ms bis zu den letzten 12 M, M1, Ms bis Ende der R. 68 (**72**:76:**80**) M.
1 R stricken.
Nächste Reihe (abn): 9 M im Ms, re dopp. Abn, Ms bis zum Ende der Reihe. 66 (**70**:74:**78**) M.
7 R stricken.
Nächste Reihe (abn): 9 M im Ms, re dopp. Abn, Ms bis zum Ende der Reihe.
64 (**68**:72:**76**) M.
3 R stricken.
Nächste Reihe (zun): Ms bis zu den letzten 12 M, M1, Ms bis Ende der R. 65 (**69**:73:**77**) M.
3 R stricken.
Nächste Reihe (abn): 9 M im Ms, re dopp. Abn, Ms bis zum Ende der Reihe.
63 (**67**:71:**75**) M.
Gerade weiterstricken, bis der Armausschnitt 20 (**21**:22:**23**) cm ab Anschlagmaschen an der Ausschnittkante misst (ca. 68:**72**:74:**78** R), dabei auf RS für nächste R enden.

Schulter:

Nächste Reihe (RS): Ms bis zu den letzten 5 (**6**:6:**6**) M, Wickelmasche, wenden.
Nächste Reihe: Ms bis zum Ende der Reihe.
Nächste Reihe: Ms bis zu den letzten 10 (**12**:12:**12**) M, Wickelmasche, wenden.
Nächste Reihe: Ms bis zum Ende der Reihe.
Nächste Reihe: Ms bis zu den letzten 15 (**18**:18:**18**) M, Wickelmasche, wenden.
Nächste Reihe: Ms bis zum Ende der Reihe.
Nächste Reihe: Ms bis zu den letzten 20 (**24**:24:**24**) M, Wickelmasche, wenden.
Nächste Reihe: Ms bis zum Ende der Reihe.
Nächste Reihe: Ms bis zu den letzten 25 (**29**:30:**30**) M, Wickelmasche, wenden.
Nächste Reihe: Ms bis zum Ende der Reihe.
Nächste Reihe: Ms bis zu den letzten 30 (**34**:36:**36**) M, Wickelmasche, wenden.
Nächste Reihe: Ms bis zum Ende der Reihe.
Nächste Reihe: Ms bis zu den letzten 35 (**39**:42:**42**) M, Wickelmasche, wenden.
Nächste Reihe: Ms bis zum Ende der Reihe.
Nächste Reihe: Ms bis zu den letzten 40 (**44**:48:**48**) M, Wickelmasche, wenden.
Nächste Reihe: Ms bis zum Ende der Reihe.
Nächste Reihe: Ms bis zu den letzten 45 (**49**:53:**54**) M, Wickelmasche, wenden.
Nächste Reihe: Ms bis zum Ende der Reihe.
Nächste Reihe: Ms bis zu den letzten 50 (**54**:58:**60**) M, Wickelmasche, wenden.
Nächste Reihe: Ms bis zum Ende der Reihe.
Nächste Reihe: Die ersten 8 M im RMs abketten, Ms bis zum Ende der Reihe.
*55 (**59**:63:**67**) M.*
Faden abschneiden und ein langes Ende stehen lassen.
Diese M für die Schulter auf eine Hilfsnadel nehmen.

LINKE VORDERSEITE

Im RMs 1li, 1re sowie im PTMs gestrickt, mit einer Pseudotasche.
61 (**65**:69:**73**) M mit Nadeln Nr. 3,75 anschlagen und im RMs 1li, 1re wie folgt stricken:
Reihe 1 (RS): [1li, 1re] bis zur letzten M, 1li.
Reihe 2: [1re, 1li] bis zur letzten M, 1re.
Nächste Reihe (zun): 7 M im RMs wie die M erscheinen, M1, RMs wie die M erscheinen bis zum Ende der Reihe.
In jeder folg 4. R wie oben zun, bis es 65 (**69**:73:**77**) M sind.
Weitere 4 R im RMs und dabei auf LS für die nächste R enden, Me am Anfang der letzten R. Wie folgt im PTMs fortf:
Reihe 1 (LS): [1re, FdvN, nächste M li abheben] bis zur letzten M, 1re.
Reihe 2: [1li, nächste M mit ihrem U zus. stricken] bis zur letzten M, 1li.

Hinweis: Zählen Sie die abgehobene M und den dazugehörigen Umschlag immer als eine einzige Masche.
Weitere 17 (**17**:23:**23**) R im PTMs stricken und auf RS für die nächste Reihe enden.
Pseudotasche:
Nächste Reihe: 17 (**19**:21:**23**) M im Ms, dopp. Zun, Me, 5 M im Ms, li dopp. Abn, Ms bis zum Ende der Reihe.
3 R stricken.
Nächste Reihe: Ms bis 1 M vor dem Markierer, dopp. Zun, MV, 5 M im Ms, li dopp. Abn, Ms bis zum Ende der Reihe.
3 R stricken.
Die letzten 4 R 9-mal wdh. Weiter gerade hochstricken, bis das Strickstück 35 (**37**:39:**41**) cm ab Anschlag misst (genauso viele R wie für den Rücken), dabei auf RS für nächste R enden.
Armausschnitt und Hals:
Nächste Reihe (zun, RS): In erster M zun, Ms bis zum Ende der Reihe.
Nächste Reihe (zun): Ms bis zur letzten M, in nächster M zun.
Nächste Reihe (abn): In erster M zun, bis zu den letzten 12 M im Ms, li dopp. Abn, Ms bis Ende der R.
Nächste Reihe (zun): Ms bis zur letzten M, in nächster M zun.
Nächste Reihe (zun): In erster M zun, Ms bis zum Ende der Reihe.
Nächste Reihe (zun): Ms bis zur letzten M, in nächster M zun. *69 (**73**:77:**81**) M.*
Armausschnittblende:
Nächste Reihe (RS): 6 M anschlagen, Ms bis zum Ende der Reihe. *75 (**79**:83:**87**) M.*
3 R stricken.
Nächste Reihe (abn): Ms bis zu den letzten 12 M, li dopp. Abn, Ms bis Ende der R.
*73 (**77**:81:**85**) M.*
7 R stricken.
Nächste Reihe (abn): Ms bis zu den letzten 12 M, li dopp. Abn, Ms bis Ende der R.
*71 (**75**:79:**83**) M.*
1 R stricken.
Nächste Reihe (zun): 12 M im Ms, M1, Ms bis zum Ende der Reihe. *72 (**76**:80:**84**) M.*
5 R stricken.
Nächste Reihe (abn): Ms bis zu den letzten 12 M, li dopp. Abn, Ms bis Ende der R. 70 (**74**:78:**82**) M.
7 R stricken.
Nächste Reihe (abn): 12 M im Ms, M1, Ms bis zu den letzten 12 M, li dopp. Abn, Ms bis Ende der R.
*69 (**73**:77:**81**) M.*
7 R stricken.
Nächste Reihe (abn): Ms bis zu den letzten 12 M, li dopp. Abn, Ms bis Ende der R.
*67 (**71**:75:**79**) M.*
5 R stricken.
Nächste Reihe (zun): 12 M im Ms, M1, Ms bis zum Ende der Reihe. *68 (**72**:76:**80**) M.*
1 R stricken.
Nächste Reihe (abn): Ms bis zu den letzten 12 M, li dopp. Abn, Ms bis Ende der R.
*66 (**70**:74:**78**) M.*
7 R stricken.
Nächste Reihe (abn): Ms bis zu den letzten 12 M, li dopp. Abn, Ms bis Ende der R.
*64 (**68**:72:**76**) M.*
3 R stricken.
Nächste Reihe (zun): 12 M im Ms, M1, Ms bis zum Ende der Reihe. *65 (**69**:73:**77**) M.*
3 R stricken.
Nächste Reihe (abn): Ms bis zu den letzten 12 M, li dopp. Abn, Ms bis Ende der R.
*63 (**67**:71:**75**) M.*
Weiter gerade hochstricken, bis Armausschnitt 20 (**21**:22:**23**) cm misst (genauso viele R wie für den Rücken), dabei auf LS für nächste R enden.
Schulter:
Nächste Reihe (LS): Ms bis zu den letzten 5 (**6**:6:**6**) M, Wickelmasche, wenden.
Nächste Reihe: Ms bis zum Ende der Reihe.
Nächste Reihe: Ms bis zu den letzten 10 (**12**:12:**12**) M, Wickelmasche, wenden.
Nächste Reihe: Ms bis zum Ende der Reihe.
Nächste Reihe: Ms bis zu den letzten 15 (**18**:18:**18**) M, Wickelmasche, wenden.
Nächste Reihe: Ms bis zum Ende der Reihe.
Nächste Reihe: Ms bis zu den letzten 20 (**24**:24:**24**) M, Wickelmasche, wenden.
Nächste Reihe: Ms bis zum Ende der Reihe.
Nächste Reihe: Ms bis zu den letzten 25 (**29**:30:**30**) M, Wickelmasche, wenden.
Nächste Reihe: Ms bis zum Ende der Reihe.
Nächste Reihe: Ms bis zu den letzten 30 (**34**:36:**36**) M, Wickelmasche, wenden.
Nächste Reihe: Ms bis zum Ende der Reihe.
Nächste Reihe: Ms bis zu den letzten 35 (**39**:42:**42**) M, Wickelmasche, wenden.
Nächste Reihe: Ms bis zum Ende der Reihe.
Nächste Reihe: Ms bis zu den letzten 40 (**44**:48:**48**) M, Wickelmasche, wenden.

Nächste Reihe: Ms bis zum Ende der Reihe.
Nächste Reihe: Ms bis zu den letzten 45 (**49**:53:**54**) M, Wickelmasche, wenden.
Nächste Reihe: Ms bis zum Ende der Reihe.
Nächste Reihe: Ms bis zu den letzten 50 (**54**:58:**60**) M, Wickelmasche, wenden.
Nächste Reihe: Ms bis zum Ende der Reihe.
Nächste Reihe: Die ersten 8 M im RMs abketten, Ms bis zum Ende der Reihe.
*55 (**59**:63:**67**) M.*
Faden abschneiden und ein langes Ende stehen lassen. Diese M für die Schulter auf eine Hilfsnadel nehmen.

FERTIGSTELLUNG

Im RMs 1re, 1li beide Schultern mit drei Nadeln zusammen abketten, dabei die **LS** zusammenlegen, sodass die Naht auf der Außenseite liegt.

HALSBLENDE RÜCKEN

Mit Nadeln Nr. 3,25 und RS vorne 6 M aufnehmen und den re Rückenhalsausschnitt re hinunterstricken, über 31 (**31**:31:**31**) M auf der Hilfsnadel Ms wie die M erscheinen, dann am li Rückenhalsausschnitt 6 M aufnehmen und re stricken.
*43 (**43**:43:**43**) M.*
Im RMs 1re, 1li wie folgt:
Nächste Reihe (LS): [1re, 1li] bis zur letzten M, 1re.
Nächste Reihe: [1li, 1re] bis zur letzten M, 1li.
Die letzten 2 R wdh., bis die Halsblende am Rücken genauso breit ist wie die Blenden der Vorderseite. Im RMs abketten.

GÜRTEL

19 M mit Nadeln Nr. 3,25 anschlagen und ca. 152 (**152**:162:**162**) cm (oder gewünschte Länge) wie folgt stricken:
Reihe 1 (RS): [1li, 1re] bis zur letzten M, 1li.
Reihe 2: [1re, 1li] bis zur letzten M, 1re. Im RMs abketten.

Fadenenden auf der LS vernähen. Wählen Sie eine flache, gepolsterte Oberfläche oder eine Spannmatte und stecken Sie das Strickstück mit der LS nach oben gemäß Schnitt fest. Dann mit einem feuchten Tuch bedecken und sanft dämpfen. Flach liegend trocknen lassen. Halsblende mit den abgeketteten M auf der Innenseite des vorderen Halsausschnitts verbinden.
Ärmel und Seitennähte schließen.

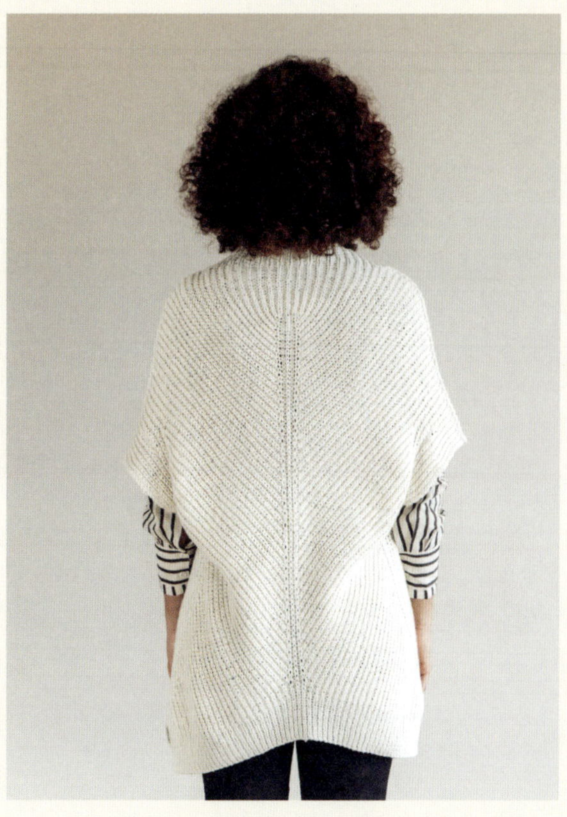

Highbury

Ein langärmeliger Pullover mit rundem Halsausschnitt, gestrickt mit fünf komplementären und kontrastierenden Strukturmustern sowie einer farbigen Linie am Halsausschnitt.

GARN
erika knight british blue 100
100 % reine Schurwolle vom britischen Bluefaced-Leicester-Schaf
Ca. 220 m auf 100 g

MASSE	S	M	L	XL	XXL
BRUSTKORB	106cm	**112cm**	118cm	**124cm**	130cm
LÄNGE	70cm	**72cm**	74cm	**76cm**	78cm
ÄRMEL	45cm	**47cm**	47cm	**48cm**	49cm

HINWEIS
Das Modell auf allen Fotos hat die Größe M.
Farben: A Cymbelline; B Mrs Dalloway
Model: Brustkorb 102 cm. Körpergröße: 1,83 m

MATERIALIEN
Benötigte Menge:
A 6 (**7**:7:**8**:8) Knäuel á 100 g
B Kleine Menge Kontrastfarbe
Nadeln Nr. 3,25, 3,75 und 4
Rundnadel Nr. 3,25 – Länge 40 cm
Maschenmarkierer
Hilfsnadeln
Stumpfe Nähnadel mit großem Nadelöhr

Bei den angegebenen Garnmengen handelt es sich um Richtwerte, die auf einem Durchschnittsbedarf basieren.

MASCHENPROBE
26 M x 30 Reihen = 10 x 10 cm im Gittermuster, mit Nadeln Nr. 3,75 und **nach dem Dämpfen**. Wechseln Sie nach Bedarf die Nadelstärke, um der Maschenprobe zu entsprechen.

ABKÜRZUNGEN
Siehe S. 36–38.

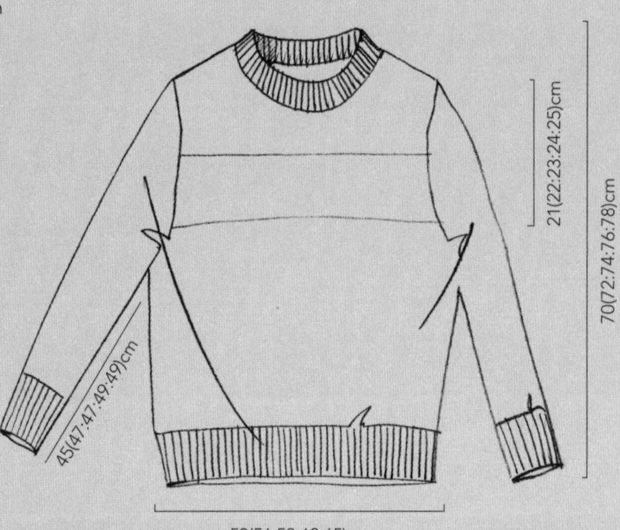

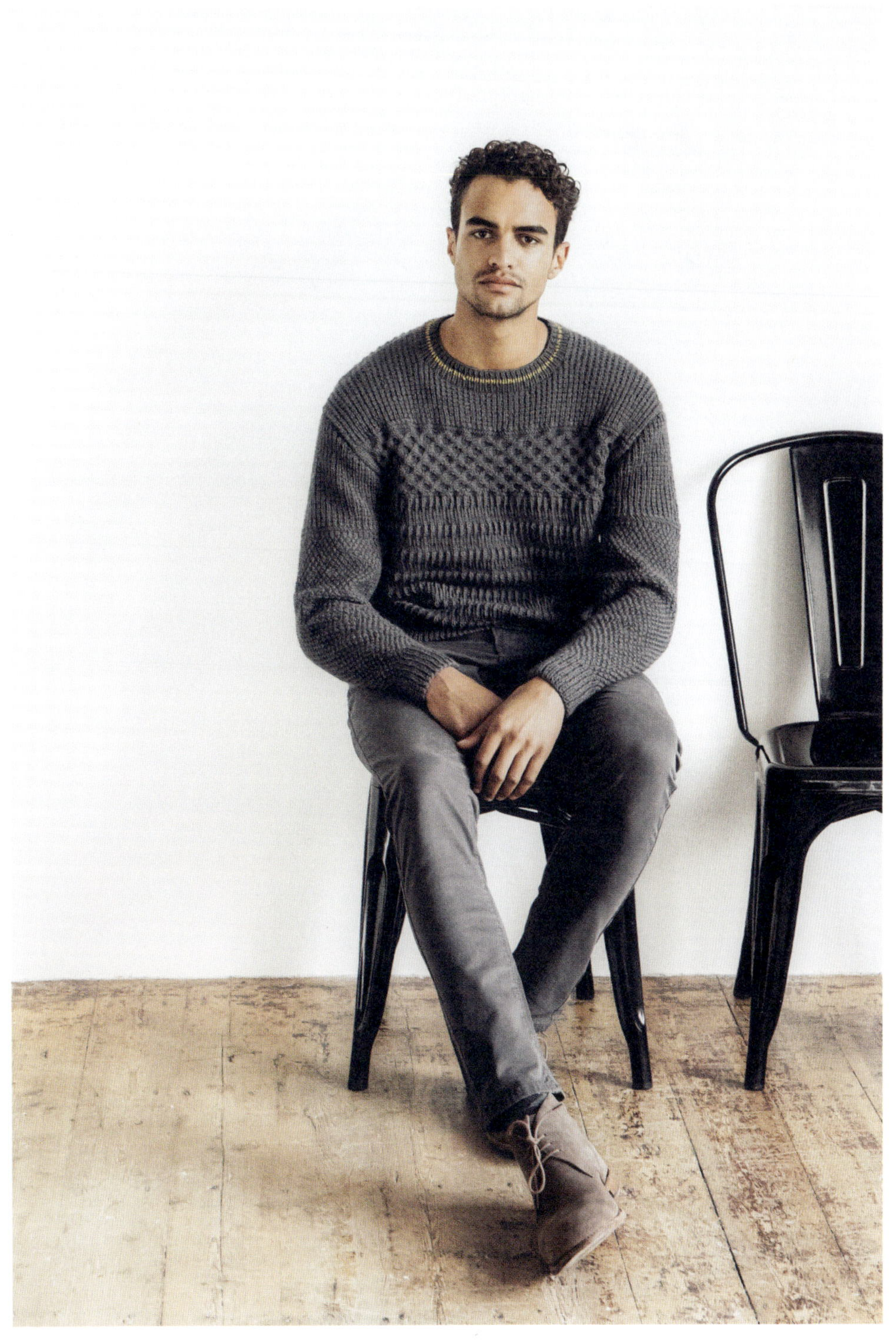

GITTERMUSTER

Die Maschenzahl muss durch 3 teilbar sein.
1re verschr –1 M rechts verschränkt stricken
1li verschr – 1 M links verschränkt stricken

Reihe 1 (RS): [1re verschr, 2re] bis zum Ende der Reihe.
Reihe 2: [2li, 1li verschr] bis zum Ende der Reihe.
Reihe 3: [1re verschr, 2re] bis zum Ende der Reihe.
Reihe 4: [2li, 1li verschr] bis zum Ende der Reihe.
Reihe 5: [1re verschr, 1li, 1re verschr] bis zum Ende der Reihe.
Reihe 6: [1li verschr, 1re, 1li verschr] bis zum Ende der Reihe.
Reihe 7: [1re verschr, 1li, 1re verschr] bis zum Ende der Reihe.
Reihe 8: [1li verschr, 1re, 1li verschr] bis zum Ende der Reihe.
Reihe 9: [2li, 1re verschr] bis zum Ende der Reihe.
Reihe 10: [1li verschr, 2re] bis zum Ende der Reihe.
Reihe 11: [2li, 1re verschr] bis zum Ende der Reihe.
Reihe 12: [1li verschr, 2re] bis zum Ende der Reihe.
Diese 12 R wdh.

WABENMUSTER

Ein Muster mit einem Rapport aus 8 Maschen.
Z4h – Zopf über 4 Maschen hinten: Die nächsten 2 M auf die Zopfnadel nehmen und hinter die Arbeit legen, die nächsten 2 M von der Nadel in der LH abstricken, dann M von der Zopfnadel abstricken.
Z4v – Zopf über 4 Maschen vorne: Die nächsten 2 M auf die Zopfnadel nehmen und vor die Arbeit legen, die nächsten 2 M von der Nadel in der LH abstricken, dann die M von der Zopfnadel abstricken.
Reihe 1 (RS): [Z4h, Z4v] bis zum Ende des Musterstreifens.
Reihe 2: Li bis zum Ende des Musterstreifens.
Reihe 3: Re bis zum Ende des Musterstreifens.
Reihe 4: Li bis zum Ende des Musterstreifens.
Reihe 5: [Z4v, Z4h] bis zum Ende des Musterstreifens.
Reihe 6: Li bis zum Ende des Musterstreifens.
Reihe 7: Re bis zum Ende des Musterstreifens.
Reihe 8: Li bis zum Ende des Musterstreifens.
Diese 8 R wdh.

FALSCHES RIPPENMUSTER

Hierfür ist eine gerade Anzahl von M nötig.
Reihe 1 (RS): [1li, 1re] bis zum Ende der Reihe.
Reihe 2: Li bis zum Ende der Reihe.
Diese 2 R wdh.

GROSSES PERLMUSTER

Hierfür ist eine gerade Anzahl von M nötig.
Reihe 1 (RS): [1li, 1re] bis zum Ende der Reihe.
Reihe 2: [1li, 1re] bis zum Ende der Reihe.
Reihe 3: [1re, 1li] bis zum Ende der Reihe.
Reihe 4: [1re, 1li] bis zum Ende der Reihe.

ANLEITUNG

RÜCKSEITE

Im Rippen- und Gittermuster gestrickt.
Mit Nadeln Nr. 3,25 in A 138 (**146**:152:**162**:170) M anschlagen und im RMs 1re, 1li wie folgt stricken:
Reihe 1 (RS): [1re, 1li] bis zum Ende der Reihe.
Reihe 2: [1re, 1li] bis zum Ende der Reihe.
Die letzten 2 R 11-mal wdh. und in der letzten Reihe 0 (1:1:0:1) M zun.
*138 (**147**:153:**162**:171) M.*

Mit Nadel Nr. 3,75 im Gittermuster fortf, bis Strickstück 44 (**45**:46:**47**:48) cm ab Anschlag misst, dabei auf RS für nächste R enden.

Armausschnitte:

Unter Einhaltung des Musters am Anf der nächsten 2 R 4 M abketten.

*130 (**139**:145:**154**:163) M.* An beiden Enden der nächsten und jeder zweiten folgenden R 1 M abn, bis noch 120 (**129**:135:**144**:153) M verbleiben. Unter Einhaltung des Musters weiterstricken, bis das Strickstück 65 (**67**:69:**71**:73) cm ab Anschlag misst, dabei auf RS für nächste R enden.

Schultern und hinterer Halsausschnitt:

Nächste Reihe (RS): Ms bis zu den letzten 5 (**6**:6:**6**:6) M, Wickelmasche, wenden.

Nächste Reihe: Ms bis zu den letzten 5 (**6**:6:**6**:6) M, Wickelmasche, wenden.

Nächste Reihe: Ms bis zu den letzten 10 (**11**:12:**12**:12) M, Wickelmasche, wenden.

Nächste Reihe: Ms bis zu den letzten 10 (**11**:12:**12**:12) M, Wickelmasche, wenden.

Nächste Reihe: Ms bis zu den letzten 15 (**16**:18:**18**:18) M, Wickelmasche, wenden.

Nächste Reihe: Ms bis zu den letzten 15 (**16**:18:**18**:18) M, Wickelmasche, wenden.

Nächste Reihe: Ms bis zu den letzten 20 (**21**:23:**24**:24) M, Wickelmasche, wenden.

Nächste Reihe: Ms bis zu den letzten 20 (**21**:23:**24**:24) M, Wickelmasche, wenden.

Nächste Reihe: Ms bis zu den letzten 25 (**26**:28:**30**:30) M, Wickelmasche, wenden.

Nächste Reihe: Ms bis zu den letzten 25 (**26**:28:**30**:30) M, Wickelmasche, wenden.

Nächste Reihe: Ms bis zu den letzten 29 (**31**:33:**36**:36) M, Wickelmasche, wenden.

Nächste Reihe: Ms bis zu den letzten 29 (**31**:33:**36**:36) M, Wickelmasche, wenden.

Nächste Reihe: Ms bis zu den letzten 33 (**36**:38:**41**:42) M, Wickelmasche, wenden.

Nächste Reihe: Ms bis zu den letzten 33 (**36**:38:**41**:42) M, Wickelmasche, wenden.

Nächste Reihe: Ms über 9 (10:10:10:11) M, wenden.

Nächste Reihe: 5 M abketten, Ms bis zum Ende der Reihe und dabei die Umwicklungen aufnehmen. *37 (**41**:43:**46**:48) M.*

Faden abschneiden und ein langes Ende stehen lassen.

Diese M für die Schulter auf eine Hilfsnadel nehmen. Mit der RS nach vorne die mittleren 36 (**37**:39:**42**:47) M für die hintere Mitte auf eine Hilfsnadel legen. Den Faden für die restl. 42 (**46**:48:**51**:53) M wieder zusammenfügen und wie folgt arbeiten:

Nächste Reihe: 5 M abketten, Ms bis zum Ende der Reihe und dabei die Umwicklungen aufnehmen. *37 (**41**:43:**46**:48) M.*

Faden abschneiden und ein langes Ende stehen lassen.

Diese M für die Schulter auf eine Hilfsnadel nehmen.

VORDERSEITE

Gestrickt im Rippen-, Gitter-, Waben- und falschem Rippenmuster.

Genauso wie den Rücken arbeiten, bis Strickstück 44 (**45**:46:**47**:48) cm ab Anschlag misst, dabei auf RS für nächste R enden und in der letzten R 0 (1:1:0:1) M zun.

*138 (**148**:154:**162**:172) M.*

Armausschnitte:

Nächste Reihe (RS): 4 M abketten, re bis zum Ende der Reihe. *134 (**144**:150:**158**:168) M.*

Nächste Reihe: 4 M abketten, re bis zum Ende der Reihe. *130 (**140**:146:**154**:164) M.*

Nächste Reihe (abn): 1re, 2Mzus, re bis letzte 3 M, 2Mzus, 1re.

*128 (**138**:144:**152**:162) M.*

Nächste Reihe: Re bis zum Ende der Reihe.

Mit Nadeln Nr. 4 wie folgt im Wabenmuster fortf:

Nächste Reihe (abn): 1re, 2Mzus, 5 (**6**:5:**5**:6) re, Me, bis zu den letzten 8 (**9**:8:**8**:9) M Reihe 1 des Wabenmusters arbeiten, Me, re bis letzte 3 M, 2Mverschr.zus, 1re.

Nächste Reihe: Li bis zum Markierer, MV, Reihe 2 des Wabenmusters bis zum Markierer, MV, li bis zum Ende der Reihe.

Nächste Reihe (abn): 1re, 2Mzus, re bis zum Markierer, MV, Reihe 3 des Wabenmusters bis zum Markierer, MV, re bis letzte 3 M, 2Mverschr.zus, 1re.

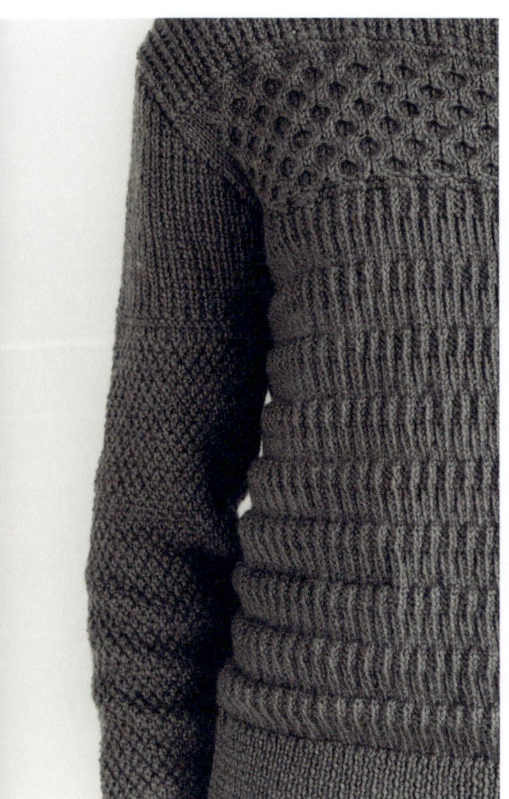

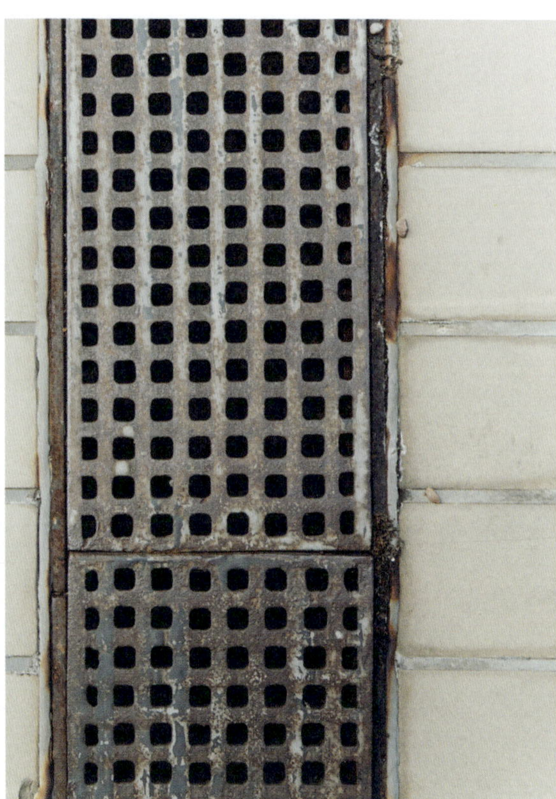

Nächste Reihe: Li bis zum Markierer, MV, Reihe 4 des Wabenmusters bis zum Markierer, MV, li bis zum Ende der Reihe.
Unter Einhaltung des Ms mit Reihe 5 des Wabenmusters anf und an beiden Enden der nächsten und jeder zweiten folgenden R 1 M abn, wie sie erscheinen.
*120 (**130**:136:**144**:154) M.*
Unter Einhaltung des Musters weiterstricken, bis das Strickstück 53 (**54**:55:**57**:58) cm ab Anschlag misst, dabei auf RS für nächste R enden.
Mit Nadeln Nr. 3,75 fortf und 4 R re stricken.
Im falschen Rippenmuster fortf, bis Strickstück 61 (**62**:64:**65**:67) cm ab Anschlag misst, dabei auf RS für nächste R enden.
Halsausschnitt:
Nächste Reihe (RS): 49 (**53**:55:**58**:62) M im Ms und restl. M auf eine Hilfsnadel legen.
Nächste Reihe: 4 (**4**:4:**4**:5) M abketten, Ms bis zum Ende der Reihe. *45 (**49**:51:**54**:57) M.*
Nächste Reihe: Ms bis zum Ende der Reihe.
Nächste Reihe: 4 (**4**:4:**4**:5) M abketten, Ms bis zum Ende der Reihe. *41 (**45**:47:**50**:52) M.*
Nächste Reihe: Ms bis zum Ende der Reihe.
Nächste Reihe: 2 M abketten, Ms bis zum Ende der Reihe. *39 (**43**:45:**48**:50) M.*
Nächste Reihe: Ms bis zum Ende der Reihe.
Nächste Reihe: 2 M abketten, Ms bis zum Ende der Reihe. *37 (**41**:43:**46**:48) M.*
Unter Einhaltung des Ms 3 (**5**:5:**7**:7) R gerade hochstricken, dabei auf LS für die nächste Reihe enden.
Schulter:
Nächste Reihe (LS): Ms bis zu den letzten 5 (**6**:6:**6**:6) M, Wickelmasche, wenden.
Nächste Reihe: Ms bis zum Ende der Reihe.
Nächste Reihe: Ms bis zu den letzten 10 (**11**:12:**12**:12) M, Wickelmasche, wenden.
Nächste Reihe: Ms bis zum Ende der Reihe.
Nächste Reihe: Ms bis zu den letzten 15 (**16**:18:**18**:18) M, Wickelmasche, wenden.
Nächste Reihe: Ms bis zum Ende der Reihe.
Nächste Reihe: Ms bis zu den letzten 20 (**21**:23:**24**:24) M, Wickelmasche, wenden.
Nächste Reihe: Ms bis zum Ende der Reihe.
Nächste Reihe: Ms bis zu den letzten 25 (**26**:28:**30**:30) M, Wickelmasche, wenden.
Nächste Reihe: Ms bis zum Ende der Reihe.
Nächste Reihe: Ms bis zu den letzten 29 (**31**:33:**36**:36) M, Wickelmasche, wenden.
Nächste Reihe: Ms bis zum Ende der Reihe.
Nächste Reihe: Ms bis zu den letzten 33 (**36**:38:**41**:42) M, Wickelmasche, wenden.
Nächste Reihe: Ms bis zum Ende der Reihe.
Nächste Reihe: Ms bis zum Ende der Reihe und dabei die Umwicklungen aufnehmen.
Faden abschneiden und ein langes Ende stehen lassen.
Diese 37 (**41**:43:**46**:48) M für die Schulter auf eine Hilfsnadel nehmen.
Mit der RS nach vorne die mittleren 22 (**24**:26:**28**:30) M für die vordere Mitte auf eine Hilfsnadel legen.
Den Faden für die restl. M wieder anknüpfen und wie folgt arbeiten:
Nächste Reihe (RS): 4 (**4**:4:**4**:5) M abketten, Ms bis zum Ende der Reihe.
*45 (**49**:51:**54**:57) M.*
Nächste Reihe: Ms bis zum Ende der Reihe.
Nächste Reihe: 4 (**4**:4:**4**:5) M abketten, Ms bis zum Ende der Reihe. *41 (**45**:47:**50**:52) M.*
Nächste Reihe: Ms bis zum Ende der Reihe.
Nächste Reihe: 2 M abketten, Ms bis zum Ende der Reihe. *39 (**43**:45:**48**:50) M.*
Nächste Reihe: Ms bis zum Ende der Reihe.
Nächste Reihe: 2 M abketten, Ms bis zum Ende der Reihe. *37 (**41**:43:**46**:48) M.*
Unter Einhaltung des Ms 3 (**5**:5:**7**:7) R gerade hochstricken, dabei auf LS für die nächste Reihe enden.
Schulter:
Nächste Reihe (RS): Ms bis zu den letzten 5 (**6**:6:**6**:6) M, Wickelmasche, wenden.
Nächste Reihe: Ms bis zum Ende der Reihe.
Nächste Reihe: Ms bis zu den letzten 10 (**11**:12:**12**:12) M, Wickelmasche, wenden.
Nächste Reihe: Ms bis zum Ende der Reihe.
Nächste Reihe: Ms bis zu den letzten 15 (**16**:18:**18**:18) M, Wickelmasche, wenden.
Nächste Reihe: Ms bis zum Ende der Reihe.
Nächste Reihe: Ms bis zu den letzten 20 (**21**:23:**24**:24) M, Wickelmasche, wenden.
Nächste Reihe: Ms bis zum Ende der Reihe.
Nächste Reihe: Ms bis zu den letzten 25 (**26**:28:**30**:30) M, Wickelmasche, wenden.
Nächste Reihe: Ms bis zum Ende der Reihe.
Nächste Reihe: Ms bis zu den letzten 29 (**31**:33:**36**:36) M, Wickelmasche, wenden.
Nächste Reihe: Ms bis zum Ende der Reihe.
Nächste Reihe: Ms bis zu den letzten 33 (**36**:38:**41**:42) M, Wickelmasche, wenden.
Nächste Reihe: Ms bis zum Ende der Reihe.
Nächste Reihe: Ms bis zum Ende der Reihe und dabei die Umwicklungen aufnehmen.
Faden abschneiden und ein langes Ende stehen lassen.

Diese 37 (**41**:43:**46**:48) M für die Schulter auf eine Hilfsnadel nehmen.

ÄRMEL (2)

Gestrickt im Rippenmuster 1re, 1li, großem Perlmuster, falschem Rippenmuster sowie kraus rechts.
Mit Nadeln Nr. 3,25 in A 52 (**52**:52:**56**:56) M anschlagen.
Reihe 1 (RS): [1re, 1li] bis zum Ende der Reihe.
Reihe 2: [1re, 1li] bis zum Ende der Reihe.
Die letzten 2 R 11-mal wdh.
Mit Nadeln Nr. 3,75 unter Einhaltung des Ms im großen Perlmuster weiterarbeiten.
An beiden Enden der 3. und jeder folgenden 6. (**5**.: 5.: **5**.:5.) R je 1 M zun, bis es 86 (**90**:96:**100**:104) M sind. **GLEICHZEITIG** wenn der Ärmel 42 (**43**:44:**45**:46) cm ab Anschlag misst und mit RS vorne 4 Reihen kr.re stricken (alle R re), danach im falschen Rippenmuster fortf.
Unter Einhaltung des Musters weiterstricken, bis der Ärmel 45 (**47**:47:**48**:49) cm ab Anschlag misst, dabei auf RS für nächste R enden.
Nächste Reihe (RS): 4 M abketten, Ms bis zum Ende der Reihe. *82 (**86**:92:**96**:100) M.*
Nächste Reihe: 4 M abketten, Ms bis zum Ende der Reihe. *78 (**82**:88:**92**:96) M.*
Nächste Reihe (abn): 2Mzus, Ms bis letzte 2 M, 2Mzus.
Nächste Reihe: Ms wie die M erscheinen bis zum Ende der Reihe.
Die letzten 2 R wdh., bis es 60 (**64**:70:**74**:78) M sind. 1 R stricken.
An beiden Enden jeder R je 1 M abn, bis es 36 M sind.
Am Anf der nächsten 6 R je 2 M abketten. 24 M.
Die verbliebenen M abketten.

FERTIGSTELLUNG

Beide Schultern mit drei Nadeln zusammen abketten, dabei die RS zusammenlegen, sodass die Naht auf der Innenseite liegt.

HALSBLENDE

Mit RS vorne mit einer Rundnadel Nr. 3,25 in A und an der li Schulter beginnend 19 (**24**:24:**24**:25) M aufnehmen und den linken vorderen Halsausschnitt hinunterstricken, über 22 (**24**:26:**28**:30) M der Hilfsnadel in der Mitte, 19 (**23**:23:**24**:24) M den rechten vorderen Halsausschnitt hoch, 8 M über den rechten hinteren Halsausschnitt, 36 (**37**:39:**42**:47) M von der Hilfsnadel in der hinteren Mitte und 8 M über den linken hinteren Halsausschnitt.
*112 (**124**:128:**134**:142) M.*
Me zum Markieren des Rundenanfangs, und wie folgt im Rippenmuster 1re, 1li arbeiten:
Runde 1: [1re, 1li] bis zum Ende der Runde.
Die letzte Runde 3-mal wdh.
Ab jetzt mit B 2 Runden im RMs stricken.
Dann mit A 4 Runden im RMs stricken. Im RMs abketten.

Fadenenden auf der LS vernähen. Wählen Sie eine flache, gepolsterte Oberfläche oder eine Spannmatte und stecken Sie das Strickstück mit der LS nach oben gemäß Schnitt fest. Dann mit einem feuchten Tuch bedecken und sanft dämpfen, das Bündchen dabei auslassen. Flach liegend trocknen lassen.

Ärmel einnähen.

Ärmel und Seitennähte schließen.

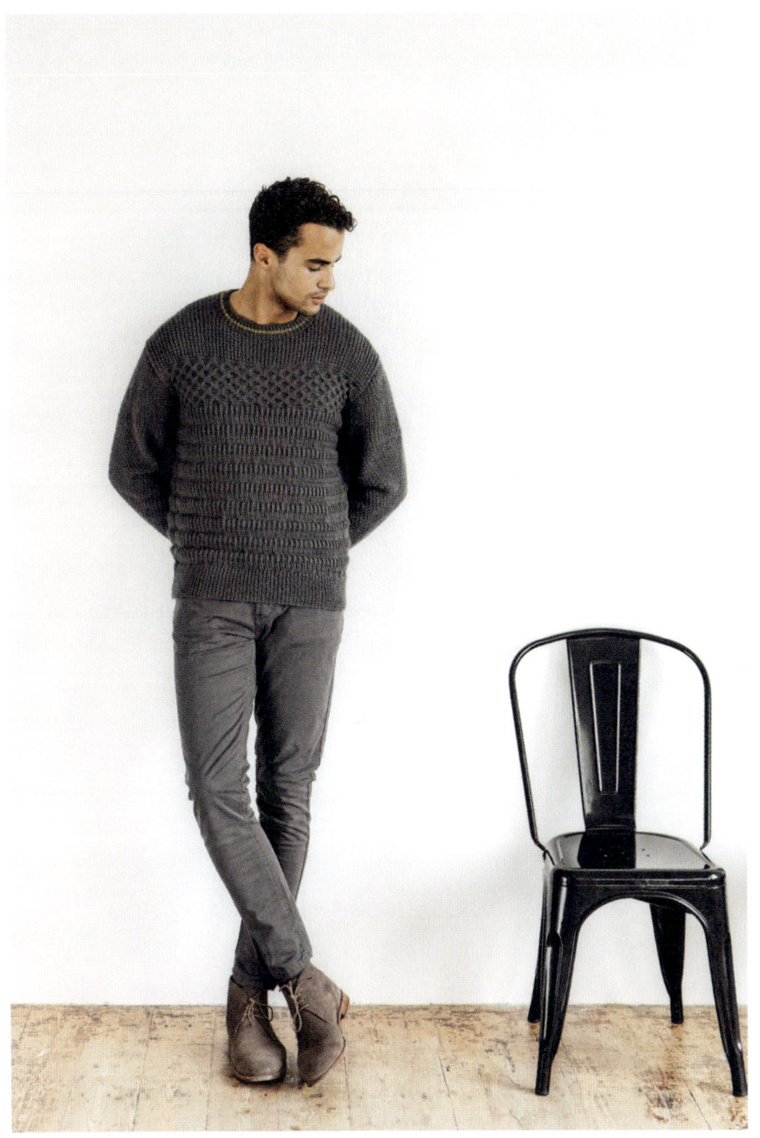

Ökotown

Ein nach Lust und Laune gestricktes Projekt – ich bin unheimlich gerne mit den Nadeln kreativ und lasse Formen und Muster sich einfach entwickeln und die Gestaltung beeinflussen. Inspiriert vom Treibgut auf den Straßen der Stadt, vereinigen sich eingestreute und ausgesuchte Fasern – aus Papier und Baumwolle bis hin zu Wolle und Seide – in diesem ärmellosen Top. Das Projekt eignet sich gut, um Wollvorräte aufzubrauchen. Der Rücken besteht aus voluminöser Wolle mit einem gerippten Bündchen und ist ansonsten glatt rechts mit einfachen Abnahmen gestrickt. Die Vorderseite wird aus diversen Garnen mit asymmetrisch geteiltem Saum und einer kontrastierenden Passe gestrickt. Grafische Formen werden im Rippenmuster mit verkreuzten Maschen und Intarsientechnik gearbeitet. Fertiggestellt wird das Top mit willkürlich erscheinenden Rippenreihen für den Halsausschnitt, Handstickereien in Kontrastfarben und herunterhängenden Fäden.

GARN
erika knight maxi wool – **A, F**
100 % reine britische Schurwolle
Ca. 80 m auf 100 g

erika knight gossypium cotton – **B, C**
100 % Baumwolle
Ca. 100 m auf 50 g

Habu Silk Wrapped Paper – **D**
99 % Leinen, 1 % Rohseide
Ca. 143 m auf 14 g

Isager Japansk Bomuld – **E** 2-fädig zusammen
100 % Baumwolle
Ca. 315 m auf 50 g

MASSE	S	M	L
BRUSTKORB	94cm	**102cm**	110cm
LÄNGE – RÜCKEN	50cm	**54cm**	58cm
LÄNGE – LI VORN	56cm	**60cm**	64cm
LÄNGE – RE VORN	48cm	**52cm**	56cm

HINWEIS
Das Modell auf allen Fotos hat die Größe S.
Farben: **A** Canvas; **B** Milk; **C** Pitch; **D** White/black; **E** 13; **F** Pitch. **Model**: Größe 36–38. Körpergröße: 1,65 m

MATERIALIEN
Benötigte Menge:
A 2 (2:3) Knäuel á 100 g
B 3 (3:3) Knäuel á 50 g
C 1 (1:1) Knäuel á 50 g
D 2 (2:2) Knäuel á 14 g
E 1 (1:1) Knäuel á 50 g – 2-fädig zusammen
F 1 (1:8) Knäuel á 100 g
Nadeln Nr. 4 und 10
Maschenmarkierer
Hilfsnadeln
Extra Stricknadel
Stumpfe Nähnadel mit großem Nadelöhr

Bei den angegebenen Garnmengen handelt es sich um Richtwerte, die auf einem Durchschnittsbedarf basieren.

MASCHENPROBE
9 M x 13 Reihen = 10 x 10 cm gl.re in erika knight maxi wool, mit Nadeln Nr. 10 und **nach dem Dämpfen**.
21 M x 29 Reihen = 10 x 10 cm gl.re in erika knight gossypium cotton, mit Nadeln Nr. 4 und **nach dem Dämpfen**.
Wechseln Sie nach Bedarf die Nadelstärke, um der Maschenprobe zu entsprechen.

ABKÜRZUNGEN
Siehe S. 36–38.

SCHEMAS
Eine Strickschrift für dieses Projekt können Sie sich auf stiebner.com/texturen-stricken-extra ansehen und herunterladen.

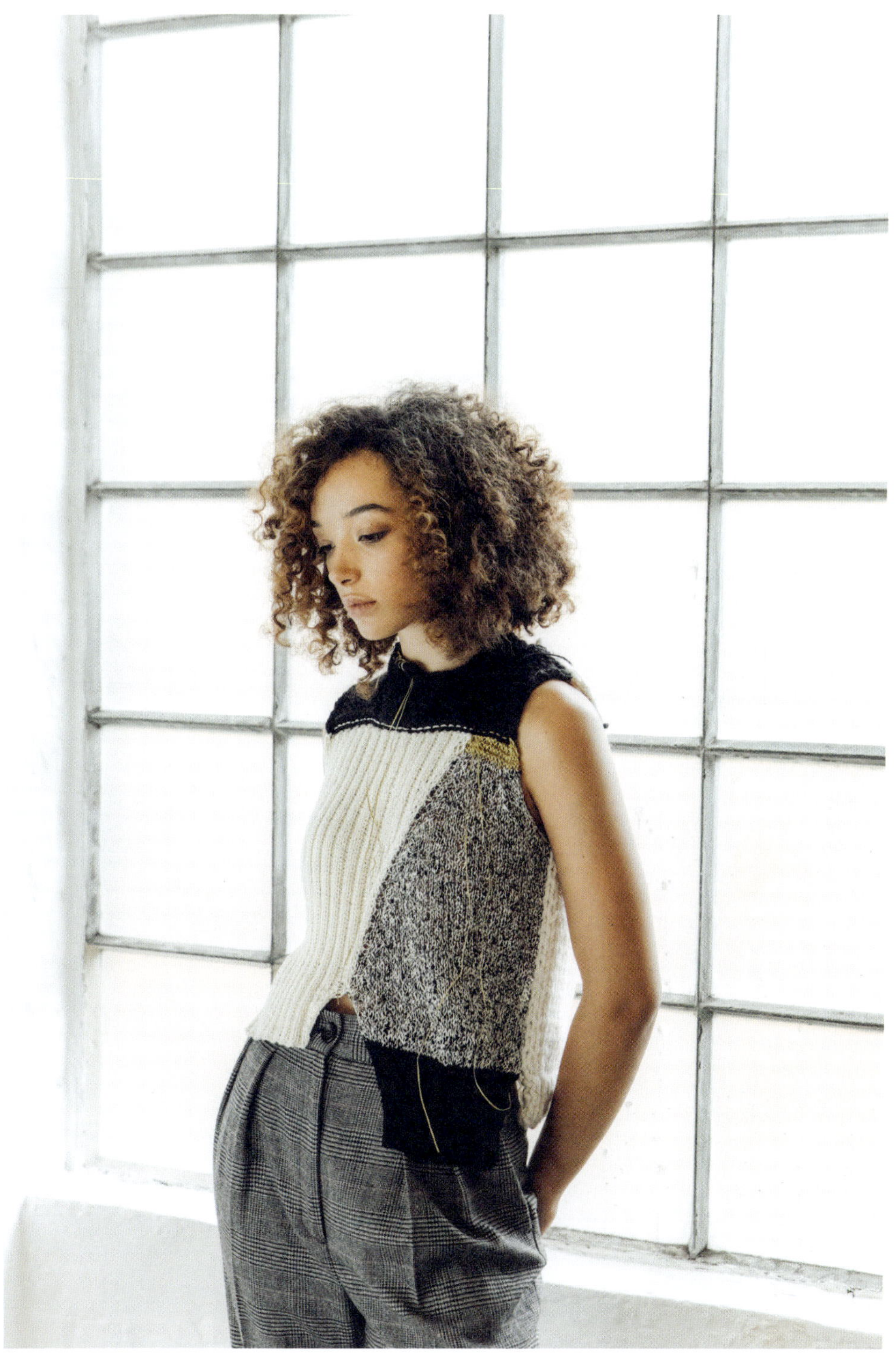

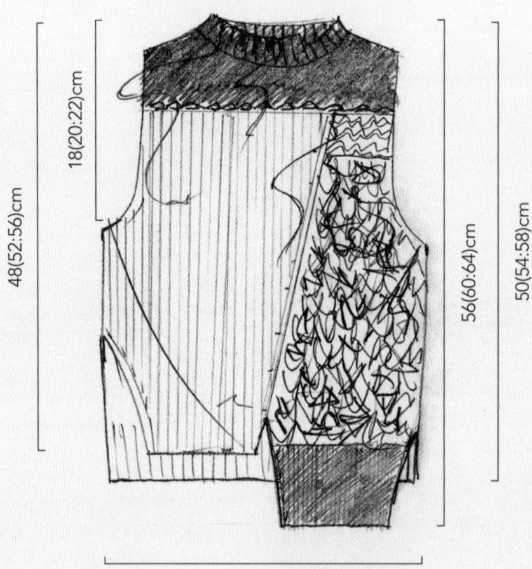

ANLEITUNG

RÜCKSEITE

Im Rippenmuster und glatt rechts gestrickt.
Mit Nadeln Nr. 10 in A 47 (51:55) M anschlagen und im RMs 1re, 1li wie folgt stricken:
Reihe 1 (RS): [1re, 1li] bis zur letzten M, 1re.
Reihe 2: [1li, 1re] bis zur letzten M, 1li.
Die letzten 2 R noch 4 (**6**:8)-mal wdh. Am Anfang der letzten LS-Reihe einen Markierer einsetzen.
Mit einer re R anf, gl.re, bis das Strickstück 30 (**32**:34) cm ab Anschlag misst, dabei auf **RS** für nächste R enden.
Armausschnitte:
Am Anf der nächsten 2 R je 3 (**3**:3) M abketten. *41 (**45**:49) M.*
Nächste Reihe (abn) (RS): 3re, 2Mzus, re bis letzte 4 M, 2Mverschr.zus, 3re.
Nächste Reihe (abn): 3li, 2Mliverschr.zus, li bis zu den letzten 4 M, 2Mlizus, 3li.
Die letzten 2 R noch 1-mal wdh. 33 (**37**:41) M. Gerade fortf, bis der Armausschnitt 17 (**19**:21) cm ab Anf misst, dabei auf RS für nächste Reihe enden.
Rückwärtiger Halsausschnitt und Schultern:
Nächste Reihe (RS): 11 (**12**:13) re, wenden, restl. 22 (25:28) M auf eine Hilfsnadel legen.
Nächste Reihe: 1 (**1**:1) M abketten, li bis Ende der R. *10 (**11**:12) M.*
Nächste Reihe: 4 (**4**:4) M abketten, re bis Ende der R. *6 (**7**:8) M.*
Nächste Reihe: Li bis Ende der R.
Nächste Reihe: 3 (**4**:4) M abketten, re bis Ende der R. *3 (**3**:4) M.*
Nächste Reihe: Li bis Ende der R. Die verbliebenen M abketten.
Mit der RS nach vorne die mittleren 11 (**13**:15) M auf eine Hilfsnadel legen. Den Faden A für die restl. 11 (**12**:13) M wieder anknüpfen und wie folgt arbeiten:
Nächste Reihe (RS): 1 (**1**:1) M abketten, re bis Ende der R. *10 (**11**:12) M.*
Nächste Reihe: 4 (4:4) M abketten, li bis Ende der R. *6 (**7**:8) M.*
Nächste Reihe: Re bis Ende der R.
Nächste Reihe: 3 (**4**:4) M abketten, li bis Ende der R. *3 (**3**:4) M.*
Nächste Reihe: Re bis Ende der R. Die verbliebenen M abketten.

VORDERSEITE

Der Saum wird in zwei Teilen gestrickt und dann zusammengefügt.
Hinweis: Links und rechts sind so, wie sie getragen werden.

RECHTE SEITE

Im Rippenmuster 2re, 2li.
Mit Nadeln Nr. 4 in B 38 (**42**:46) M anschlagen und im RMs 2re, 2li wie folgt stricken:

Nur Größe M und L
Vorbereitungsreihe 1 (RS): [2re, 2li] bis letzte 2 M, 2re.
Vorbereitungsreihe 2: [2li, 2re] bis letzte 2 M, 2li. Die letzten 2 R noch 0 (**1**:3)-mal wdh.
Alle Größen:
Reihe 1 (RS): [2re, 2li] bis letzte 2 M, 2re.
Reihe 2: [2li, 2re] bis letzte 2 M, 2li.
Reihe 3 (zun): 2re, M1, RMs wie die M erscheinen bis Ende der R. *39 (**43**:47) M.*
Reihe 4: Bis zu den letzten 5 M RMs wie die M erscheinen, 3re, 2li.
Reihe 5: 2re, 3li, RMs wie die M erscheinen bis Ende der R.
Reihe 6: Bis zu den letzten 5 M RMs wie die M erscheinen, 3re, 2li.
Reihe 7 (zun): 2re, M1,1re, RMs wie die M erscheinen bis Ende der R. *40 (**44**:48) M.*
Reihe 8: Bis zu den letzten 4 M RMs wie die M erscheinen, 1li, 1re, 2li.
Reihe 9: 2re, 1li,1re, RMs wie die M erscheinen bis Ende der R.
Reihe 10: Bis zu den letzten 4 M RMs wie die M erscheinen, 1li, 1re, 2li.
Reihe 11 (zun): 2re, M1, 1li,1re, RMs wie die M erscheinen bis Ende der R. *41 (**45**:49) M.*
Reihe 12: Bis zu den letzten 5 M RMs wie die M erscheinen, 2li, 1re, 2li.
Reihe 13: 2re, 1li, RMs wie die M erscheinen bis Ende der R.
Reihe 14: Bis zu den letzten 3 M RMs wie die M erscheinen, 1re, 2li.
Reihe 15 (zun): 2re, M1, 1li, RMs wie die M erscheinen bis Ende der R. *42 (**46**:50) M.*
Reihe 16: Bis zu den letzten 4 M RMs wie die M erscheinen, 2li, 2re.
Reihe 17: RMs wie die M erscheinen bis Ende der R.
Reihe 18: RMs wie die M erscheinen bis Ende der R.
Reihe 19 (zun): 2re, M1, RMs wie die M erscheinen bis Ende der R. *43 (**47**:51) M.*
Reihe 20: Bis zu den letzten 5 M RMs wie die M erscheinen, 3re, 2li. Diese M auf eine Hilfsnadel nehmen. Faden nicht abschn.

LINKE SEITE

Der Rücken wird im RMs 1re, 1li sowie glatt rechts und kraus rechts gestrickt.
Mit Nadeln Nr. 4 in C 38 (**42**:46) M anschlagen und im RMs 1re, 1li wie folgt stricken:
Nur Größe M und L:
Vorbereitungsreihe 1 (RS): [1re, 1li] bis zum Ende der Reihe. Die letzten R noch 0 (**3**:9)-mal wdh.
Alle Größen:
Reihe 1 (RS): [1re, 1li] bis Ende der R.
Reihe 2: [1re, 1li] bis Ende der R.
Reihe 3 (zun): Bis zu den letzten 5 M RMs wie die M erscheinen, M1, 5 M im RMs wie vorgegeben. *39 (**43**:47) M.*
Reihe 4: 5 M im RMs wie die M erscheinen, 1re, RMs wie die M erscheinen bis Ende der R.
Reihe 5: RMs bis zu den letzten 6 M, 1li, 5 M im RMs, wie sie erscheinen.
Reihe 6: 5 M im RMs wie die M erscheinen, 1re, RMs wie die M erscheinen bis Ende der R.
Reihe 7 (zun): Bis zu den letzten 5 M RMs wie die M erscheinen, M1, 5 M im RMs wie vorgegeben. *40 (**44**:48) M.*
Reihe 8: RMs wie die M erscheinen bis Ende der R.
Reihe 9: RMs wie die M erscheinen bis Ende der R.
Reihe 10: RMs wie die M erscheinen bis Ende der R.
Reihe 11 (zun): Bis zu den letzten 5 M RMs wie die M erscheinen, M1, 5 M im RMs wie vorgegeben. *41 (**45**:49) M.*
Reihe 12: 5 M im RMs wie die M erscheinen, 1re, RMs wie die M erscheinen bis Ende der R.
Reihe 13: RMs bis zu den letzten 6 M, 1li, 5 M im RMs, wie sie erscheinen.
Reihe 14: 5 M im RMs wie die M erscheinen, 1re, RMs wie die M erscheinen bis Ende der R.
Reihe 15 (zun): RMs bis zu den letzten 5 M, M1, 5 M im RMs, wie sie erscheinen. *42 (**46**:50) M.*
Reihe 16: RMs wie die M erscheinen bis Ende der R.
Reihe 17: RMs wie die M erscheinen bis Ende der R.
Reihe 18: RMs wie die M erscheinen bis Ende der R.
Reihe 19 (zun): RMs bis zu den letzten 5 M, M1, 5 M im RMs, wie sie erscheinen. *43 (**47**:51) M.*
Reihe 20: 5 M im RMs wie die M erscheinen, 1re, RMs wie die M erscheinen bis Ende der R.
Reihe 21: RMs bis zu den letzten 6 M, 1li, 5 M im RMs, wie sie erscheinen.
Reihe 22: 5 M im RMs wie die M erscheinen, 1re, RMs wie die M erscheinen bis Ende der R.
Reihe 23 (zun): RMs bis zu den letzten 5 M, M1, 5 M im RMs, wie sie erscheinen. *44 (**48**:52) M.*
Reihe 24: RMs wie die M erscheinen bis Ende der R.
Reihe 25: RMs wie die M erscheinen bis Ende der R.

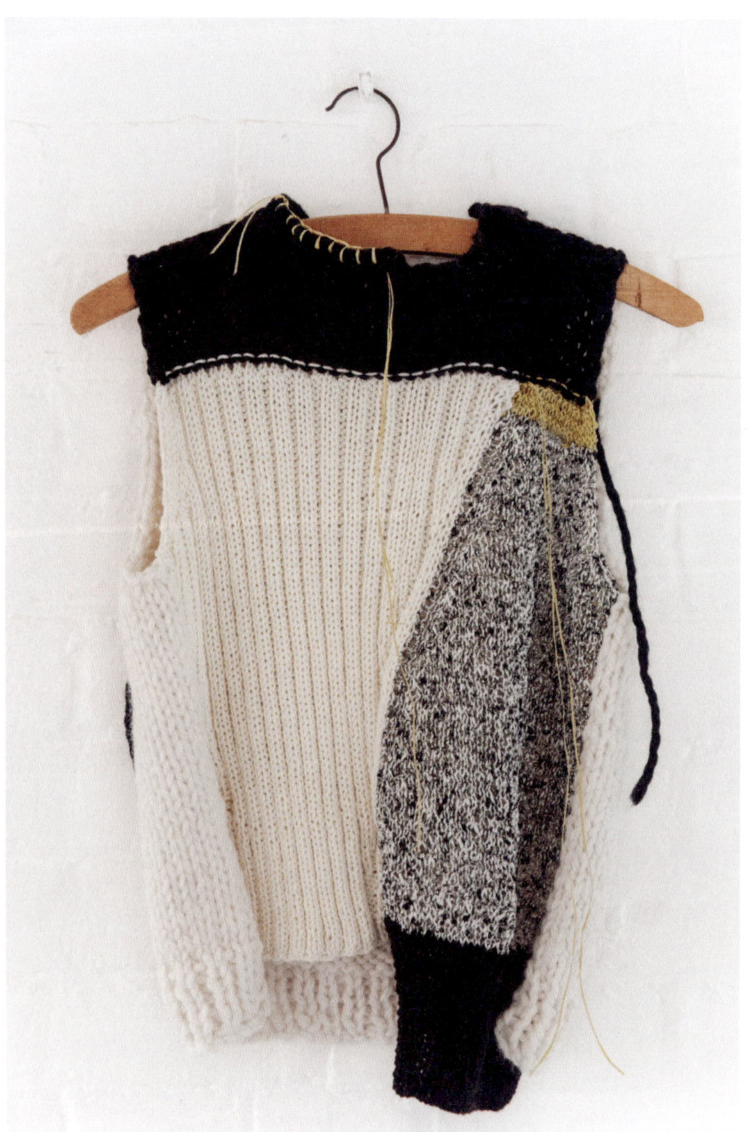

Reihe 26: RMs wie die M erscheinen bis Ende der R.
Reihe 27 (zun): RMs bis zu den letzten 5 M, M1, 5 M im RMs, wie sie erscheinen. *45 (49:53) M.*
Reihe 28: 5 M im RMs wie die M erscheinen, 1re, RMs wie die M erscheinen bis Ende der R. Me am Ende dieser Reihe.
Ab jetzt mit D weiterstricken.
Reihe 29 (RS): Re bis Ende der R.
Reihe 30: Li bis Ende der R.
Reihe 31 (zun): Re bis letzte 3 M, M1, 3re. *46 (50:54) M.*
Reihe 32: Li bis Ende der R.
Reihe 33: Re bis Ende der R.
Reihe 34: Li bis Ende der R.
Reihe 35 (zun): Re bis letzte 3 M, M1, 3re. *47 (51:55) M.*
Reihe 36: Li bis Ende der R.
Reihe 37: Re bis Ende der R.
Reihe 38: Li bis Ende der R.
Reihe 39 (zun): Re bis letzte 3 M, M1, 3re. *48 (52:56) M.*
Reihe 40: Li bis Ende der R.

Die Vorderteile zusammenfügen:
Hinweis: Wenn Sie die Farben beim Markierer wechseln, die beiden Fäden in jeder Reihe umeinanderwickeln, damit keine Löcher entstehen, und die Fäden immer auf der LS des Strickstücks verkreuzen.
Reihe 1 (RS): Mit D fortf, 48 (52:56) re, Me, dann mit RS der rechten Seite vorne 43 (47:51) M von der Hilfsnadel wie folgt mit B abstricken: 2re, 3li, RMs wie die M erscheinen bis Ende der R. *91 (99:107) M.*
Reihe 2: Bis zu den letzten 5 M vorm Markierer RMs wie die M erscheinen, 3re, 2li, MV, li bis Ende der R.
Reihe 3 (zun): Re bis 4 M vorm Markierer, 2Mverschr.zus, 2re, MV, 2re, M1, 1re, bis zu den letzten 2 M RMs wie die M erscheinen, M1, 2re. *92 (100:108) M.*
Reihe 4: 2li, 1re, bis zu den letzten 4 M vorm Markierer RMs wie die M erscheinen, 1li, 1re, 2li, MV, li bis Ende der R.
Reihe 5: Re bis zum Markierer, MV, 2re, 1li, bis zu den letzten 5 M RMs wie die M erscheinen, 3li, 2re.
Reihe 6: 2li, 3re, bis zum Markierer RMs wie die M erscheinen, li bis Ende der R.
Reihe 7 (zun): Re bis 4 M vorm Markierer, 2Mverschr.zus, 2re, MV, 2re, M1, 2re, bis zu den letzten 3 M RMs wie die M erscheinen, 1re, M1, 2re. *93 (101:109) M.*
Reihe 8: 2li, 1re, 1li, bis zu den letzten 3 M vorm Markierer RMs wie die M erscheinen, 1re, 2li, MV, li bis Ende der R.
Reihe 9: Re bis zum Markierer, MV, 2re, 1li, bis zu den letzten 4 M RMs wie die M erscheinen, 1re, 1li, 2re.
Reihe 10: 2li, 1re, 1li, bis zu den letzten 3 M vorm Markierer RMs wie die M erscheinen, 1re, 2li, MV, li bis Ende der R.
Reihe 11 (zun): Re bis 4 M vorm Markierer, 2Mverschr.zus, 2re, MV, 2re, M1, 1li, bis zu den letzten 4 M RMs wie die M erscheinen, 1re, 1li, M1, 2re. *94 (102:110) M.*
Reihe 12: 2li, 1re, 2li, bis zu den letzten 4 M vorm Markierer RMs wie die M erscheinen, 2re, 2li, MV, li bis Ende der R.
Reihe 13: Re bis zum Markierer, MV, bis zu den letzten 3 M RMs wie die M erscheinen, 1li, 2re.
Reihe 14: 2li, 1re, bis zum Markierer RMs wie die M erscheinen, MV, li bis Ende der R.
Reihe 15 (zun): Re bis 4 M vorm Markierer, 2Mverschr.zus, 2re, MV, 2re, M1, bis zu den letzten 3 M RMs wie die M erscheinen, 1li, M1, 2re. *95 (103:11) M.* Me am Ende dieser R.
Reihe 16: 2li, 2re, bis zu den letzten 3 M vorm Markierer RMs wie die M erscheinen, 1re, 2li, MV, li bis Ende der R.
Reihe 17: Re bis zum Markierer, MV, 2re, 3li, RMs wie die M erscheinen bis Ende der R.
Reihe 18: Bis zu den letzten 5 M vorm Markierer RMs wie die M erscheinen, 3re, 2li, MV, li bis Ende der R, dabei am Anfang dieser Reihe einen Markierer einsetzen.
Reihe 19: Re bis 4 M vorm Markierer, 2Mverschr.zus, 2re, MV, 2re, M1, 1re, RMs wie die M erscheinen bis Ende der Reihe.
Reihe 20: Bis zu den letzten 4 M vorm Markierer RMs wie die M erscheinen, 1li, 1re, 2li, MV, li bis Ende der R.
Reihe 21: Re bis zum Markierer, MV, 2re, 1li, 1re, RMs wie die M erscheinen bis Ende der R.
Reihe 22: Bis zu den letzten 4 M vorm Markierer RMs wie die M erscheinen, 1li, 1re, 2li, MV, li bis Ende der R.
Reihe 23: Re bis 4 M vorm Markierer, 2Mverschr.zus, 2re, MV, 2re, M1, 2re, RMs wie die M erscheinen bis Ende der Reihe.
Reihe 24: Bis zu den letzten 5 M vorm Markierer RMs wie die M erscheinen, 2li, 1re, 2li, MV, li bis Ende der R.
Reihe 25: Re bis zum Markierer, MV, 2re, 1li, RMs wie die M erscheinen bis Ende der R.
Reihe 26: Bis zu den letzten 3 M vorm Markierer RMs wie die M erscheinen, 1re, 2li, MV, li bis Ende der R.

Reihe 27: Re bis 4 M vorm Markierer, 2Mverschr.zus, 2re, MV, 2re, M1, 1li, RMs wie die M erscheinen bis Ende der R.
Reihe 28: Bis zu den letzten 3 M vorm Markierer RMs wie die M erscheinen, 1re, 2li, MV, li bis Ende der R.
Reihe 29: Re bis zum Markierer, MV, RMs wie die M erscheinen bis Ende der Reihe.
Reihe 30: Bis zum Markierer RMs wie die M erscheinen, MV, li bis Ende der R.
Reihe 31: Re bis 4 M vorm Markierer, 2Mverschr.zus, 2re, MV, 2re, M1, RMs wie die M erscheinen bis Ende der R.
Reihe 32: Bis zu den letzten 3 M vorm Markierer RMs wie die M erscheinen, 1re, 2li, MV, li bis Ende der R.
Reihe 33: Re bis zum Markierer, MV, 2re, 3li, RMs bis Ende der R.
Reihe 34: Bis zu den letzten 5 M vorm Markierer RMs wie die M erscheinen, 3re, 2li, MV, li bis Ende der R.
Reihe 35: Re bis 4 M vorm Markierer, 2Mverschr.zus, 2re, MV, 2re, M1, 1re, 2li, RMs wie die M erscheinen bis Ende der R.
Reihe 36: Bis zu den letzten 4 M vorm Markierer RMs wie die M erscheinen, 1li, 1re, 2li, MV, li bis Ende der R.
Reihe 37: Re bis zum Markierer, MV, 2re, 1li, 1re, RMs wie die M erscheinen bis Ende der R.
Reihe 38: Bis zu den letzten 4 M vorm Markierer RMs wie die M erscheinen, 1li, 1re, 2li, MV, li bis Ende der R.
Reihe 39: Re bis 4 M vorm Markierer, 2Mverschr.zus, 2re, MV, 2re, M1, 2re, RMs wie die M erscheinen bis Ende der R.
Reihe 40: Bis zu den letzten 5 M vorm Markierer RMs wie die M erscheinen, 2li, 1re, 2li, MV, li bis Ende der R.
Reihe 41: Re bis zum Markierer, MV, 2re, 1li, 2re, RMs wie die M erscheinen bis Ende der R.
Reihe 42: Bis zu den letzten 5 M vorm Markierer RMs wie die M erscheinen, 2li, 1re, 2li, MV, li bis Ende der R.
Reihe 43: Re bis 4 M vorm Markierer, 2Mverschr.zus, 2re, MV, 2re, M1, 1li, RMs wie die M erscheinen bis Ende der R.
Reihe 44: Bis zu den letzten 4 M vorm Markierer RMs wie die M erscheinen, 2re, 2li, MV, li bis Ende der R.
Reihe 45: Re bis zum Markierer, MV, RMs wie die M erscheinen bis Ende der Reihe.
Reihe 46: Bis zum Markierer RMs wie die M erscheinen, MV, li bis Ende der R.
Reihe 47: Re bis 4 M vorm Markierer, 2Mverschr.zus, 2re, MV, 2re, M1, RMs wie die M erscheinen bis Ende der R.
Reihe 48: Bis zu den letzten 3 M vorm Markierer RMs wie die M erscheinen, 1re, 2li, MV, li bis Ende der R.
Reihe 49: Re bis zum Markierer, 2re, 3li, RMs wie die M erscheinen bis Ende der R.
Reihe 50: Bis zu den letzten 5 M vorm Markierer RMs wie die M erscheinen, 3re, 2li, MV, li bis Ende der R.
Armausschnitte:
Reihe 51 (RS): 5 (**5**:5) M abketten, re bis 4 M vorm Markierer, 2Mverschr.zus, 2re, MV, 2re, M1, 1re, 2li, RMs wie die M erscheinen bis Ende der R. *90 (**98**:106) M.*
Reihe 52: 5 (**5**:5) M abketten, bis zu den letzten 4 M vorm Markierer RMs wie die M erscheinen, 1li, 1re, 2li, MV, li bis Ende der Reihe. *85 (**93**:101) M.*
Reihe 53 (abn): 5re, 2Mzus, re bis zum Markierer, MV, 2re, 1li, 1re, 2li, bis zu den letzten 8 M RMs wie die M erscheinen, 2Mverschr.zus, 6 M im RMs wie sie erscheinen. *83 (**91**:99) M.*
Reihe 54: Bis zu den letzten 4 M vorm Markierer RMs wie die M erscheinen, 1li, 1re, 2li, MV, li bis Ende der R.
Reihe 55 (abn): 5re, 2Mzus, Re bis 4 M vorm Markierer, 2Mverschr.zus, 2re, MV, 2re, M1, 2re, bis zu den letzten 8 M RMs wie die M erscheinen, 2Mverschr.zus, 6 M im RMs wie sie erscheinen. *81 (**89**:97) M.*
Reihe 56: Bis zu den letzten 5 M vorm Markierer RMs wie die M erscheinen, 2li, 1re, 2li, MV, li bis Ende der R.
Reihe 57 (abn): 5re, 2Mzus, re bis zum Markierer, MV, 2re, 1li, 2re, bis zu den letzten 8 M RMs wie die M erscheinen, 2Mverschr.zus, 6 M im RMs wie sie erscheinen. *79 (**87**:95) M.*
Reihe 58: Bis zu den letzten 5 M vorm Markierer RMs wie die M erscheinen, 2li, 1re, 2li, MV, li bis Ende der R.
Reihe 59 (abn): 5re, 2Mzus, Re bis 4 M vorm Markierer, 2Mverschr.zus, 2re, MV, 2re, M1, 1li, bis zu den letzten 8 M RMs wie die M erscheinen, 2Mverschr.zus, 6 M im RMs wie sie erscheinen. *77 (**85**:93) M.*
Reihe 60: Bis zu den letzten 4 M vorm Markierer RMs wie die M erscheinen, 2re, 2li, MV, li bis Ende der R.
Reihe 61 (abn): 5re, 2Mzus, re bis zum Markierer, MV, bis zu den letzten 8 M RMs wie die M erscheinen, 2Mverschr.zus, 6 M im RMs wie sie erscheinen. *75 (**83**:91) M.*
Reihe 62: Bis zum Markierer RMs wie die M erscheinen, MV, li bis Ende der R.
Reihe 63 (abn): 5re, 2Mzus, Re bis 4 M vorm Markierer, 2Mverschr.zus, 2re, MV, 2re, M1,

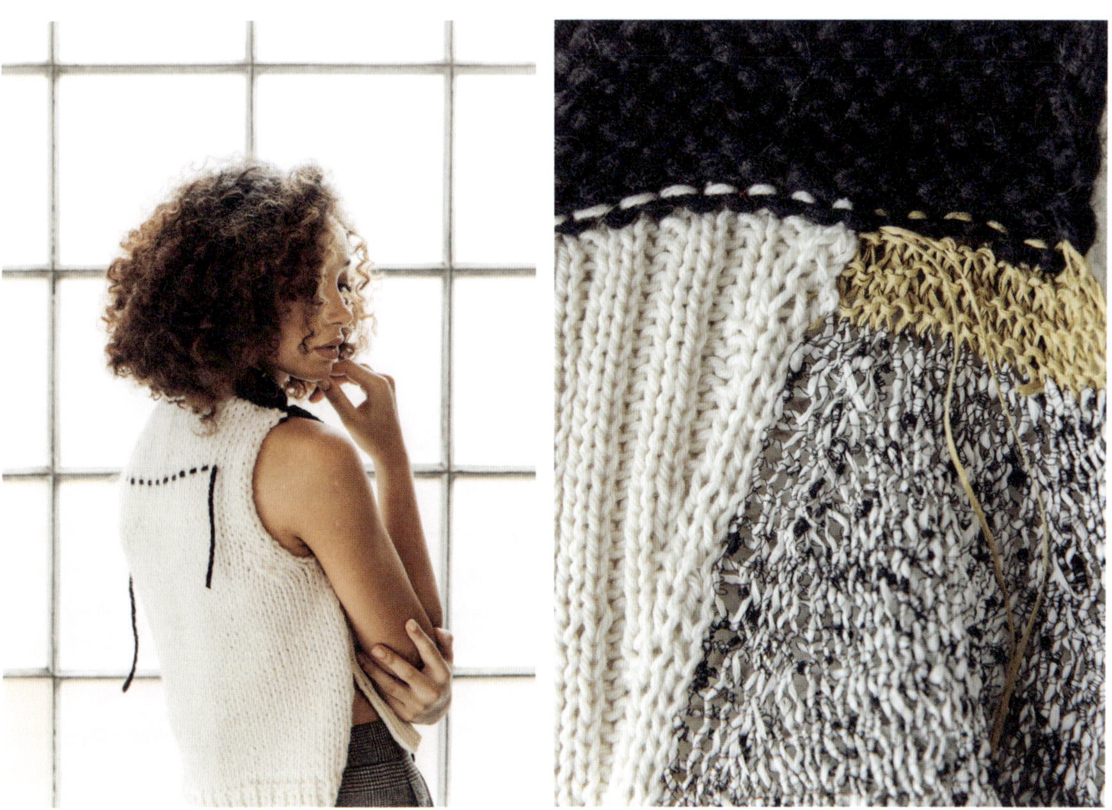

bis zu den letzten 8 M RMs wie die M erscheinen, 2Mverschr.zus, 6 M im RMs wie sie erscheinen. *73 (**81**:89) M.*
Reihe 64: Bis zu den letzten 3 M vorm Markierer RMs wie die M erscheinen, 1re, 2li, MV, li bis Ende der R.
Reihe 65: Re bis zum Markierer, MV, 2re, 3li, RMs wie die M erscheinen bis Ende der R.
Reihe 66 (LS): Bis 5 M vorm Markierer RMs wie die M erscheinen, 3re, 2li, MV, mit E re bis Ende der R weiterstricken.
Reihe 67: Re bis 4 M vorm Markierer, 2Mverschr.zus, 2re, MV, 2re, M1, 1re, RMs wie die M erscheinen bis Ende der R.
Reihe 68: Bis 4 M vorm Markierer RMs wie die M erscheinen, 1li, 1re, 2li, MV, re bis Ende der R.
Reihe 69: Re bis zum Markierer, MV, 2re, 1li, 1re, RMs wie die M erscheinen bis Ende der R.
Reihe 70: Bis 4 M vorm Markierer RMs wie die M erscheinen, 1li, 1re, 2li, MV, re bis Ende der R.
Reihe 71 (abn): 1re, [2Mzus] bis Ende der R, dabei den Markierer entfernen. *37 (**41**:45) M.*
Mit Nadeln Nr. 10 in F wie folgt über alle M arbeiten:
Nächste Reihe (LS): Re bis Ende der R.
Nächste Reihe (abn): Li bis zum Ende der Reihe, dabei gleichmäßig verteilt 4 M abn. *33 (**37**:41) M.*
Glatt links fortf, bis Armausschnitt 15 (**17**:19) cm ab Anf misst, dabei auf RS für nächste Reihe enden.
Halsausschnitt:
Nächste Reihe (RS): 13 (**14**:15) li, wenden und restl. 20 (**23**:26) M auf Hilfsnadel legen.
Nächste Reihe: 2 (**2**:2) M abketten, re bis Ende der R. *11 (**12**:13) M.*
Nächste Reihe: Li bis Ende der R.
Nächste Reihe: 1 (**1**:1) M abketten, re bis Ende der R. *10 (**11**:12) M.*
Schulter:
Nächste Reihe (RS): 4 (**4**:4) M abketten, li bis Ende der R. *6 (**7**:8) M.*
Nächste Reihe: Re bis Ende der R.
Nächste Reihe: 3 (**4**:4) M abketten, li bis Ende der R. *3 (**3**:4) M.*
Nächste Reihe: Re bis Ende der R. Die verbliebenen M abketten.
Faden abschneiden und ein langes Ende stehen lassen. Mit der RS nach vorne die mittleren 7 (**9**:11) M auf eine Hilfsnadel legen. Den Faden F für die restl. 13 (**14**:15) M wieder anknüpfen und wie folgt arbeiten:
Nächste Reihe (RS): 2 (**2**:2) M abketten, li bis Ende der R. *11 (**12**:13) M.*
Nächste Reihe: Re bis Ende der R.
Nächste Reihe: 1 (**1**:1) M abketten, li bis Ende der R. *10 (**11**:12) M.*
Schulter:
Nächste Reihe (LS): 4 (**4**:4) M abketten, re bis zum Ende der Reihe. *6 (**7**:8) M.*
Nächste Reihe: Li bis zum Ende der Reihe.
Nächste Reihe: 3 (**4**:4) M abketten, re bis zum Ende der Reihe. *3 (**3**:4) M.*
Nächste Reihe: Li bis zum Ende der Reihe.
Die verbliebenen M abketten.
Faden abschneiden und ein langes Ende stehen lassen.

FERTIGSTELLUNG
Rechte Schulternaht mit den **RS** aufeinander schließen. Mit RS nach vorne mit einer Rundnadel Nr. 10 in F und an der li Schulter beginnend 9 (**9**:9) M aufnehmen und den linken vorderen Halsausschnitt hinunterstricken, über 7 (**9**:11) M der Hilfsnadel in der vorderen Mitte, 9 (**9**:9) M den rechten vorderen Halsausschnitt hoch, 6 (**6**:6) M über den rechten hinteren Halsausschnitt, 11 (**13**:15) M von der Hilfsnadel in der hinteren Mitte und 6 (**6**:6) M über den linken hinteren Halsausschnitt aufnehmen und re stricken.
*48 (**52**:56) M.*
Nächste Reihe (LS): [1re, 1li] bis Ende der R.
Die letzten R noch 3-mal wdh.
Nächste Reihe: 25 (**27**:29) M abketten, RMs wie die M erscheinen bis Ende der R.
*23 (**25**:27) M.*
Im RMs abketten. Faden abschneiden und ein langes Ende stehen lassen.
Fadenenden auf der LS vernähen. Wählen Sie eine flache, gepolsterte Oberfläche oder eine Spannmatte und stecken Sie das Strickstück mit der LS nach oben gemäß Schnitt fest. Dann mit einem feuchten Tuch bedecken und sanft dämpfen. Flach liegend trocknen lassen.
13 cm unterhalb des Beginns des Armausschnitts auf der rechten Seite des Rückens einen Markierer einsetzen.
Die Halsblende und von den Ärmelausschnitten beginnend die Seitennähte bis zum Markierer schließen. Darunter offenlassen, damit Seitenschlitze entstehen.
Mit mehreren Strängen E im Knopflochstich den vorderen Halsausschnitt besticken und dabei die Enden hängen lassen. Auf der Rückseite ca. 9 (**10**:11) cm unterhalb der Schulter mit 2 Strängen F horizontal mit Steppstichen dekorieren (siehe Fotos).

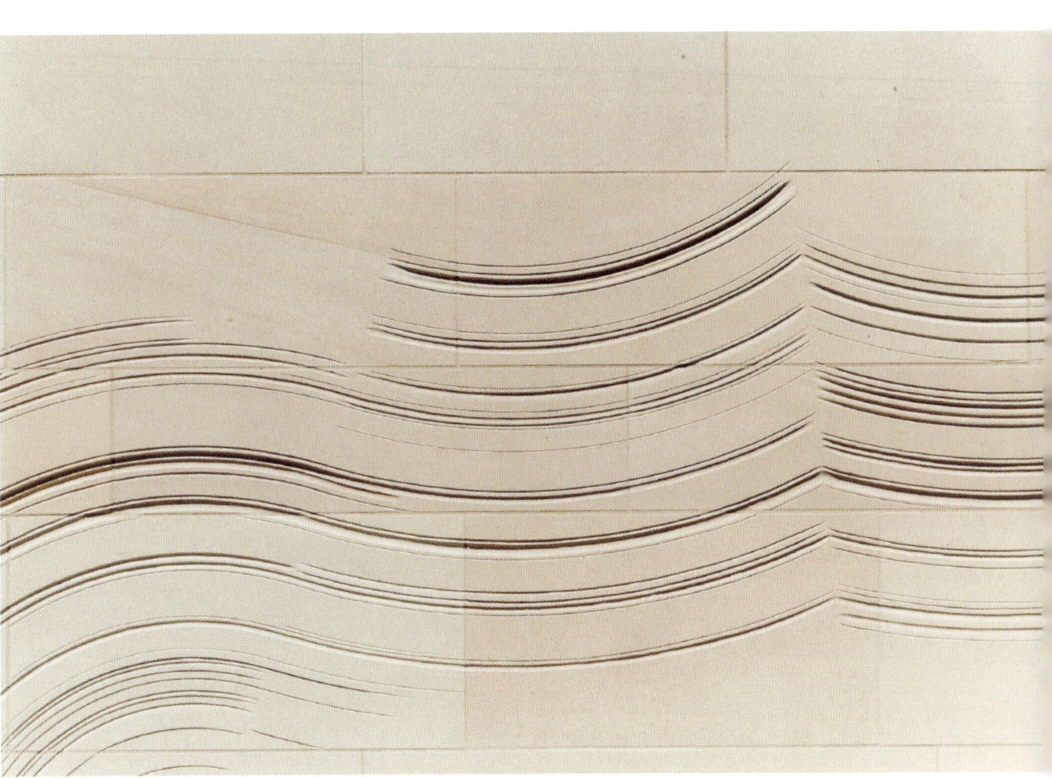

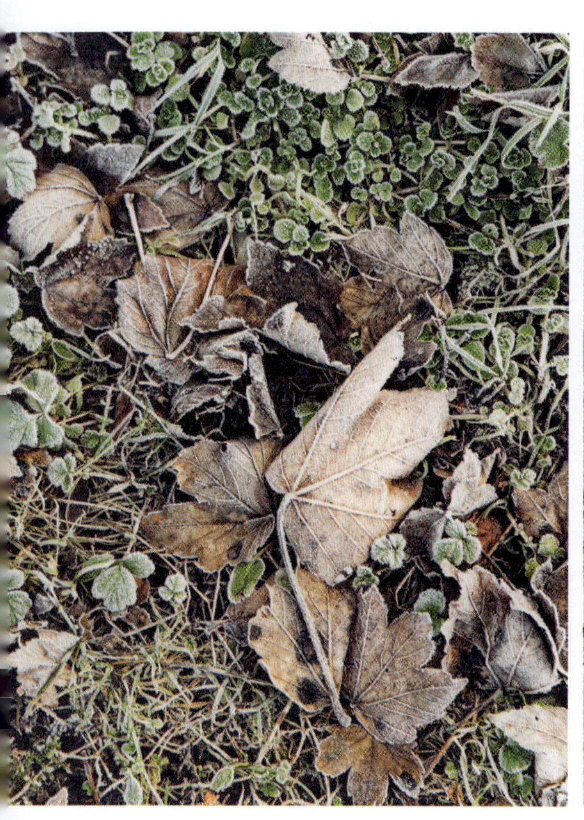

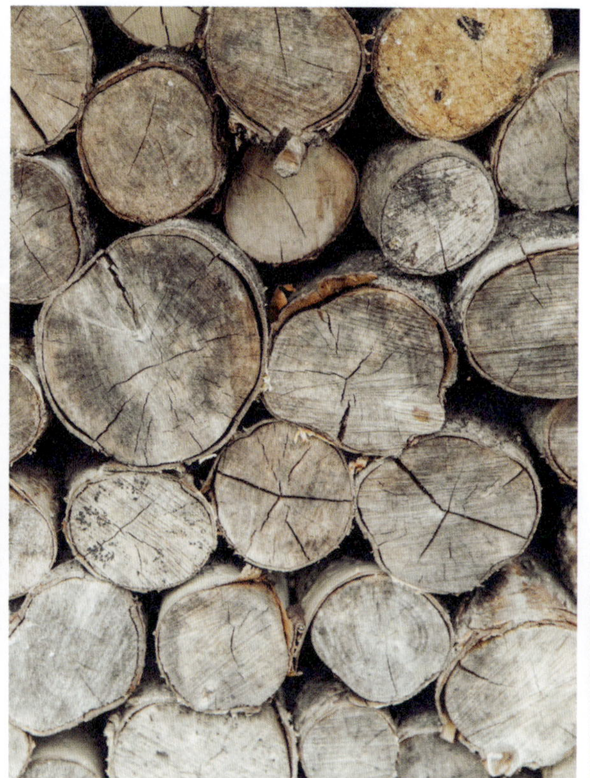

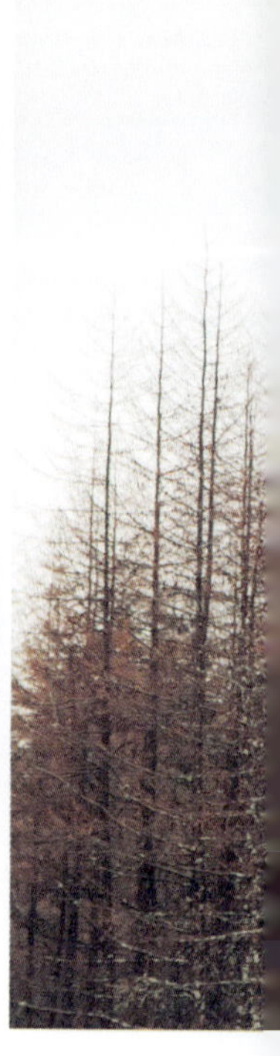

Land

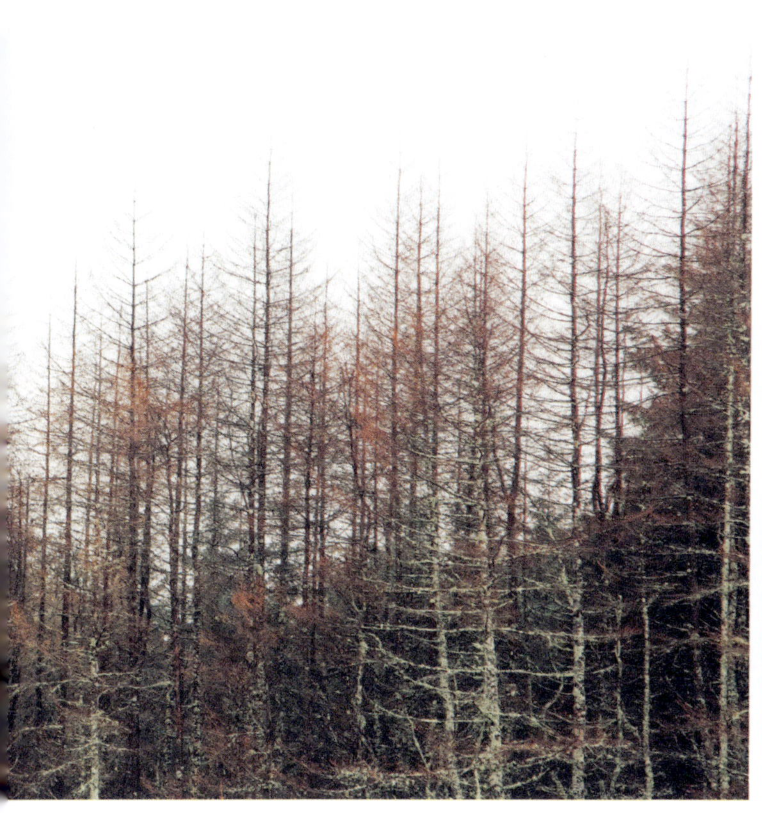

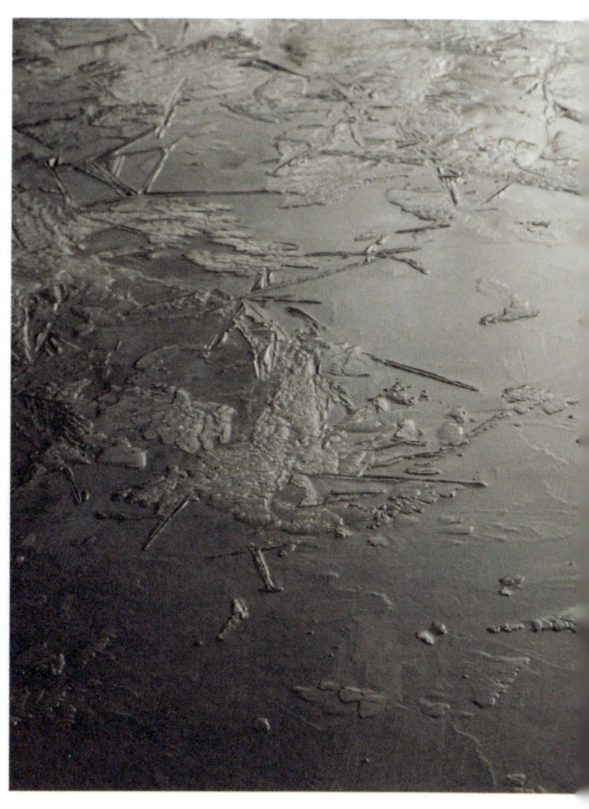

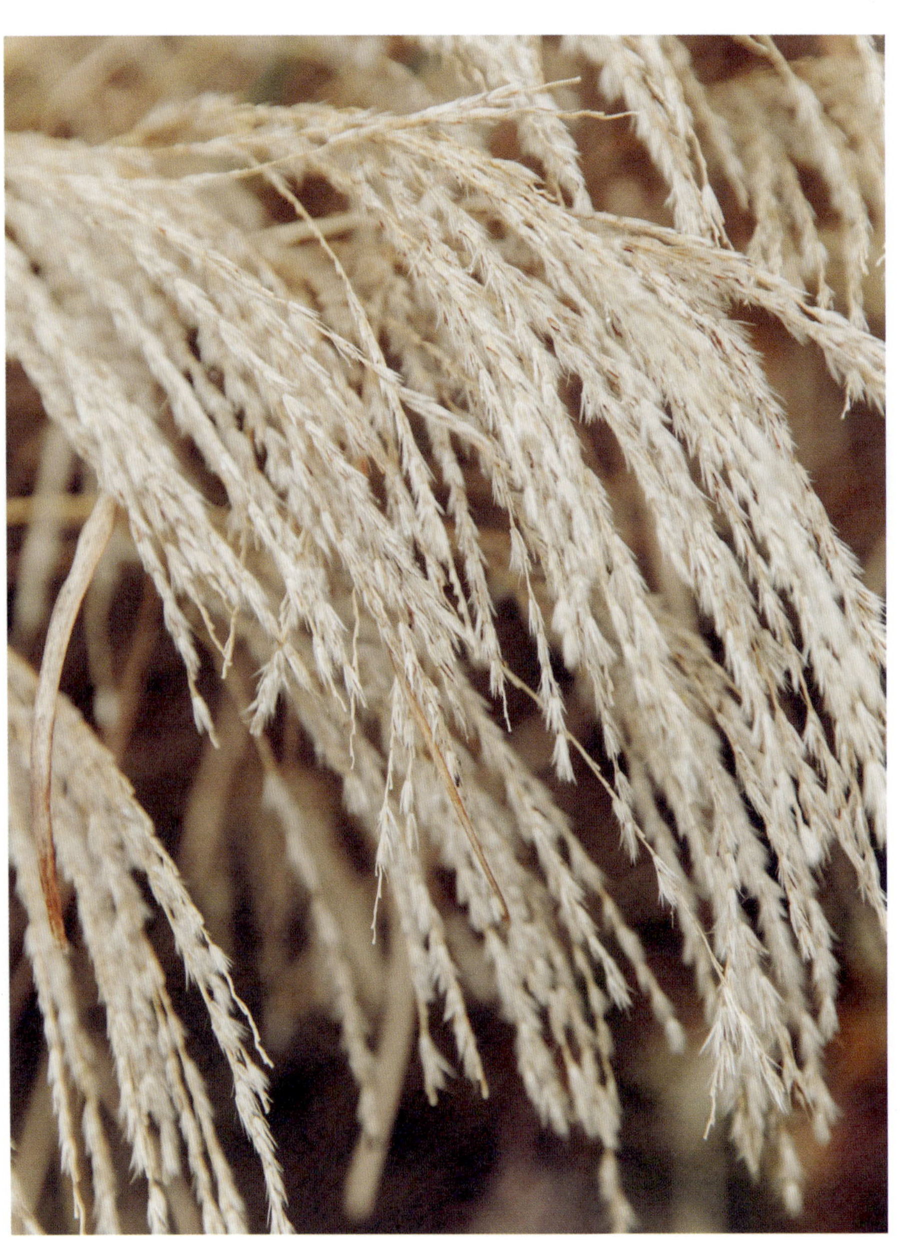

Gedämpftes Licht

Furchen in den Feldern

Die Luft steht still

Steinmauern

Abgebrochene Äste knirschen unter den Füßen

Geteilte Fußspuren

Moos

Gedämpftes Echo

Fallende Blätter

Baumstümpfe

Entscheidungen

Schichten

Hecke

Erde

Auf dem Land herrscht eine andere Atmosphäre als in der Stadt; die Natur bietet rundere Formen und sanft geschwungene Linien, die einen Kontrast zu den geraden Linien der von Menschenhand geschaffenen Strukturen bilden. Diese werden von verschlungenen Ästen oder Grasbüscheln inspiriert, welche abstrakte Zufallsmuster erzeugen.
Eine Palette von zarten Grüntönen im Frühling und Sommer verwandelt sich im Herbst und Winter in ein lebhaftes Schauspiel aus Ocker, Rot und Gelb.

Karde

Klassische fingerlose Handschuhe im Rippenmuster 1re, 1li, die für eine nahtlose, bequeme Passform in Runden gestrickt werden.

GARN
The Uncommon Thread BFL Fingering
100 % Schurwolle vom Bluefaced-Leicester-Schaf
Ca. 400 m auf 100 g

MASSE
Einheitsgröße.
Länge ca. 27,5 cm

HINWEIS
Das gezeigte Modell hat die **Farbe**: Seascape.

MATERIALIEN
Benötigte Menge:
1 Knäuel á 100 g
Nadelspiele Nr. 2,75 und Nr. 3
Stumpfe Nähnadel mit großem Nadelöhr
Sicherheitsnadel (groß)

Bei den angegebenen Garnmengen handelt es sich um Richtwerte, die auf einem Durchschnittsbedarf basieren.

MASCHENPROBE
37 M x 38 Rd. = 10 x 10 cm im Rippenmuster, mit Nadeln Nr. 3 und **nach dem Dämpfen**. Wechseln Sie nach Bedarf die Nadelstärke, um der Maschenprobe zu entsprechen.

ABKÜRZUNGEN
Siehe S. 36–38.

ANMERKUNG
Verwenden Sie einen kontrastfarbenen Faden, um den Rundenanfang und den Daumenzwickel zu markieren.

Die Handschuhe werden durchgehend im Rippenmuster 1re, 1li gestrickt.

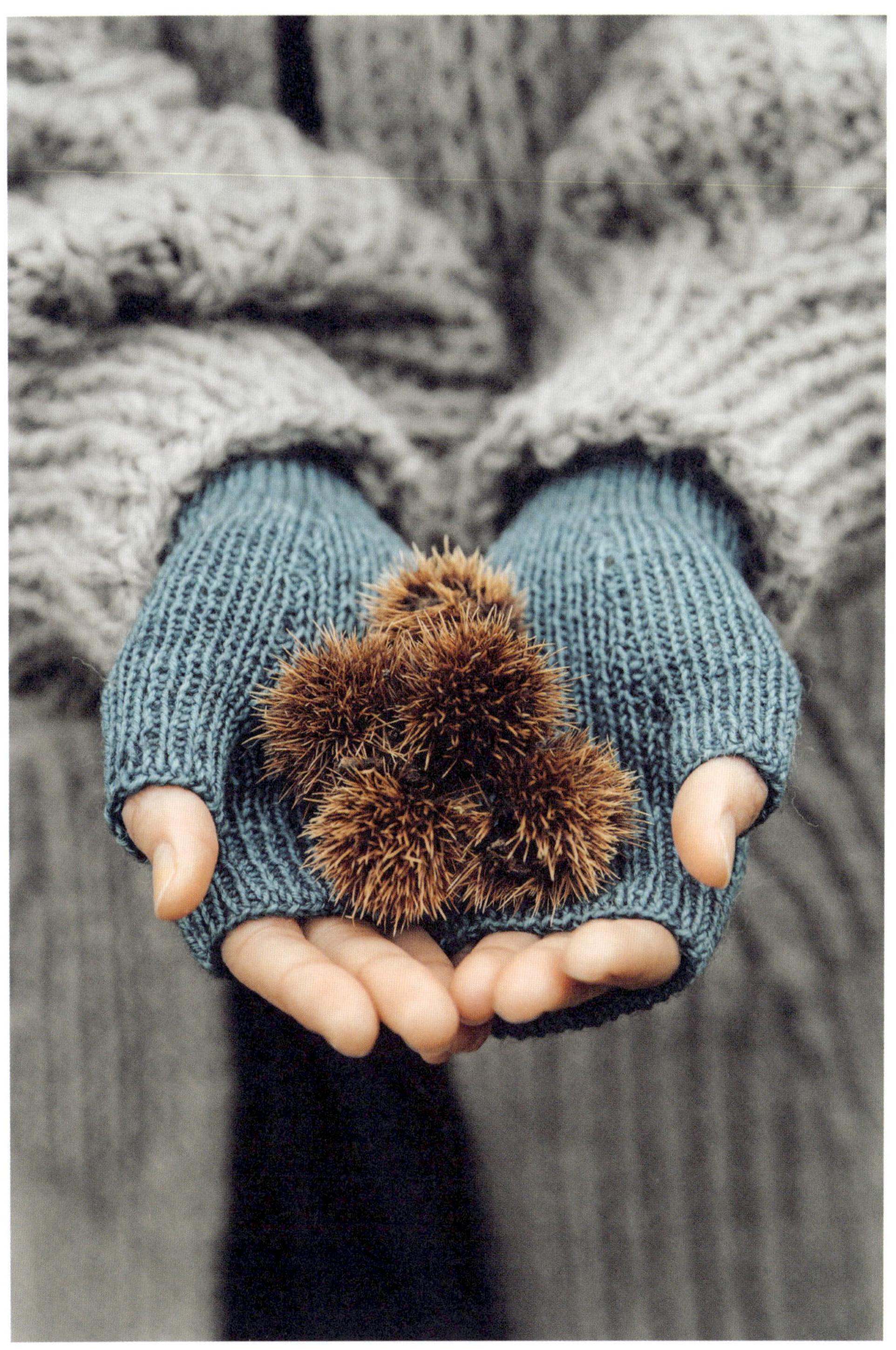

ANLEITUNG

RECHTER HANDSCHUH

60 M mit Nadeln Nr. 3 anschlagen. Die Maschen auf 3 Nadeln aufteilen, Me zum Markieren des Rundenanfangs, und wie folgt im Rippenmuster 1re, 1li stricken:
Runde 1: [1re, 1li] bis zum Ende der Runde.
Die letzte Rd. wdh., bis der Handschuh 15 cm ab Anschlag misst.
Daumenzwickel:
Nächste Runde: 23 M im RMs wie sie erscheinen, Me, 17 M im RMs, Me, RMs bis zum Ende der Runde.
Nächste Runde (zun): RMs bis zum Markierer, M1, MV, 17 M im RMs wie sie erscheinen, MV, M1, RMs bis zum Ende der Runde.
3 Runden stricken.
Die letzten 4 Runden wdh., bis 72 M erreicht sind, und die neuen M ins RMs integrieren.
Nächste Runde: Bis zum Markierer 29 M im RMs wie sie erscheinen, Markierer entfernen, die nächsten 18 M für den Daumen auf eine Sicherheitsnadel legen, 6 M aufnehmen und bis zum Ende der Runde stricken. *60 M.*
Weiter im RMs stricken, bis das Strickstück 27,5 cm ab Anschlag misst.
Ab jetzt mit Nadeln Nr. 2,75 zwei Runden im RMs stricken.
Im RMs abketten.
Daumen:
Mit der RS vorne Garn anknüpfen, ab der Sicherheitsnadel 18 M im RMs, dann 6 M von der Basis des Daumens aufnehmen und re stricken. *24 M.*
Die Maschen auf 3 Nadeln aufteilen, Me zum Markieren des Rundenanfangs, und wie folgt im Rippenmuster 1re, 1li arbeiten:
Runde 1: [1re, 1li] bis zum Ende der Runde.
Die letzte Rd. wdh., bis der Daumen 2,5 cm ab Ansatz misst.
Im RMs abketten.

LINKER HANDSCHUH

60 M mit Nadeln Nr. 3 anschlagen. Die Maschen auf 3 Nadeln aufteilen, Me zum Markieren des Rundenanfangs und in Runden im Rippenmuster 1re, 1li arbeiten, bis das Strickstück 15 cm ab Anschlag misst.
Daumenzwickel:
Nächste Runde: 19 M im RMs wie sie erscheinen, Me, 17 M im RMs, Me, RMs bis zum Ende der Runde.
Nächste Runde: RMs bis zum Markierer, M1, MV, 17 M im RMs wie sie erscheinen, MV, M1, RMs bis zum Ende der Runde.
3 Runden stricken.
Die letzten 4 Runden wdh., bis 72 M erreicht sind, und die neuen M ins RMs integrieren.
Nächste Runde: Bis zum Markierer 25 M im RMs wie sie erscheinen, Markierer entfernen, die nächsten 18 M für den Daumen auf eine Sicherheitsnadel legen, 6 M aufnehmen und bis zum Ende der Runde stricken. *60 M.*
Weiter im RMs stricken, bis das Strickstück 27,5 cm ab Anschlag misst.
Ab jetzt mit Nadeln Nr. 2,75 zwei Runden im RMs stricken.
Im RMs abketten.
Daumen:
Den Daumen wie beim rechten Handschuh arbeiten.

FERTIGSTELLUNG

Fadenenden auf der LS vernähen. Wählen Sie eine flache, gepolsterte Oberfläche oder eine Spannmatte. Handschuhe auf links drehen, mit einem feuchten Tuch bedecken und sanft dämpfen. Flach liegend trocknen lassen.

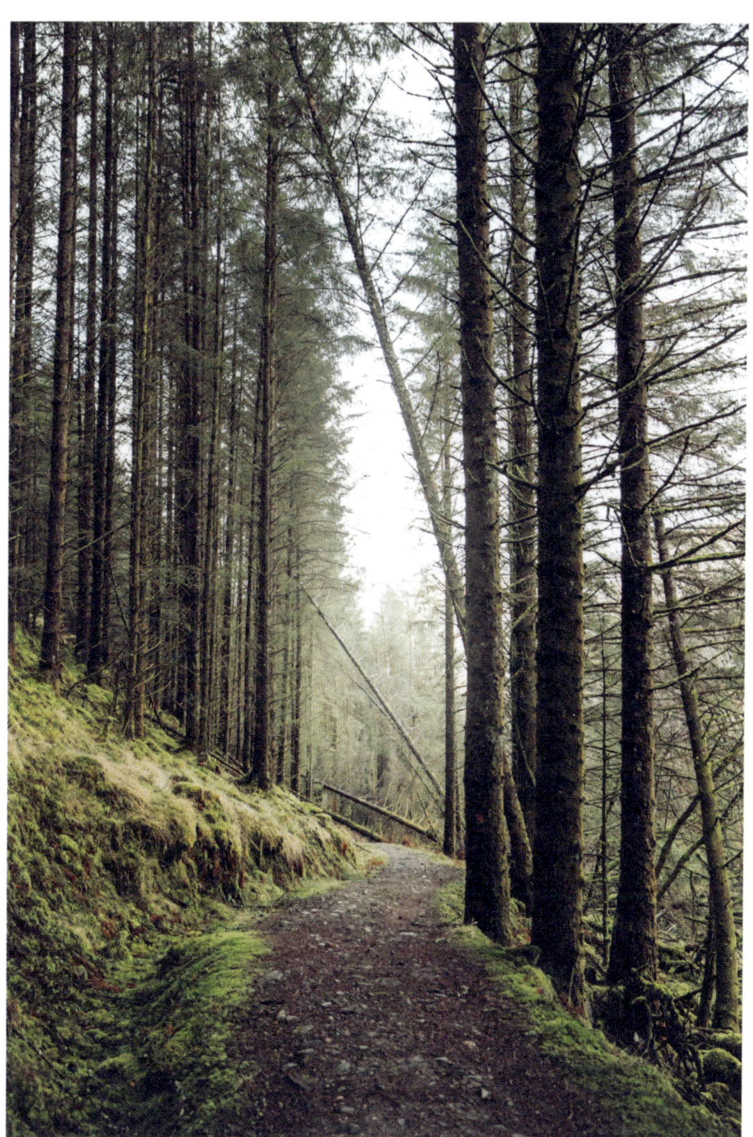

Futtersuche

Ein langer, weiter Überwurf mit vier verschiedenen Lochmustern und mit einem RMs 1li, 1re als Abschluss. Damit die Struktur schön locker wird, wurden dickere Nadeln verwendet.

GARN
Isager Tweed
70 % Wolle, 30 % Mohair
Ca. 200 m auf 50 g

MASSE
Einheitsgröße.
Ca. 56 cm breit und 215 cm lang.

HINWEIS
Das gezeigte Modell hat die **Farbe**: Charcoal.
Model: Größe 38. **Körpergröße**: 1,74 m.

MATERIALIEN
Benötigte Menge:
6 Knäuel á 50 g
Nadeln Nr. 5,5
Stumpfe Nähnadel mit großem Nadelöhr

Bei den angegebenen Garnmengen handelt es sich um Richtwerte, die auf einem Durchschnittsbedarf basieren.

MASCHENPROBE
17 M x 26 Reihen = 10 x 10 cm gl.re, mit Nadeln Nr. 5,5 und **nach dem Dämpfen**. Wechseln Sie nach Bedarf die Nadelstärke, um der Maschenprobe zu entsprechen.

ABKÜRZUNGEN
Siehe S. 36–38.

SCHEMAS
Eine Strickschrift für dieses Projekt können Sie sich auf stiebner.com/texturen-stricken-extra ansehen und herunterladen.

MUSTER A – KRAUS RECHTS GESTRICKTE KANTE
M2zus.ü – 1M abh, 2Mzus, abgehobene M überziehen
FdvU – Faden vor der Arbeit und Umschlag, um eine Masche zuzunehmen

Reihe 1 (RS): [1re, FdvU, 9re, M2zus.ü, 9re, FdvU] bis zur letzten M, 1re.
Reihe 2: 1li, [1li, 19re, 2li] bis Ende der R.
Reihe 3: [2re, FdvU, 8re, M2zus.ü, 8re, FdvU, 1re] bis zur letzten M, 1re.
Reihe 4: 1li, [2li, 17re, 3li] bis Ende der R.
Reihe 5: [3re, FdvU, 7re, M2zus.ü, 7re, FvdU, 2re] bis zur letzten M, 1re.
Reihe 6: 1li, [3li, 15re, 4li] bis Ende der R.
Reihe 7: [4re, FdvU, 6re, M2zus.ü, 6re, FdvU, 3re] bis zur letzten M, 1re.
Reihe 8: 1li, [4li, 13re, 5li] bis Ende der R.
Reihe 9: [5re, FdvU, 5re, M2zus.ü, 5re, FdvU, 4re] bis zur letzten M, 1re.
Reihe 10: 1li, [5li, 11re, 6li] bis Ende der R.
Reihe 11: [6re, FdvU, 4re, M2zus.ü, 4re, FdvU, 5re] bis zur letzten M, 1re.
Reihe 12: 1li, [6li, 9re, 7li] bis Ende der R.
Reihe 13: [7re, FdvU, 3re, M2zus.ü, 3re, FdvU, 6re] bis zur letzten M, 1re.
Reihe 14: 1li, [7li, 7re, 8li] bis Ende der R.
Reihe 15: [8re, FdvU, 2re, M2zus.ü, 2re, FdvU, 7re] bis zur letzten M, 1re.
Reihe 16: 1li, [8li, 5re, 9li] bis Ende der R.
Reihe 17: [9re, FdvU, 1re, M2zus.ü, 1re, FdvU, 8re] bis zur letzten M, 1re.
Reihe 18: 1li, [9li, 3re, 10li] bis Ende der R.
Reihe 19: [10re, FdvU, M2zus.ü, FdvU, 9re] bis zur letzten M, 1re.

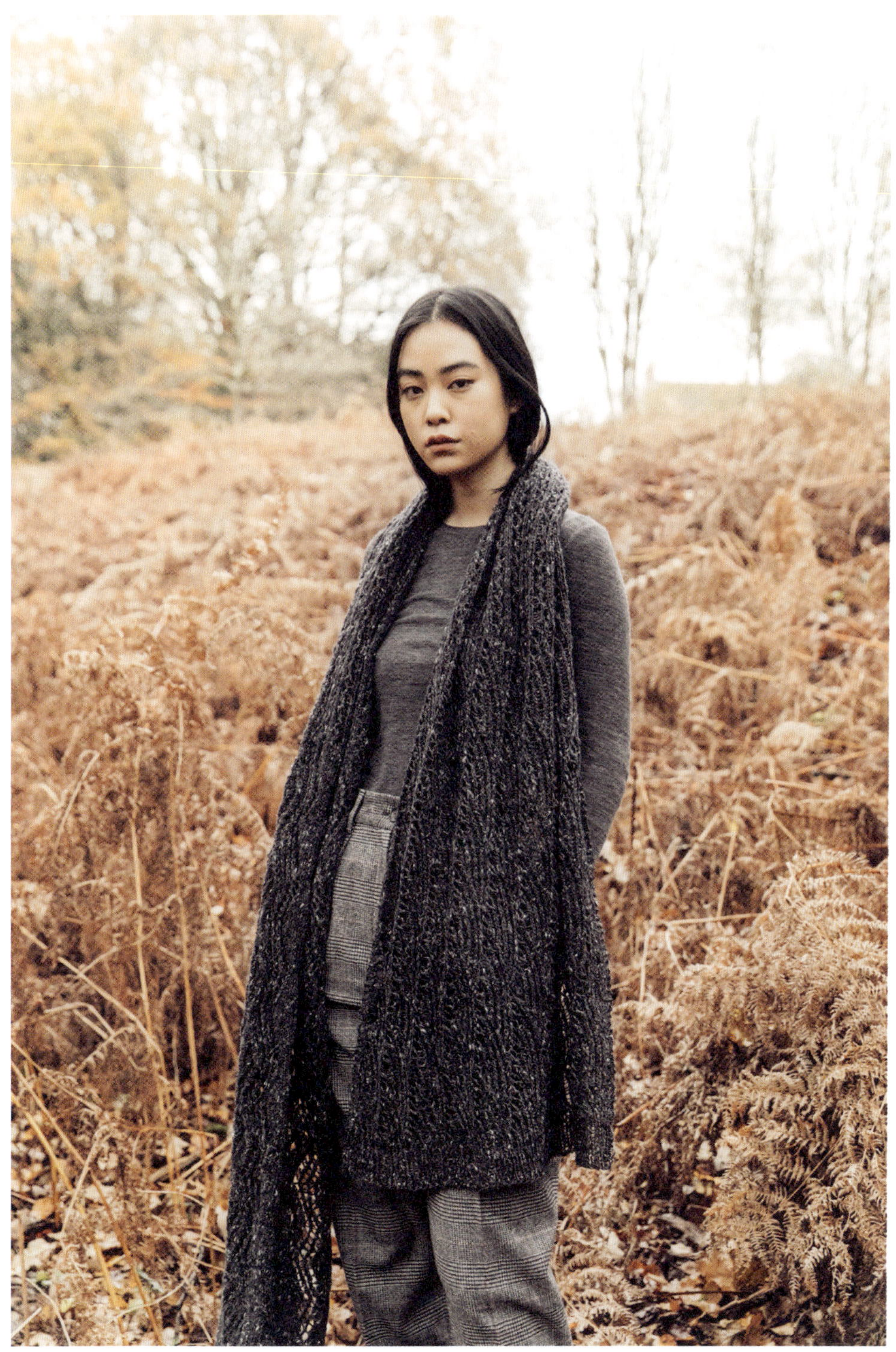

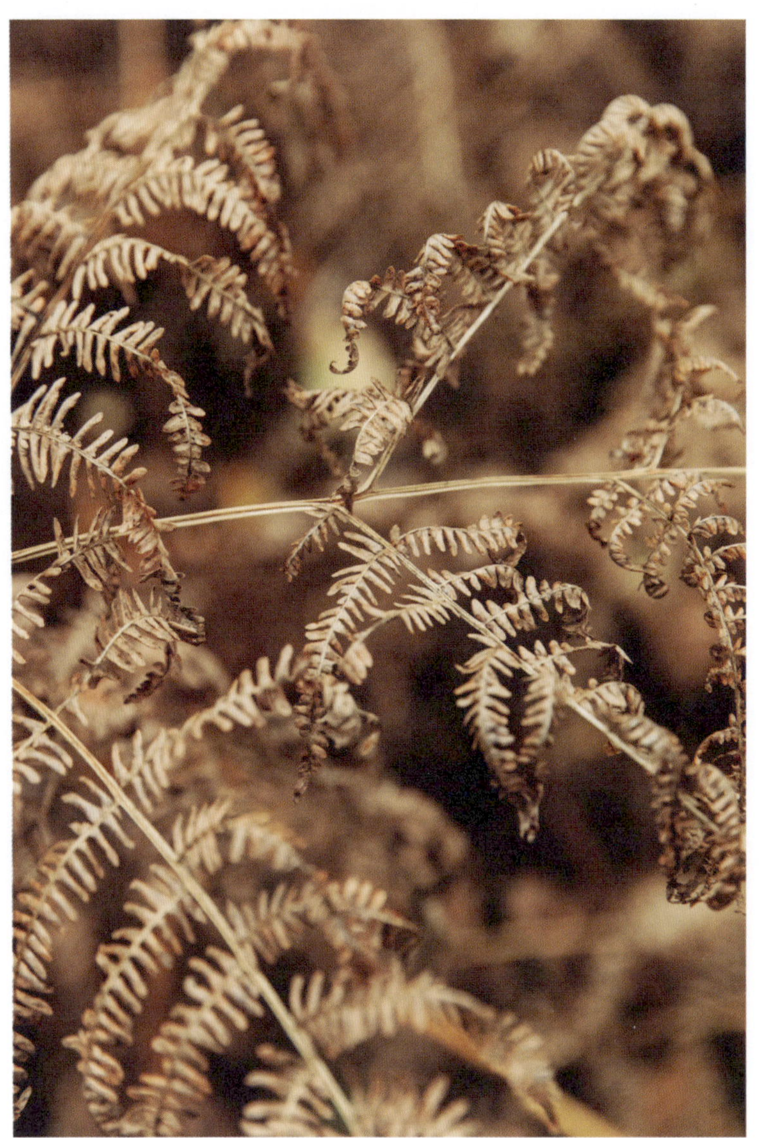

MUSTER B – WEGE, DIE SICH KREUZEN

Z3h – Zopf über 3 Maschen hinten: Die nächste M auf die Zopfnadel nehmen und hinter die Arbeit legen, die nächsten 2 M von der Nadel in der LH re abstricken, dann M von der Zopfnadel re abstricken

Z3v – Zopf über 3 Maschen vorne: Die nächsten 2 M auf die Zopfnadel nehmen und vor die Arbeit legen, die nächste M von der Nadel in der LH re abstricken, dann die M von der Zopfnadel re abstricken.

M2zus.ü – 1M abh, 2Mzus, abgehobene M überziehen

FdvU – Faden vor der Arbeit und Umschlag, um eine Masche zuzunehmen

Reihe 1 (RS): 3re, *6re, [2Mzus, FdvU] 3-mal, 1re, Z3h, 1re, Z3v, 1re, [FdvU, 2Mverschr.zus] 3-mal, 6re; ab * bis zu den letzten 3 M wdh., 3re.
Reihe 2: 3re, li bis letzte 3 M, 3re.
Reihe 3: 3re, *5re, [2Mzus, FdvU] 3-mal, 1re, Z3h, 3re, Z3v, 1re, [FdvU, 2Mverschr.zus] 3-mal, 5re; ab * bis zu den letzten 3 M wdh., 3re.
Reihe 4: 3re, li bis letzte 3 M, 3re.
Reihe 5: 3re, *4re, [2Mzus, FdvU] 3-mal, 1re, Z3h, 1re, 2Mzus, FdvU, 2re, Z3v, 1re, [FdvU, 2Mverschr.zus] 3-mal, 4re; ab * bis zu den letzten 3 M wdh., 3re.
Reihe 6: 3re, li bis letzte 3 M, 3re.
Reihe 7: 3re, *3re, [2Mzus, FdvU] 3-mal, 1re, Z3h, 1re, 2Mzus, FdvU, 1re, FdvU, 2Mverschr.zus, 1re, Z3v, 1re, [FdvU, 2Mverschr.zus] 3-mal, 3re; ab * bis zu den letzten 3 M wdh., 3re.
Reihe 8: 3re, li bis letzte 3 M, 3re.
Reihe 9: 3re, *2re, [2Mzus, FdvU] 3-mal, 1re, Z3h, 1re, 2Mzus, FdvU, 3re, FdvU, 2Mverschr.zus, 1re, Z3v, 1re, [FdvU, 2Mverschr.zus] 3-mal, 2re; ab * bis zu den letzten 3 M wdh., 3re.
Reihe 10: 3re, li bis letzte 3 M, 3re.
Reihe 11: 3re, *1re, [2Mzus, FdvU] 3-mal, 1re, Z3h, 1re, 2Mzus, FdvU, 5re, FdvU, 2Mverschr.zus, 1re, Z3v, 1re, [FdvU, 2Mverschr.zus] 3-mal, 1re; ab * bis zu den letzten 3 M wdh., 3re.
Reihe 12: 3re, li bis letzte 3 M, 3re.
Reihe 13: 3re, *2re, [FdvU, 2Mverschr.zus] 3-mal, Z3v, [2Mzus, FdvU, 1re] 2-mal, FdvU, 2Mverschr.zus, 1re, FdvU, 2Mverschr.zus, Z3h, [2Mzus, FdvU] 3-mal, 2re; ab * bis zu den letzten 3 M wdh., 3re.
Reihe 14: 3re, li bis letzte 3 M, 3re.
Reihe 15: 3re, *3re, [FdvU, 2Mverschr.zus] 3-mal, Z3v, 1re, 2Mzus, [FdvU] 2-mal, M2zus.ü, [FdvU] 2-mal, 2Mverschr.zus, 1re, Z3h, [2Mzus, FdvU] 3-mal, 3re; ab * bis zu den letzten 3 M wdh., 3re.
Reihe 16: 3re, [15li, 1re, 2li, 1re, 14li] bis letzte 3 M, 3re.
Reihe 17: 3re, *4re, [FdvU, 2Mverschr.zus] 3-mal, Z3v, 2re, FdvU, M2zus.ü, FdvU, 2re, Z3h, [2Mzus, FdvU] 3-mal, 4re; ab * bis zu den letzten 3 M wdh., 3re.
Reihe 18: 3re, li bis letzte 3 M, 3re.
Reihe 19: 3re, *5re, [FdvU, 2Mverschr.zus] 3-mal, Z3v, 5re, Z3h, [2Mzus, FdvU] 3-mal, 5re; ab * bis zu den letzten 3 M wdh., 3re.
Reihe 20: 3re, li bis letzte 3 M, 3re.
Reihe 21: 3re, *6re, [FdvU, 2Mverschr.zus] 3-mal, Z3v, 3re, Z3h, [2Mzus, FdvU] 3-mal, 6re; ab * bis zu den letzten 3 M wdh., 3re.
Reihe 22: 3re, li bis letzte 3 M, 3re.
Reihe 23: 3re, *7re, [FdvU, 2Mverschr.zus] 3-mal, Z3v, 1re, Z3h, [2Mzus, FdvU] 3-mal, 7re; ab * bis zu den letzten 3 M wdh., 3re.
Reihe 24: 3re, li bis letzte 3 M, 3re. Diese 24 R wdh.

MUSTER C – PLÄTSCHERNDER BACH

FdvR – Faden vor der Arbeit und rund um die Nadel, um eine Masche zuzunehmen
UM – Umschlag, um eine Masche zuzunehmen.

Reihe 1 (RS): 5re, [1li, UM, 2Mverschr.zus,1li, 2re] bis letzte 3 M, 3re.
Reihe 2: 3re, 2li, [1re, 2li] bis letzte 3 M, 3re.
Reihe 3: 5re, [1li, 2Mverschr.zus, FdvR, 1li, 2re] bis letzte 3 M, 3re.
Reihe 4: 3re, 2li, [1re, 2li] bis letzte 3 M, 3re. Diese 4 R wdh.

MUSTER D – BRACHLAND

1re verschr: 1 M rechts verschränkt stricken
1li verschr: 1 M links verschränkt stricken
FdvU: Faden vor der Arbeit und Umschlag, um eine Masche zuzunehmen
Reihe 1 (RS): 3re, 1re verschr, *FdvU, 2Mverschr.zus], [1li, 1re verschr] 4-mal; ab * bis zu den letzten 3 M wdh., 3re.
Reihe 2: 3re, *[1li verschr, 1re] 4-mal, 1li verschr, 1li; ab * bis zu den letzten 4 M wdh., 1li verschr, 3re.
Reihe 3: 3re, 1re verschr, *FdvU, 1li, 2Mverschr.zus, [1re verschr, 1li] 3-mal, 1re

verschr; ab * bis zu den letzten 3 M wdh., 3re.
Reihe 4: 3re, *[1li verschr, 1re] 3-mal, [1li verschr] 2-mal, 1re, 1li; ab * bis zu den letzten 4 M wdh., 1li verschr, 3re.
Reihe 5: 3re, 1re verschr, *FdvU, 1re verschr, 2Mverschr.zus, [1li, 1re verschr] 3-mal; ab * bis zu den letzten 3 M wdh., 3re.
Reihe 6: 3re, *[1li verschr, 1re] 4-mal, 1li verschr, 1li; ab * bis zu den letzten 4 M wdh., 1li verschr, 3re.
Reihe 7: 3re, 1re verschr, *FdvU, 1li, 1re verschr, 1li, 2Mverschr.zus, [1re verschr, 1li] 2-mal, 1re verschr; ab * bis zu den letzten 3 M wdh., 3re.
Reihe 8: 3re, *[1li verschr, 1re] 2-mal, [1li verschr] 2-mal, 1re, 1li verschr, 1re,1li; ab * bis zu den letzten 4 M wdh., 1li verschr, 3re.
Reihe 9: 3re, 1re verschr, *FdvU, [1re verschr, 1li] 2-mal, 2Mverschr.zus, [1li, 1re verschr] 2-mal; ab * bis zu den letzten 3 M wdh., 3re.
Reihe 10: 3re, *[1li verschr, 1re] 4-mal, 1li verschr, 1li; ab * bis zu den letzten 4 M wdh., 1li verschr, 3re.
Reihe 11: 3re, 1re verschr, *FdvU, [1li, 1re verschr] 2-mal, 1li, 2Mverschr.zus, 1re verschr, 1li, 1re verschr; ab * bis zu den letzten 3 M wdh., 3re.
Reihe 12: 3re, *1li verschr, 1re, 1li verschr, [1li verschr, 1re] 3-mal, 1li; ab * bis zu den letzten 4 M wdh., 1li verschr, 3re.
Reihe 13: 3re, 1re verschr, *FdvU, [1re verschr, 1li] 3-mal, 2Mverschr.zus, 1li, 1re verschr; ab * bis zu den letzten 3 M wdh., 3re.
Reihe 14: 3re, *[1li verschr, 1re] 4-mal, 1li verschr, 1li; ab * bis zu den letzten 4 M wdh., 1li verschr, 3re.
Reihe 15: 3re, 1re verschr, *FdvU, [1li, 1re verschr] 3-mal, 1li, 2Mverschr.zus, 1re verschr; ab * bis zu den letzten 3 M wdh., 3re.
Reihe 16: 3re, *1li verschr, [1li verschr, 1re] 4-mal, 1li; ab * bis zu den letzten 4 M wdh., 1li verschr, 3re.
Reihe 17: 3re, 1re verschr, *FdvU, [1re verschr, 1li] 4-mal, 2Mverschr.zus; ab * bis zu den letzten 3 M wdh., 3re.
Reihe 18: 3re, *[1li verschr, 1re] 4-mal, 1li verschr, 1li; ab * bis zu den letzten 4 M wdh., 1li verschr, 3re. Diese 18 R wdh.

ANLEITUNG

ÜBERWURF

111 M mit Nadeln Nr. 5,5 locker anschlagen und R 1-19 in Muster A arbeiten, dabei auf LS für die nächste Reihe enden.
Nächste Reihe (LS): 3re, li bis letzte 3 M, 3re.
Nächste Reihe: Re bis zum Ende der Reihe, dabei gleichmäßig verteilt 6 M abn. *105 M.*
Nächste Reihe: 3re, li bis letzte 3 M, 3re.
In Muster B weiterstricken und R 1-24 wdh., bis das Strickstück ca. 75 cm ab Anschlag misst, dabei nach einem vollständigen 24-R-Rapport auf RS für die nächste Reihe enden.
Nächste Reihe (RS): Re bis zum Ende der Reihe, dabei 1 M abn. *104 M.*
Nächste Reihe: 3re, li bis letzte 3 M, 3re.
In Muster C weiterstricken und R 1-4 wdh., bis das Strickstück ca. 153 cm ab Anschlag misst, dabei auf RS für die nächste Reihe enden.
Nächste Reihe (RS): Re bis zum Ende der Reihe, dabei gleichmäßig verteilt 3 M zun. *107 M.*
Nächste Reihe: 3re, li bis letzte 3 M, 3re.
In Muster D weiterstricken und R 1-18 wdh., bis das Strickstück ca. 210 cm ab Anschlag misst, dabei auf RS für die nächste Reihe enden.
Im RMs 1li, 1re wie folgt stricken:
Reihe 1 (RS): [1li, 1re] bis zur letzten M, 1li.
Reihe 2: [1re, 1li] bis zur letzten M, 1re.
Die letzten 2 R wdh., bis RMs 5 cm misst.
Locker im RMs abketten.

FERTIGSTELLUNG

Fadenenden auf der LS vernähen. Wählen Sie eine flache, gepolsterte Oberfläche oder eine Spannmatte und stecken Sie das Strickstück mit der Rückseite nach oben gemäß Schnitt fest. Dann mit einem feuchten Tuch bedecken und sanft dämpfen. Flach liegend trocknen lassen.

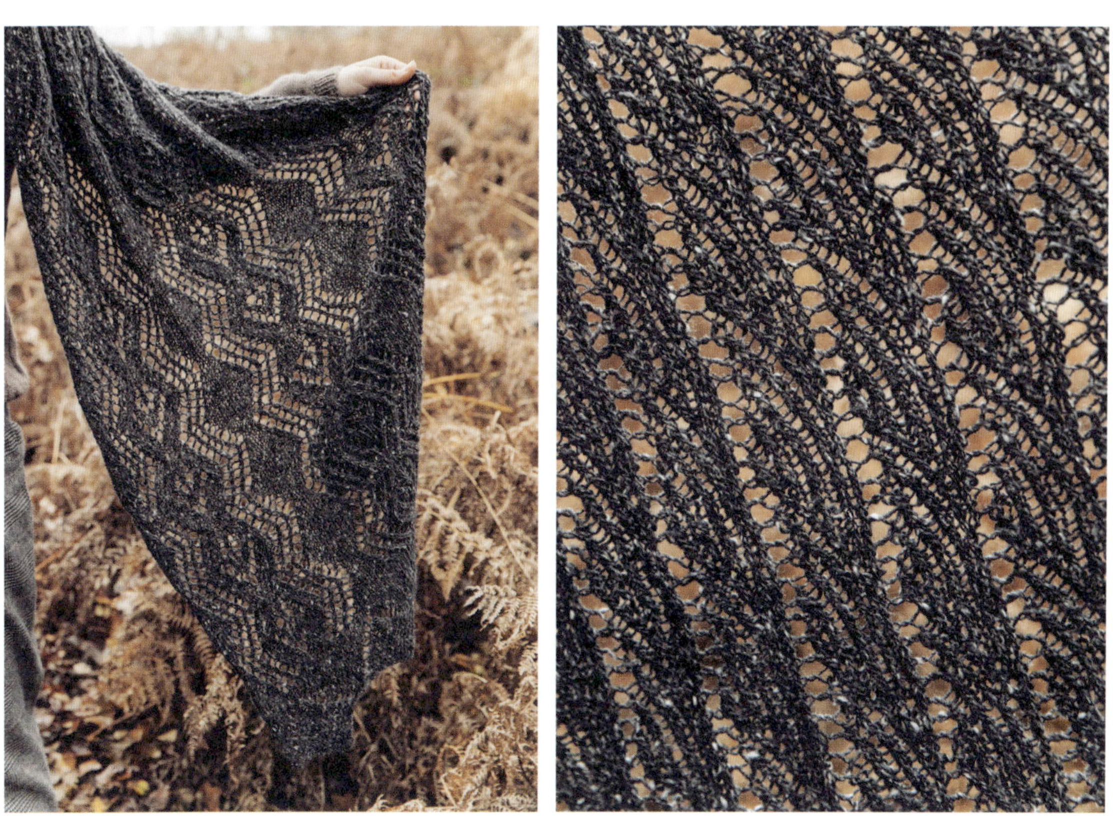

Unterholz

Ein langärmliger Pullover mit komplexem Zopfmuster, der nahtlos in Runden gestrickt wird. Der Körper und die Ärmel werden am Armausschnitt zusammengefügt und dann in Raglanform weitergestrickt. Der vordere Halsausschnitt wird mit verkürzten Reihen gestrickt und der Umschlagkragen im Rippenmuster 1re, 1li.

GARN
The Fibre Co. Road to China Light
65 % Babyalpaka, 15 % Seide, 10 % Kamel, 10 % Kaschmir
Ca. 145 m auf 50 g

MASSE	S	M	L	XL
BRUSTKORB	94cm	**104cm**	114cm	**126cm**
LÄNGE	58cm	**60cm**	62cm	**64cm**
ÄRMELLÄNGE	43cm	**45cm**	47cm	**49cm**

HINWEIS
Das Modell auf allen Fotos hat die Größe S.
Farbe: Moonstone. **Model**: Größe 38. Körpergröße: 1,74 m

MATERIALIEN
Benötigte Menge:
8 (**9**:10:**11**) Knäuel
Rundnadel Nr. 3,5 – Länge 100 cm
Rundnadel Nr. 3 – Länge 100 cm
Nadelspiele Nr. 4 und Nr. 3,5 (sofern Sie nicht die Magic-Loop-Technik verwenden)
Zopfnadel
Maschenmarkierer
Hilfsnadeln
Stumpfe Nähnadel mit großem Nadelöhr

Bei den angegebenen Garnmengen handelt es sich um Richtwerte, die auf einem Durchschnittsbedarf basieren

MASCHENPROBE
26 M x 31 Reihen = 10 x 10 cm gl.li, mit Nadeln Nr. 3,5 und **nach dem Dämpfen**. Wechseln Sie nach Bedarf die Nadelstärke, um der Maschenprobe zu entsprechen.

ABKÜRZUNGEN
Siehe S. 36–38.

SCHEMAS
Eine Strickschrift für dieses Projekt können Sie sich auf stiebner.com/texturen-stricken-extra ansehen und herunterladen.

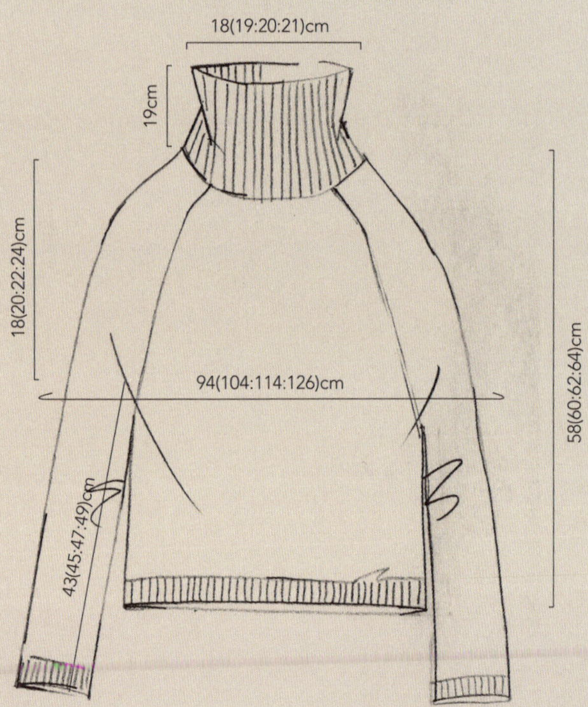

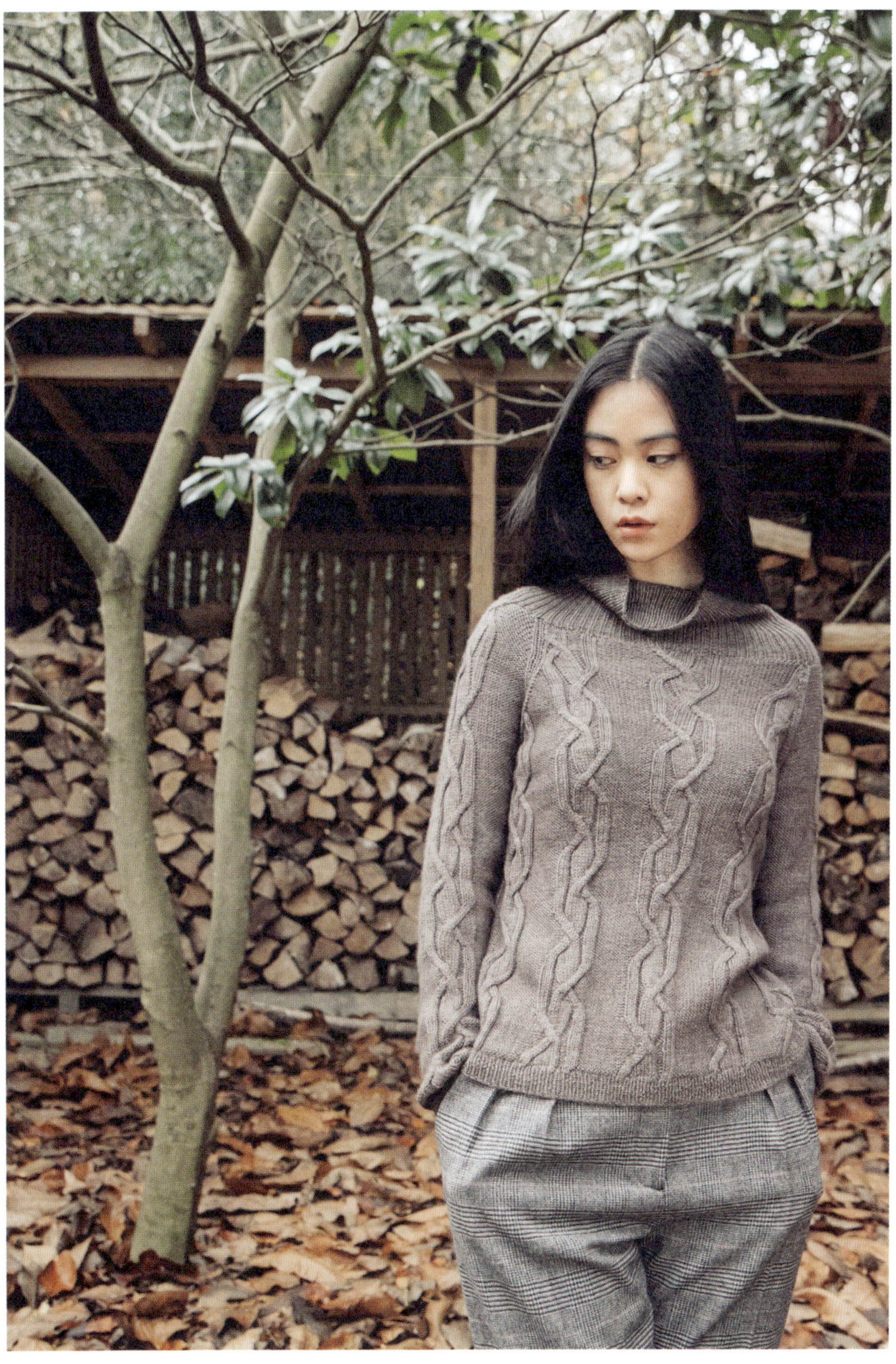

ABKÜRZUNGEN ZOPFMUSTER

rZ4li – Über 4 Maschen nach rechts zopfen, linke Masche: Die nächste M auf die Zopfnadel nehmen und hinter die Arbeit legen, die nächsten 3 M von der Nadel in der LH rechts abstricken, dann die M von der Zopfnadel li abstricken

rZ4re – Über 4 Maschen nach rechts zopfen, rechte Masche: Die nächste M auf die Zopfnadel nehmen und hinter die Arbeit legen, die nächsten 3 M von der Nadel in der LH rechts abstricken, dann die M von der Zopfnadel rechts abstricken

lZ4re – Über 4 Maschen nach links zopfen, rechte Maschen: Die nächsten 3 M auf die Zopfnadel nehmen und vor die Arbeit legen, die nächste M von der Nadel in der LH rechts abstricken, dann die M von der Zopfnadel rechts abstricken

lZ4li – Über 4 Maschen nach links zopfen, linke Masche: Die nächsten 3 M auf die Zopfnadel nehmen und vor die Arbeit legen, die nächste M von der Nadel in der LH links abstricken, dann die M von der Zopfnadel rechts abstricken

r5verkr.li – Rechts verkreuzen über 5 Maschen, linke Maschen: Die nächsten 2 M auf die Zopfnadel nehmen und hinter die Arbeit legen, die nächsten 3 M von der Nadel in der LH rechts abstricken, dann die M von der Zopfnadel links abstricken

r5verkr.re – Rechts verkreuzen über 5 Maschen, rechte Maschen: Die nächsten 2 M auf die Zopfnadel nehmen und hinter die Arbeit legen, die nächsten 3 M von der Nadel in der LH rechts abstricken, dann die M von der Zopfnadel rechts abstricken

l5verkr.re – Links verkreuzen über 5 Maschen, rechte Maschen: Die nächsten 3 M auf die Zopfnadel nehmen und vor die Arbeit legen, die nächsten 2 M von der Nadel in der LH rechts abstricken, dann die M von der Zopfnadel rechts abstricken

l5verkr.li – Links verkreuzen über 5 Maschen, linke Maschen: Die nächsten 3 M auf die Zopfnadel nehmen und vor die Arbeit legen, die nächsten 2 M von der Nadel in der LH links abstricken, dann die M von der Zopfnadel rechts abstricken

Z6v – Zopf über 6 Maschen vorne: Die nächsten 3 M auf die Zopfnadel nehmen und vor die Arbeit legen, die nächsten 3 M von der Nadel in der LH abstricken, dann die M von der Zopfnadel rechts abstricken

Z6h – Zopf über 6 Maschen hinten: Die nächsten 3 M auf die Zopfnadel nehmen und hinter die Arbeit legen, die nächsten 3 M von der Nadel in der LH abstricken, dann M von der Zopfnadel rechts abstricken

ZOPFMUSTER (21 Maschen)

Reihe 1 (RS): 1li, 3re, 2li, 6re, 3li, 3re, 3li.
Reihe 2: rZ4li, 2li, 6re, 3li, 3re, 3li.
Reihe 3: 3re, 3li, 6re, 3li, 3re, 3li.
Reihe 4: 3re, 3li, 6re, 2li, rZ4li, 3li.
Reihe 5: 3re, 3li, 6re, 2li, 3re, 4li.
Reihe 6: 3re, 3li, 6re, r5verkr.li, 4li.
Reihe 7: 3re, 3li, 9re, 6li.
Reihe 8: 3re, 3li, 4re, r5verkr.li, 6li.
Reihe 9: 3re, 3li, 7re, 8li.
Reihe 10: 3re, 3li, 3re, rZ4li, 8li.
Reihe 11: 3re, 3li, 6re, 9li.
Reihe 12: 3re, 3li, Z6v, 9li.
Reihe 13: Reihe 11 wdh.
Reihe 14: 3re, 3li, 3re, lZ4re, 8li.
Reihe 15: Reihe 9 wdh.
Reihe 16: 3re, 3li, 4re, l5verkr.re, 6li.
Reihe 17: Reihe 7 wdh.
Reihe 18: 3re, 3li, 6re, l5verkr.li, 4li.
Reihe 19: Reihe 5 wdh.
Reihe 20: 3re, 3li, 6re, 2li, lZ4li, 3li.
Reihe 21: Reihe 3 wdh.
Reihe 22: lZ4li, 2li, 6re, 3li, 3re, 3li.
Reihe 23: Reihe 1 wdh.
Reihe 24: 1li, l5verkr.li, 6re, 3li, 3re, 3li.
Reihe 25: 3li, 9re, 3li, 3re, 4li.
Reihe 26: 3li, l5verkr.li, 4re, 3li, 3re, 3li.
Reihe 27: 5li, 7re, 3li, 3re, 3li.
Reihe 28: 5li, lZ4li, [3re, 3li] 2-mal.
Reihe 29: 6li, 6re, 3li, 3re, 3li.
Reihe 30: 6li, Z6h, 3li, 3re, 3li.
Reihe 31: Reihe 29 wdh.
Reihe 32: 5li, rZ4re, [3re, 3li] 2-mal.
Reihe 33: Reihe 27 wdh.
Reihe 34: 3li, r5verkr.re, 4re, 3li, 3re, 3li.
Reihe 35: Reihe 25 wdh.
Reihe 36: 1li, r5verkr.li, 6re, 3li, 3re, 3li.
Diese 36 R wdh.

ANLEITUNG

ÄRMEL

2 Stück, in der Runde im RMs 1re, 1li, sowie glatt links und mit Zöpfen gestrickt.
52 (**54**:58:**60**) M mit Nadeln Nr. 3 anschlagen. Achten Sie darauf, dass die Maschen nicht verdreht sind. Me zum Markieren des Rundenanfangs, und wie folgt im Rippenmuster 1re, 1li arbeiten:
Runde 1: [1re, 1li] bis zum Ende der Runde.
Die letzte Rd. wdh., bis der Ärmel 3 cm ab Anschlag misst. Über die letzte Rd. gleichmäßig verteilt 3 M zun. *55 (**57**:61:**63**) M.*
Mit Nadeln Nr. 3,5 nach Schema oder schriftlicher Anleitung gl.li und im Zopfmuster fortfahren:
Nächste Runde: 17 (**18**:20:**21**) li, Reihe 1 des Zopfmusters stricken, li bis zum Ende der Runde.
3 Runden wie oben angegeben arbeiten, dabei immer die nächste Reihe des Zopfmusters stricken.
Nächste Runde (zun): 2li, M1li, Ms bis letzte 2 M, M1li, 2li. *57 (**59**:63:**65**) M.*
Wie vorgegeben in jeder folg 0.(**9**.:9.:**8**.) Rd zun, bis es 57 (**67**:81:**81**) M sind, dann in jeder folg 10. (**10**.:10.:**9**.) Rd, bis es 79 (**83**:89:**95**) M sind.
Weiter gerade hochstricken, bis der Ärmel 43 (**45**:47:**49**) cm ab Anschlag misst, dabei 6 (**7**:8:**9**) M vor Ende der Rd enden.
Hinweis: Notieren Sie sich, welche Reihe des Musters Sie zuletzt gestrickt haben, damit beide Ärmel übereinstimmen. Die nächsten 12 (**14**:16:**18**) M auf eine Hilfsnadel nehmen und die restl. 67 (**69**:73:**77**) M auf eine zweite Hilfsnadel.

KÖRPER

In der Runde im RMs 1re, 1li, sowie glatt links und mit Zöpfen gestrickt.
258 (**286**:310:**338**) M mit Nadeln Nr. 3 anschlagen. Achten Sie darauf, dass die Maschen nicht verdreht sind. Me zum Markieren des Rundenanfangs, und wie folgt im Rippenmuster 1re, 1li arbeiten:
Runde 1: [1re, 1li] bis zum Ende der Runde.
Die letzte Rd wdh., bis das Strickstück 3 cm ab Anschlag misst.
Nächste Runde (zun): *12 (13:15:18) re, [M1, 9re, M1, 15 (**18**:20:**22**) re] 4-mal, M1, 9re, M1, 12 (**13**:15:**18**) re*, Me; ab * noch einmal wdh. *278 (**306**:330:**358**) M.*
Mit Nadeln Nr. 3,5 gl.li und im Zopfmuster wie folgt fortf:
Runde 1: *Labh, 6 (**7**:9:**12**) li, [R 1 des Zopfmusters, 5 (**8**:10:**12**) li] 4-mal, R 1 des Zopfmusters, 6 (**7**:9:**12**) li, labh*, MV; ab * noch einmal wdh.
Runde 2: *7 (**8**:10:**13**) li, [R 2 des Zopfmusters, 5 (**8**:10:**12**) li] 4-mal, R 2 des Zopfmusters, 7 (**8**:10:**13**) li*, MV; ab * noch einmal wdh.
Weitere 44 Rd wie vorgegeben stricken (Reihe 10 des Zopfmusters wurde gerade fertiggestellt).
Nächste Runde (abn): *Labh, 2Mlizus, 4 (**5**:7:**10**) li, [nächste R des Zopfmusters, 5 (**8**:10:**12**) li] 4-mal, nächste R des Zopfmusters, 4 (**5**:7:**10**) li, 2Mlizus, labh*, MV; ab * noch einmal wdh. *274 (**302**:326:**354**) M.*
In den folg 20 R wie oben abn, bis es 266 (**294**:318:**346**) M sind.
Weiterstricken, wie die M erscheinen, bis das Strickstück 40 cm ab Anschlag misst, dabei für die nächste Rd auf einer geraden R im Rapport und 6 (7:8:9) M vor Ende der Rd enden.
Die nächsten 12 (14:16:18) M auf eine Hilfsnadel legen.
Körper und Ärmel zusammenfügen:
Nächste Runde: Für die Vorderseite 121 (**133**:143:**155**) M im Ms, die nächsten 12 (**14**:16:**18**) M für die Achsel auf der Hilfsnadel lassen, Me, Ms über 67 (**69**:73:**77**) M von der Ärmelhilfsnadel, Me, Ms über 121 (**133**:143:**155**) M für den Rücken, Me, Ms über 67 (**69**:73:**77**) M der verbliebenen Ärmelhilfsnadel. *376 (**404**:432:**464**) M.*
Runde 1: *M1re.ü, Ms bis 2 M vor dem Markierer, 2Mzus, MV, 1re, M1re.ü, Ms bis 3 M vor dem Markierer, 2Mzus, 1re*, MV; von * bis * noch einmal wdh.
*368 (**396**:424:**456**) M.*
Jetzt haben Sie 3 M gl.re an jedem Raglan des Kleidungsstücks.
Runde 2: *M1re.ü, Ms bis 2 M vor dem Markierer, 2Mzus, MV, 2re, Ms bis 2 M vor dem Markierer, 2re*, MV; von * bis * noch einmal wdh. *364 (**392**:420:**452**) M.*
Runde 3 und 4: Wie Runde 2.
*356 (**384**:412:**444**) M.*
Die letzten 4 Rd wdh., bis es 336 (**324**:312:**324**) M sind.

Nur Größen S, M und L:
Nächste Runde: *M1re.ü, Ms bis 2 M vor dem Markierer, 2Mzus, MV, 1re, M1re.ü, Ms bis 3 M vor dem Markierer, 2Mzus, 1re*, MV; von * bis * noch einmal wdh. *328 (**316**:304:**0**) M.*
Nächste Runde: *M1re.ü, Ms bis 2 M vor dem Markierer, 2Mzus, MV, 2re, Ms bis 2 M vor dem Markierer, 2re*, MV; ab * noch einmal wdh. *324 (**312**:300:0) M.*
Die letzten 2 Rd wdh., bis es 228 (**252**:300:**0**) M sind.
Alle Größen:
Nächste Runde: *M1re.ü, Ms bis 2 M vor dem Markierer, 2Mzus, MV, 1re, M1re.ü, Ms bis 3 M vor dem Markierer, 2Mzus, 1re*, MV; von * bis * noch einmal wdh. *220 (**244**:292:**316**) M.*
Nächste Runde: *1re, Ms bis 1 M vor dem Markierer, 1re, MV, 2re, Ms bis 2 M vor dem Markierer, 2re*, MV; von * bis * noch einmal wdh.
Die letzten 2 Rd wdh., bis es 204 (**212**:236:**244**) M sind, und nach einer geraden Rd enden.
Vorderer Halsausschnitt:
Nächste Reihe (RS): Ms wie vorgegeben über 20 (**22**:24:**26**) M, Wickelmasche, wenden.
Nächste Reihe (LS): Ms bis zu den letzten 22 (**22**:26:**26**) M vor der Wickelmasche, Wickelmasche, wenden.
Nächste Reihe (abn, RS): Ms bis 3 M vor der letzten RS-Wickelmasche, Wickelmasche, wenden. Gleichzeitig an allen Raglansäumen abn wie zuvor.
Nächste Reihe: Ms bis zu den letzten 3 M vor der Wickelmasche, Wickelmasche, wenden. Die letzten 2 R noch 4(**4**:6:**6**)-mal wdh. *156 (**164**:172:**180**) M.*
Nächste Reihe (RS): Ms bis zum Rundenmarkierer und dabei die Umwicklungen aufnehmen. Ab jetzt wie folgt in der Runde weiterstricken:
Nächste Runde: Re bis zum Ende, dabei die Umwicklungen aufnehmen und **GLEICHZEITIG** gleichmäßig über die Rd verteilt 10 M abn. *146 (**154**:162:**170**) M.*
Kragen:
Mit dem Nadelspiel Nr. 3 im RMs 1re, 1li wie folgt stricken:
Runde 1: [1re, 1li] bis zum Ende der Runde.
Die letzte Rd wdh., bis der Kragen 9 cm ab Beginn des RMs misst.
Mit Nadelspiel Nr. 3,5 im RMs fortf, bis der Kragen 19 cm ab Beginn des RMs misst.
Im RMs abketten.

FERTIGSTELLUNG

Fadenenden auf der LS vernähen.

Wählen Sie eine flache, gepolsterte Oberfläche oder eine Spannmatte und stecken Sie das Strickstück mit der LS nach oben gemäß Schnitt fest. Dann mit einem feuchten Tuch bedecken und sanft dämpfen. Flach liegend trocknen lassen.

Achsel mit dem Maschenstich schließen.

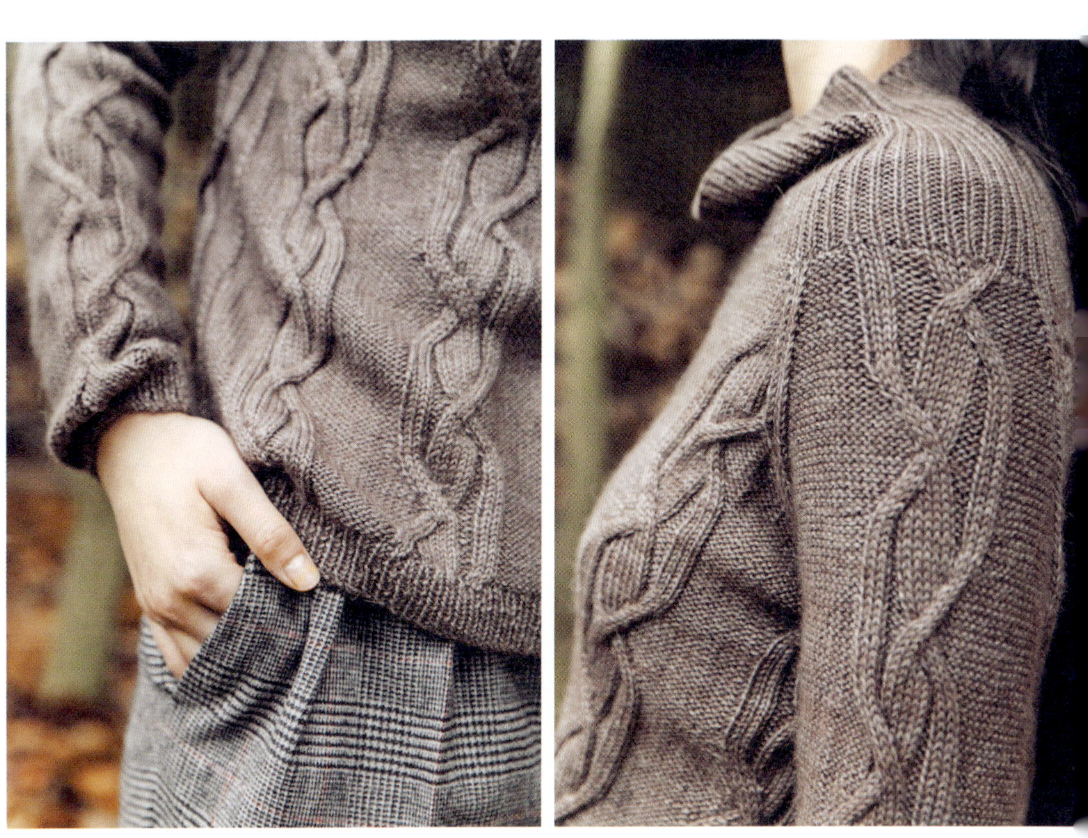

Reet

Diese simple Strickjacke wird im einfachsten aller Strukturmuster gestrickt: kraus rechts. Hier aus Wolle gearbeitet, handelt es sich um ein Basic-Teil, das sich gut für eine Vielzahl von Garnen eignet. Sie wird von unten nach oben mit Seitenschlitzen und Taschen mit kontrastfarbenen Kanten gearbeitet. Jedes Teil wird bis zum Ende der Seitenschlitze separat gestrickt, dann zusammengefügt und zusammen fortgeführt, wobei für die Raglanform und den Halsausschnitt verkürzte Reihen eingesetzt werden (Wickelmasche und wenden), um einen sanften, runden Ausschnitt zu erzielen.

GARN
erika knight british blue 100
100 % reine Schurwolle vom britischen Bluefaced-Leicester-Schaf
Ca. 220 m auf 100 g

MASSE	S	M	L	XL
BRUSTKORB	97cm	**102cm**	108cm	**116cm**
LÄNGE	58cm	**60cm**	62cm	**64cm**
ÄRMELLÄNGE	39cm	**40cm**	40cm	**41cm**

HINWEIS
Das Modell auf allen Fotos hat die Größe S.
Farbe: A French; **B** Regent's Park.
Model: Größe 38. Körpergröße: 1,73 m

MATERIALIEN
Benötigte Menge:
A 1 (**1**:1:**1**) Knäuel á 100 g
B 5 (**5**:6:**6**) Knäuel á 100 g
Rundnadel Nr. 3,75 – Länge 100 cm
Nadeln Nr. 3,75
Maschenmarkierer
Hilfsnadeln
Stumpfe Nähnadel mit großem Nadelöhr

Bei den angegebenen Garnmengen handelt es sich um Richtwerte, die auf einem Durchschnittsbedarf basieren.

MASCHENPROBE
21 M x 44 Reihen = 10 x 10 cm kr.re, mit Nadeln Nr. 3,75 und **nach dem Dämpfen.** Wechseln Sie nach Bedarf die Nadelstärke, um der Maschenprobe zu entsprechen.

ABKÜRZUNGEN
Siehe S. 36–38.

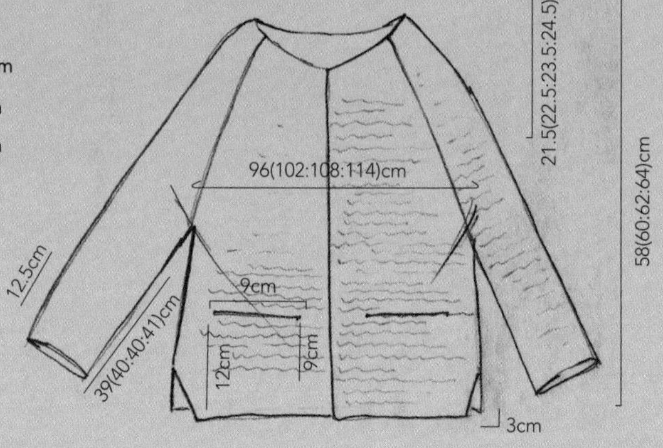

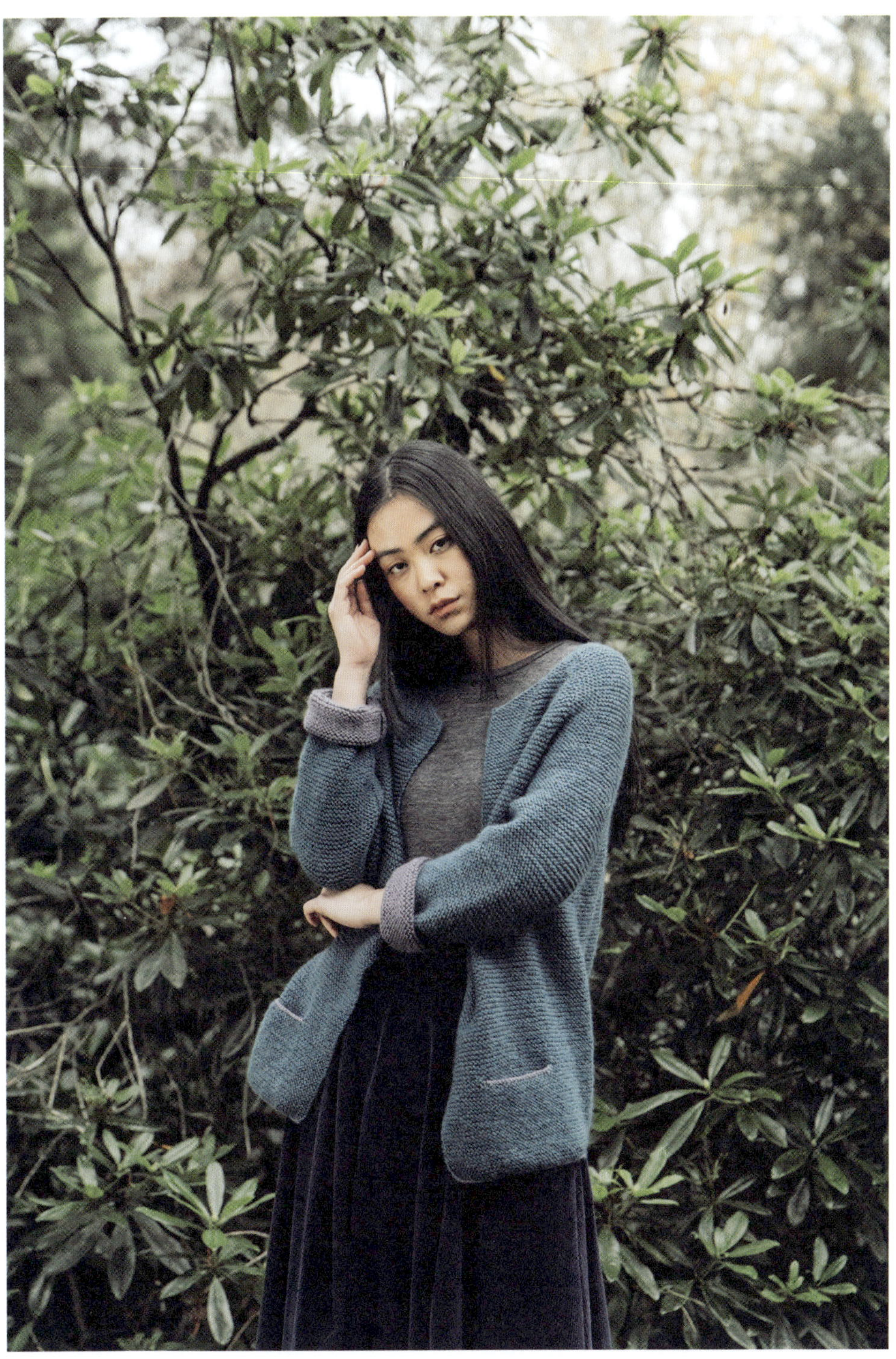

ANLEITUNG

TASCHENFUTTER

2 Stück, kraus rechts gestrickt.
Mit Nadeln Nr. 3,75 in B 21 M anschlagen.
Mit einer re R anf, kr.re stricken, bis die Tasche 9 cm ab Anschlag misst, dabei auf RS für nächste R enden.
Diese M auf einer Hilfsnadel lassen.

LINKE VORDERSEITE

Kraus rechts gestrickt.
Mit Nadeln Nr. 3,75 in A 48 (**51**:54:**58**) M anschlagen.
Mit B kraus rechts wie folgt weiterstricken: 4 R rechts.
Nächste Reihe (zun, RS): 2re, in nächster M zun, re bis Ende der R. *49 (**52**:55:**59**) M.*
In jeder folg 4. R zun wie angegeben, bis es 51 (**54**:57:**61**) M sind, dann in der folg RS-Reihe. *52 (**55**:58:**62**) M.*
1 R rechts.
Diese M auf einer Hilfsnadel lassen.

RÜCKSEITE

Kraus rechts gestrickt.
Mit Nadeln Nr. 3,75 in A 91 (**97**:103:**111**) M anschlagen.
Mit B kraus rechts wie folgt weiterstricken: 4 R rechts.
Nächste Reihe (zun, RS): 2re, in nächster M zun, re bis zu den letzten 4 M, in nächster M zun, 3re. *93 (**99**:105:**113**) M.*
Wie vorgegeben am Ende jeder folg 4. R zun, bis es 97 (103:109:117) M sind, dann in der folg RS-Reihe. *99 (**105**:111:**119**) M.*
1 R rechts.
Diese M auf einer Hilfsnadel lassen.

RECHTES VORDERTEIL

Kraus rechts gestrickt.
Mit Nadeln Nr. 3,75 in A 48 (**51**:54:**58**) M anschlagen.
Mit B kraus rechts wie folgt weiterstricken: 4 R rechts.
Nächste Reihe (zun, RS): Re bis zu den letzten 4 M, in nächster M zun, 3re. *49 (**52**:55:**59**) M.*
In jeder folg 4. R zun wie angegeben, bis es 51 (**54**:57:**61**) M sind, dann in der folg RS-Reihe. *52 (**55**:58:**62**) M.*
1 R rechts.

VORDERTEILE UND RÜCKEN ZUSAMMENFÜGEN:

Mit einer Rundnadel Nr. 3,75 wie folgt arbeiten:
Nächste Reihe (RS): 52 (**55**:58:**62**) re von der Hilfsnadel vorne rechts, 99 (**105**:111:**119**) re von der hinteren Hilfsnadel, 52 (**55**:58:**62**) re von der Hilfsnadel vorne links.
*203 (**215**:227:**243**) M.*
Weiter kr.re, bis Strickstück 12 cm ab Anschlag misst, dabei auf RS für nächste R enden.

Taschen einsetzen:

Hinweis: Wenn Sie die Farben wechseln, die beiden Fäden in jeder Reihe umeinanderwickeln, damit keine Löcher entstehen, und die Fäden immer auf der LS des Strickstücks verkreuzen.
Wie folgt weiterarbeiten und dabei die Farbe wechseln, wo angegeben.
Nächste Reihe (RS): 14 (14:16:16) re in B, 21re in A, re in B bis zu den letzten 35 (**35**:37:**37**) M, 21re in A, 14 (14:16:16) re in B.
Nächste Reihe: 14 (**14**:16:**16**) re in B, mit A 20 M abketten, mit B 1 M abketten, in B re bis zu den letzten 35 (**35**:37:**37**) M, mit A 20 M abketten, mit B 1 M abketten und re in B bis Ende der R.
Durchgehend B verwendend wie folgt fortf:
Nächste Reihe (RS): 14 (14:16:16) re, mit RS des Taschenfutters vorne 21re von der Hilfsnadel, re bis zu den letzten 14 (14:16:16) M, mit RS des Taschenfutters vorne 21re von der Hilfsnadel, 14 (14:16:16) re.
Weiter kraus rechts, bis Strickstück 37 (**38**:39:**40**) cm ab Anschlag misst, dabei auf RS für nächste R enden.
Diese M für den Körper auf der Rundnadel lassen und beiseitelegen.

ÄRMEL

2 Stück, kraus rechts gestrickt. Mit Nadeln Nr. 3,75 in A 50 (**52**:56:**58**) M anschlagen.
Kraus rechts wie folgt weiterstricken:
6 R rechts.
Nächste Reihe (zun, RS): In erster M zun, re bis zu den letzten 2 M, in nächster M zun, 1re. *52 (**54**:58:**60**) M.*
Wie vorgegeben an beiden Enden jeder folg 24.(**20**.:20.:**16**.) R zun, bis es 64 (**62**:66:**74**) M sind, dann in jeder folg 0. (22.:22.:18.) R, bis es 64 (**68**:72:**76**) M sind.
GLEICHZEITIG wenn das Strickstück 12,5 cm ab Anschlag misst zu B wechseln.
Weiter gerade hochstricken, bis das Strickstück 39 (**40**:40:**41**) cm ab Anschlag misst, dabei auf RS für nächste R enden.
Am Anfang der nächsten 2 R 5 (**5**:6:**6**) M abketten und restl. 54 (**58**:60:**64**) M auf eine Hilfsnadel legen. Faden abschneiden und ein langes Ende stehen lassen.
Körper und Ärmel zusammenfügen:
Ab jetzt die M für den Körper wieder mitstricken.
Nächste Reihe (RS): 47 (**50**:52:**56**) re für die rechte Vorderseite, Me, die nächsten 10 (**10**:12:**12**) M auf eine Hilfnadel legen, 54 (**58**:60:**64**) re von der Ärmelhilfsnadel, Me, 89 (**95**:99:**107**) re, Me, die nächsten 10 (**10**:12:**12**) M der linke Vorderseite auf eine Hilfsnadel legen und 54 (**58**:60:**64**) re von der zweiten Ärmelhilfsnadel, Me, 47 (**50**:52:**56**) re bis Ende der R.
291 (**311**:323:**347**) M.
Nächste Reihe: Re bis Ende der R.

RAGLANFORM:

Nächste Reihe (abn, RS): [Re bis 3 M vorm Markierer, 2Mzus, 1re, MV, 1re, M1re.ü] 4-mal, re bis Ende der R.
*283 (**303**:315:**339**) M.*
Bei allen Raglans in jeder RS-Reihe 2(**4**:4:**6**)-mal abn wie vorgegeben, dabei auf RS für die nächste Reihe enden.
*275 (**279**:291:**299**) M.*
6 (**8**:8:**12**)-mal in jeder RS-Reihe des Körpers abn wie vorgegeben und **GLEICHZEITIG** wie vorgegeben an den Ärmeln in jeder zweiten RS-Reihe abn und dann 2 (**3**:3:**5**)-mal in jeder folg 4. R (jede zweite RS-Reihe) abn, dabei auf RS für die nächste Reihe enden.
*239 (**231**:243:**227**) M.*
2 R rechts.
Bei allen Raglans in dieser RS-Reihe und in jeder folg vierten R (jede zweite RS-Reihe) wie vorgegeben abn, dabei auf RS für die nächste Reihe enden, bis es 159 (**159**:171:**171**) M sind – 29 (**29**:31:**31**) M für jedes Vorderteil, 24 (**24**:26:**26**) M für jeden Ärmel und 53 (**53**:57:**57**) für den Rücken.
2 R rechts.
Nächste Reihe (abn, RS): Alle Raglanabn. wie vorgegeben arbeiten, re bis zu den letzten 26 (**26**:28:**28**) M, Wickelmasche, wenden. *151 (**151**:163:**163**) M.*
Nächste Reihe: Re bis zu den letzten 26 (**26**:28:**28**) M, Wickelmasche, wenden.
Nächste Reihe: Re bis zu den letzten 23 (**23**:25:**25**) M, Wickelmasche, wenden.
Nächste Reihe: Re bis zu den letzten 23 (**23**:25:**25**) M, Wickelmasche, wenden.
Nächste Reihe (abn): Alle Raglanabn. wie vorgegeben arbeiten, re bis zu den letzten 20 (**20**:22:**22**) M, Wickelmasche, wenden.
*143 (**143**:155:**155**) M.*
Nächste Reihe: Re bis zu den letzten 20 (**20**:22:**22**) M, Wickelmasche, wenden.
Nächste Reihe: Re bis zu den letzten 17 (**17**:19:**19**) M, Wickelmasche, wenden.
Nächste Reihe: Re bis zu den letzten 17 (**17**:19:**19**) M, Wickelmasche, wenden.
Nächste Reihe (abn): Alle Raglanabn. wie vorgegeben arbeiten, re bis zu den letzten 14 (**14**:17:**17**) M, Wickelmasche, wenden.
*135 (**135**:147:**147**) M.*
Nächste Reihe: Re bis zu den letzten 14 (**14**:17:**17**) M, Wickelmasche, wenden.
Nächste Reihe: Re bis zu den letzten 11 (**11**:15:**15**) M, Wickelmasche, wenden.
Nächste Reihe: Re bis zu den letzten 11 (**11**:15:**15**) M, Wickelmasche, wenden.
Nächste Reihe (abn): Alle Raglanabn. wie vorgegeben arbeiten, re bis zu den letzten 9 (**9**:13:**13**) M, Wickelmasche, wenden.
*127 (**127**:139:**139**) M.*
Nächste Reihe: Re bis zu den letzten 9 (**9**:13:**13**) M, Wickelmasche, wenden.

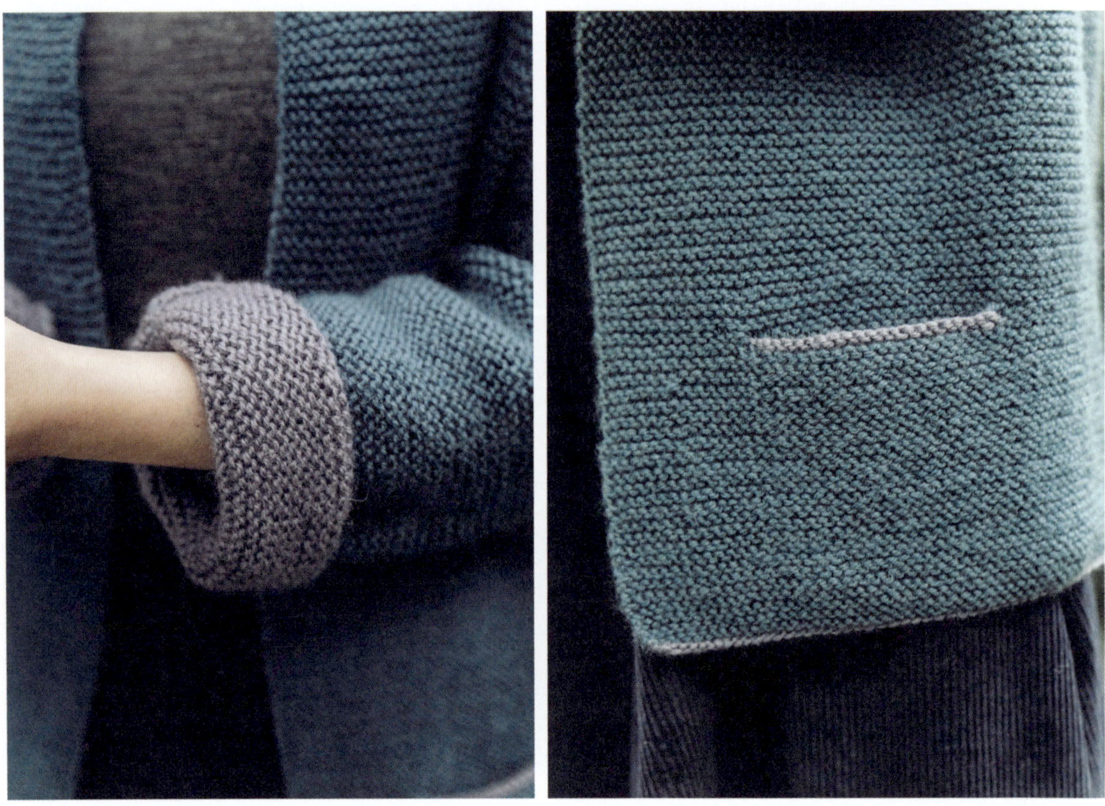

Nächste Reihe: Re bis zu den letzten 7 (**7**:11:**11**) M, Wickelmasche, wenden.
Nächste Reihe: Re bis zu den letzten 7 (**7**:11:**11**) M, Wickelmasche, wenden.
Nächste Reihe (abn): Alle Raglanabn. wie vorgegeben arbeiten, re bis zu den letzten 5 (**5**:9:**9**) M, Wickelmasche, wenden.
*119 (**119**:131:**131**) M.*
Nächste Reihe: Re bis zu den letzten 5 (**5**:9:**9**) M, Wickelmasche, wenden.
Nur Größe L und XL:
Nächste Reihe (abn): Alle Raglanabn. wie vorgegeben arbeiten, re bis zu den letzten 0 (**0**:5:**5**) M, Wickelmasche, wenden.
0 (**0**:123:**123**) M.
Nächste Reihe: Re bis zu den letzten 0 (**0**:5:**5**) M, Wickelmasche, wenden.
Alle Größen:
Nächste Reihe (RS): Re bis zum Ende der Reihe und dabei die Umwicklungen aufnehmen.
Nächste Reihe: Re bis zum Ende der Reihe und dabei die Umwicklungen aufnehmen.
In der nächsten WS rechts abketten.

FERTIGSTELLUNG
Ärmelnähte schließen. Löcher in den Achseln mit dem Maschenstich schließen.

Fadenenden auf der LS vernähen. Wählen Sie eine flache, gepolsterte Oberfläche oder eine Spannmatte und stecken Sie das Strickstück gemäß Schnitt fest. Dann mit einem feuchten Tuch bedecken und sanft dämpfen. Flach liegend trocknen lassen. Gleichzeitig die Taschenfutter blocken.

Taschenfutter festnähen.

Verwickelt

Dieser lässige Pullover mit rundem Halsausschnitt spielt mit den traditionellen Aranmustern. Über dem verdrehten, asymmetrischen Rippensaum auf der Vorderseite kreuzen sich mäandernde Zöpfe, das große Perlmuster in der Mitte kontrastiert mit dem Zopfmuster »Gewundene Wege« auf der Rückseite. Die Ärmel werden vom Armausschnitt aufgenommen und bis zum Bündchen hinunter gearbeitet und ergänzen den Rücken.

GARN
erika knight gossypium cotton
100 % Baumwolle
Ca. 100 m auf 50 g

MASSE	S	M	L	XL
BRUSTKORB	110cm	**120cm**	130cm	**140cm**
LÄNGE	63cm	**63cm**	66cm	**66cm**
ÄRMELLÄNGE	37cm	**37cm**	37cm	**37cm**

HINWEIS
Das Modell auf allen Fotos hat die Größe M.
Farbe: Mouse. **Model**: Größe 38.
Körpergröße: 1,74 m

MATERIALIEN
Benötigte Menge:
14 (**15**:16:**17**) Knäuel á 50 g
Nadeln Nr. 4,5
Rundnadel Nr. 3,75 – Länge 40 cm
Zopfnadel
Hilfsnadeln
Maschenmarkierer
Stumpfe Nähnadel mit großem Nadelöhr

Bei den angegebenen Garnmengen handelt es sich um Richtwerte, die auf einem Durchschnittsbedarf basieren.

MASCHENPROBE
24 M x 24 Reihen = 10 x 10 cm in Muster A mit Nadeln Nr. 4,5 und **nach dem Dämpfen**. Wechseln Sie nach Bedarf die Nadelstärke, um der Maschenprobe zu entsprechen.

ABKÜRZUNGEN
Siehe S. 36–38.

SCHEMAS
Eine Strickschrift für dieses Projekt können Sie sich auf stiebner.com/texturen-stricken-extra ansehen und herunterladen.

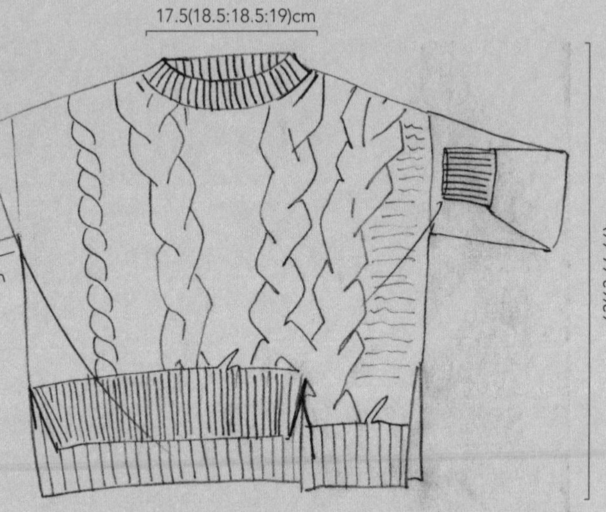

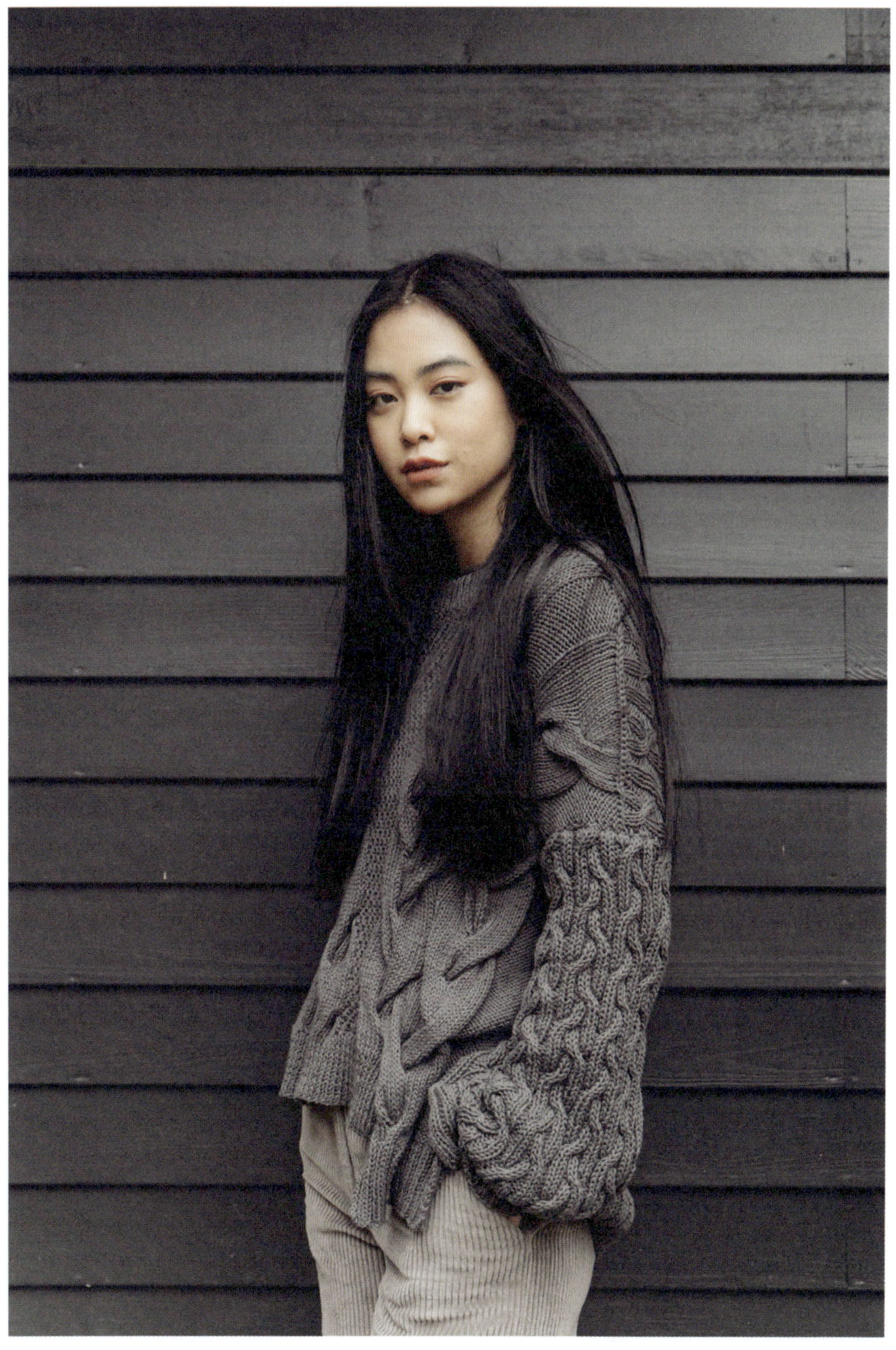

MUSTER A – GEWUNDENE WEGE
Die Maschenzahl muss durch 12 teilbar sein + 2 M.
l6verkr.RMs – Links über 6 Maschen verkreuzen Rippenmuster: Die nächsten 4 M auf die Zopfnadel nehmen und vor die Arbeit legen, die nächsten 2 M von der Nadel in der LH rechts abstricken, dann die 2 li M von der Zopfnadel wieder auf die LH-Nadel nehmen und links abstricken, dann die verbliebenen 2 M auf der Zopfnadel rechts abstricken
r6verkr.RMs – Rechts über 6 Maschen verkreuzen Rippenmuster: Die nächsten 4 M auf die Zopfnadel nehmen und hinter die Arbeit legen, die nächsten 2 M von der Nadel in der LH rechts abstricken, dann die 2 li M von der Zopfnadel wieder auf die LH-Nadel nehmen und links abstricken, dann die verbliebenen 2 M auf der Zopfnadel rechts abstricken

Reihe 1 (RS): 2li, [2re, 2li] bis Ende der R.
Reihe 2: 2re, [2li, 2re] bis Ende der R.
Reihe 3: 2li, [r6verkr.RMs, 2li, 2re, 2li] bis Ende der R.
Reihe 4: 2re, [2li, 2re] bis Ende der R.
Reihe 5: 2li, [2re, 2li] bis Ende der R.
Reihe 6: 2re, [2li, 2re] bis Ende der R.
Reihe 7: 2li, [2re, 2li] bis Ende der R.
Reihe 8: 2re, [2li, 2re] bis Ende der R.
Reihe 9: 2li, [2re, 2li, l6verkr.RMs, 2li] bis Ende der R.
Reihe 10: 2re, [2li, 2re] bis Ende der R.
Reihe 11: 2li, [2re, 2li] bis Ende der R.
Reihe 12: 2re, [2li, 2re] bis Ende der R.
Diese 12 R wdh.

MUSTER B – GROSSER FLECHTZOPF
Die Maschenzahl muss durch 24 teilbar sein.
Z16h – Zopf über 16 Maschen hinten: Die nächsten 8 M auf die Zopfnadel nehmen und hinter die Arbeit legen, die nächsten 8 M von der Nadel in der LH rechts abstricken, dann M von der Zopfnadel rechts abstricken
Z16v – Zopf über 16 Maschen vorne: Die nächsten 8 M auf die Zopfnadel nehmen und vor die Arbeit legen, die nächsten 8 M von der Nadel in der LH abstricken, dann die M von der Zopfnadel abstricken

Reihe 1 (RS): 24re.
Reihe 2: 24li.
Reihe 3: 24re.
Reihe 4: 24li.
Reihe 5: Z16h, 8re.
Reihe 6: 24li.
Reihe 7: 24re.
Reihe 8: 24li.
Reihe 9: 24re.
Reihe 10: 24li.
Reihe 11: 24re.
Reihe 12: 24li.
Reihe 13: 24re.
Reihe 14: 24li.
Reihe 15: 24re.
Reihe 16: 24li.
Reihe 17: 8re, Z16v.
Reihe 18: 24li.
Reihe 19: 24re.
Reihe 20: 24li.
Reihe 21: 24re.
Reihe 22: 24li.
Reihe 23: 24re.
Reihe 24: 24li.
Diese 24 R wdh.

MUSTER C – GROBER ZOPF
Die Maschenzahl muss durch 12 teilbar sein.
Z12v – Zopf über 12 Maschen vorne: Die nächsten 6 M auf die Zopfnadel nehmen und vor die Arbeit legen, die nächsten 6 M von der Nadel in der LH rechts abstricken, dann die M von der Zopfnadel rechts abstricken

Reihe 1 (RS): 12re.
Reihe 2: 12li.
Reihe 3: Z12v.
Reihe 4: 12li.
Reihe 5: 12re.
Reihe 6: 12li.
Reihe 7: 12re.
Reihe 8: 12li.
Reihe 9: 12re.
Reihe 10: 12li.
Reihe 11: 12re.
Reihe 12: 12li.
Diese 12 R wdh.

ANLEITUNG

RÜCKSEITE

Im Rippenmuster 2li, 2re und mit Zopfmuster gestrickt.
134 (**146**:158:**170**) M mit Nadeln Nr. 4,5 anschlagen und im RMs 2li, 2re wie folgt stricken:
Reihe 1 (RS): [2li, 2re] bis letzte 2 M, 2li.
Reihe 2: [2re, 2li] bis letzte 2 M, 2re.
Die letzten 2 R wdh., bis das Strickstück 14 (**14**:17:**17**) cm ab Anschlag misst, dabei auf RS für die nächste R enden, Me an beiden Enden der letzten R.
Mit Ms A fortf, bis Strickstück 60 (**60**:63:**63**) cm ab Anschlag misst, dabei auf RS für die nächste R enden, Me an beiden Enden der R, wenn das Strickstück 41 (**41**:42:**42**) cm ab Anschlag misst.
Schultern und hinterer Halsausschnitt:
Nächste Reihe (RS): Ms bis zu den letzten 9 (**10**:11:**12**) M, Wickelmasche, wenden.
Nächste Reihe: Ms bis zu den letzten 9 (**10**:11:**12**) M, Wickelmasche, wenden.
Nächste Reihe: Ms bis zu den letzten 18 (**20**:22:**24**) M, Wickelmasche, wenden.
Nächste Reihe: Ms bis zu den letzten 18 (**20**:22:**24**) M, Wickelmasche, wenden.
Nächste Reihe: Ms bis zu den letzten 26 (**29**:33:**36**) M, Wickelmasche, wenden.
Nächste Reihe: Ms bis zu den letzten 26 (**29**:33:**36**) M, Wickelmasche, wenden.
Nächste Reihe: Ms bis zu den letzten 34 (**38**:43:**48**) M, Wickelmasche, wenden.
Nächste Reihe: Ms bis zu den letzten 34 (**38**:43:**48**) M, Wickelmasche, wenden.
Nächste Reihe: Ms über 12 (**13**:14:**14**) M, wenden.
Nächste Reihe: 4 M abketten, Ms über alle M und dabei die Umwicklungen aufnehmen. *42 (**47**:53:**58**) M.*
Faden abschneiden und ein langes Ende stehen lassen.
Diese M für die Schulter auf eine Hilfsnadel nehmen. Mit der RS vorne die mittleren 42 (**44**:44:**46**) M auf eine Hilfsnadel nehmen, das Garn für die restl. 46 (**51**:57:**62**) M wieder anknüpfen und wie folgt arbeiten:
Nächste Reihe (RS): 4 M abketten, Ms über alle M und dabei die Umwicklungen aufnehmen. *42 (**47**:53:**58**) M.*
Faden abschneiden und ein langes Ende stehen lassen.
Diese M für die Schulter auf eine Hilfsnadel nehmen.

VORDERSEITE

Wird in zwei Teilen gestrickt und dann zusammengefügt.
Muster B – Großer Flechtzopf: 1B = Reihe 1 von Muster B über die nächsten 24 M, 2B = Reihe 2 usw.
C – Grober Zopf: 1C = Reihe 1 von Muster C über die nächsten 12 M, 2C = Reihe 2 usw.
Rechte Seite
Im Rippenmuster 1re, 1li.
94 (**100**:106:**112**) M mit Nadeln Nr. 4,5 anschlagen und im RMs 1re, 1li wie folgt stricken:
Reihe 1 (RS): [1re, 1li] bis Ende der R.
Reihe 2: [1li, 1re] bis Ende der R.
Die letzten 2 R wdh., bis Strickstück 7 (**7**:7:**7**) cm ab Anschlag misst, dabei auf RS für nächste R enden.
Diese M auf eine Hilfsnadel nehmen.
Linke Seite
Im Rippenmuster 2re, 2li.
40 (**48**:52:**60**) M mit Nadeln Nr. 4,5 anschlagen und im RMs 2re, 2li wie folgt stricken:
Reihe 1 (RS): [2re, 2li] bis Ende der R.
Reihe 2: [2re, 2li] bis Ende der R.
Die letzten 2 R wdh., bis Strickstück 7 (**7**:10:**10**) cm ab Anschlag misst, dabei auf RS für die nächste Reihe enden, 1 M in der Mitte der letzten Reihe zun (abn:zun:abn). *41 (**47**:53:**59**) M.*
Wie folgt im Ms fortf:
Reihe 1 (RS): 17 (**23**:29:**35**) li, 1B.
Reihe 2: 2B, 17 (**23**:29:35) re.
Reihe 3: 17 (**23**:29:**35**) li, 3B.
Reihe 4: 4B, 17 (**23**:29:**35**) re.
Reihe 5: 17 (**23**:29:**35**) li, 5B.
Reihe 6: 6B, 17 (**23**:29:**35**) re.
Reihe 7: 17 (**23**:29:**35**) li, 7B.
Reihe 8: 8B, 17 (**23**:29:**35**) re.
Reihe 9: 17 (**23**:29:**35**) li, 9B.
Reihe 10: 10B, 17 (**23**:29:**35**) re.
Reihe 11: 17 (**23**:29:**35**) li, 11B.
Reihe 12: 12B, 17 (**23**:29:**35**) re.
Reihe 13: 17 (**23**:29:**35**) li, 13B.
Reihe 14: 14B, 17 (**23**:29:**35**) re.
Reihe 15: 17 (**23**:29:**35**) li, 15B.
Reihe 16: 16B, 17 (**23**:29:**35**) re.

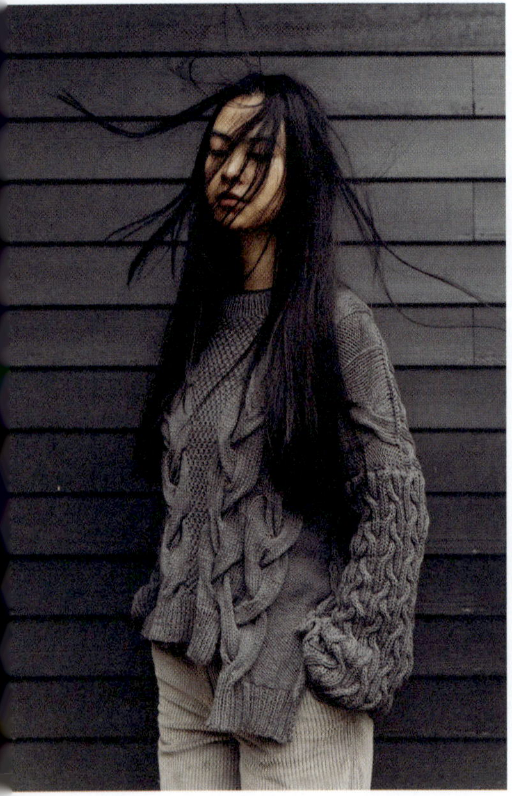

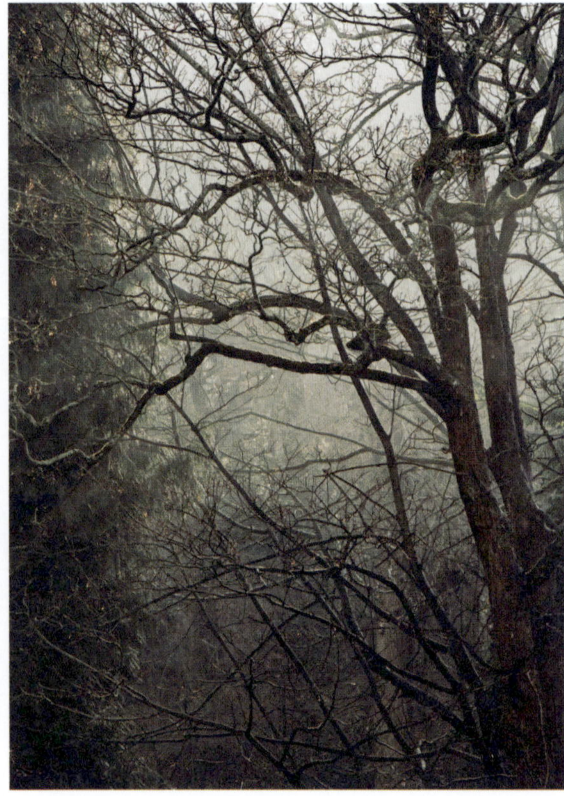

Beide Teile zusammenfügen:
Me an beiden Enden der ersten Reihe sowie wenn das Strickstück 41 (**41**:42:**42**) cm ab Anschlag für die linke Vorderseite misst:
Reihe 17 (RS): 17 (**23**:29:**35**) li, 17B, dann die M für die rechte Vorderseite wie folgt im Ms abstricken: 9B, [1li, 1re] 2-mal, 1li, 1B, 12li, 1C, 17 (**23**:29:**35**) li. *135 (**147**:159:**171**) M.*
Reihe 18: 17 (**23**:29:**35**) re, 2C, 12re, 2B, [1re, 1li] 2-mal, 1re, 10B, 18B, 17 (**23**:29:**35**) re.
Reihe 19: 17 (**23**:29:**35**) li, 19B, 11B, [1re, 1li] 2-mal, 1re, 3B, 12li, 3C, 17 (**23**:29:**35**) li.
Reihe 20: 17 (**23**:29:**35**) re, 4C, 12re, 4B, [1li, 1re] 2-mal, 1li, 12B, 20B, 17 (**23**:29:**35**) re.
Reihe 21: 17 (**23**:29:**35**) li, 16re, Z16v, 16re [1li, 1re] 2-mal, 1li, 5B, 12li, 5C, 17 (**23**:29:**35**) li.
Reihe 22: 17 (**23**:29:**35**) re, 6C, 12re, 6B, [1re, 1li] 2-mal, 1re, 14B, 22B, 17 (**23**:29:**35**) re.
Reihe 23: 17 (**23**:29:**35**) li, 23B, 15B, [1re, 1li] 2-mal, 1re, 7B, 12li, 7C, 17 (**23**:29:**35**) li.
Reihe 24: 17 (**23**:29:**35**) re, 8C, 12re, 8B, [1li, 1re] 2-mal, 1li, 16B, 24B, 17 (**23**:29:**35**) re.
Reihe 25: 17 (**23**:29:**35**) li, 1B, 17B, [1li, 1re] 2-mal, 1li, 9B, 12li, 9C, 17 (**23**:29:**35**) li.
Reihe 26: 17 (**23**:29:**35**) re, 10C, 12re, 10B, [1re, 1li] 2-mal, 1re, 18B, 2B, 17 (**23**:29:**35**) re.
Reihe 27: 17 (**23**:29:**35**) li, 3B, 19B, [1re, 1li] 2-mal, 1re, 11B, 12li, 11C, 17 (**23**:29:**35**) li.
Reihe 28: 17 (**23**:29:**35**) re, 12C, 12re, 12B, [1li, 1re] 2-mal, 1li, 20B, 4B, 17 (**23**:29:**35**) re.
Reihe 29 (zun): 15 (**21**:27:**33**) li, 2Mlizus, 5B, M1, 21B, M1, [1li, 1re] 2-mal, 1li, M1, 13B, 2Mlizus, 10li, M1, 1C, 2Mlizus, 15 (**21**:27:**33**) li. *136 (**148**:160:**172**) M.*
Reihe 30: 16 (**22**:28:**34**) re, 2C, 12re, 14B, [1li, 1re] 3-mal, 1li, 22B, 1re, 6B, 16 (**22**:28:**34**) re.
Reihe 31: 16 (**22**:28:**34**) li, 7B, 1li, 23B, [1li, 1re] 3-mal, 1li, 15B, 12li, 3C, 16 (**22**:28:**34**) li.
Reihe 32: 16 (**22**:28:**34**) re, 4C, 12re, 16B, [1re, 1li] 3-mal, 1re, 24B, 1re, 8B, 16 (**22**:28:**34**) re.
Reihe 33: 16 (**22**:28:**34**) li, 9B, 1li, 1B, [1re, 1li] 3-mal, 1re, 17B, 12li, 5C, 16 (**22**:28:**34**) li.
Reihe 34: 16 (**22**:28:**34**) re, 6C, 12re, 18B, [1li, 1re] 3-mal, 1li, 2B, 1re, 10B, 16 (**22**:28:**34**) re.
Reihe 35 (abn): 14 (**20**:26:**32**) li, 2Mlizus, 11B, 1li, 3B, [1li, 1re] 3-mal, 1li, 19B, 12li, 7C, 16 (**22**:28:**34**) li. 135 (**147**:159:**171**) M.
Reihe 36: 16 (**22**:28:**34**) re, 8C, 12re, 20B, [1re, 1li] 3-mal, 1re, 4B, 1re, 12B, 15 (**21**:27:**33**) re.
Reihe 37: 15 (**21**:27:**33**) li, 13B, 1li, 5B, [1re, 1li] 3-mal, 1re, 21B, 12li, 9C, 16 (**22**:28:**34**) li.
Reihe 38: 16 (**22**:28:**34**) re, 10C, 12re, 22B, [1li, 1re] 3-mal, 1li, 6B, 1re, 14B, 15 (**21**:27:**33**) re.
Reihe 39: 15 (**21**:27:**33**) li, 15B, 1li, 7B, [1li, 1re] 3-mal, 1li, 23B, 12li, 11C, 16 (**22**:28:**34**) li.
Reihe 40: 16 (**22**:28:**34**) re, 12C, 12re, 24B, [1re, 1li] 3-mal, 1re, 8B, 1re, 16B, 15 (**21**:27:**33**) re.
Reihe 41 (zun): 13 (**19**:25:**31**) li, 2Mlizus, 17B, M1, 1li, 9B, M1, [1re, 1li] 3-mal, 1re, M1, 1B, 2Mlizus, 10li, 1C, 2Mlizus, 14 (**20**:26:**32**) li. 136 (**148**:160:**172**) M.
Reihe 42: 15 (**21**:27:**33**) re, 2C, 12re, 2B, [1re, 1li] 4-mal, 1re, 10B, 2re, 18B, 14 (**20**:26:**32**) re.
Reihe 43: 14 (**20**:26:**32**) li, 19B, 2li, 11B, [1re, 1li] 4-mal, 1re, 3B, 12li, 3C, 15 (**21**:27:**33**) li.
Reihe 44: 15 (**21**:27:**33**) re, 4C, 12re, 4B, [1li, 1re] 4-mal, 1li, 12B, 2re, 20B, 14 (**20**:26:**32**) re.
Reihe 45: 14 (**20**:26:**32**) li, 21B, 2li, 13B, [1li, 1re] 4-mal, 1li, 5B, 12li, 5C, 15 (**21**:27:**33**) li.
Reihe 46: 15 (**21**:27:**33**) re, 6C, 12re, 6B, [1re, 1li] 4-mal, 1re, 14B, 2re, 22B, 14 (**20**:26:**32**) re.
Reihe 47 (abn): 12 (**18**:24:**30**) li, 2Mlizus, 23B, 2li, 15B, [1re, 1li] 4-mal, 1re, 7B, 12li, 7C, 15 (**21**:27:**33**) li. *135 (147:159:**171**) M.*
Reihe 48: 15 (**21**:27:**33**) re, 8C, 12re, 8B, [1li, 1re] 4-mal, 1li, 16B, 2re, 24B, 13 (**19**:25:**31**) re.
Reihe 49: 13 (**19**:25:**31**) li, 1B, 2li, 17B, [1li, 1re] 4-mal, 1li, 9B, 12li, 9C, 15 (**21**:27:**33**) li.
Reihe 50: 15 (**21**:27:**33**) re, 10C, 12re, 10B, [1re, 1li] 4-mal, 1re, 18B, 2re, 2B, 13 (**19**:25:**31**) re.
Reihe 51: 13 (**19**:25:**31**) li, 3B, 2li, 19B, [1re, 1li] 4-mal, 1re, 11B, 12li, 11C, 15 (**21**:27:**33**) li.
Reihe 52: 15 (**21**:27:**33**) re, 12C, 12re, 12B, [1li, 1re] 4-mal, 1li, 20B, 2re, 4B, 13 (**19**:25:**31**) re.
Reihe 53 (zun): 11 (**17**:23:**29**) li, 2Mlizus, 5B, M1, 2li, 21B, M1, [1li, 1re] 4-mal, 1li, M1, 13B, 2Mlizus, 10li, M1, 1C, 2Mlizus, 13 (**19**:25:**31**) li. *136 (**148**:160:**172**) M.*
Reihe 54: 14 (**20**:26:**32**) re, 2C, 12re, 14B, [1li, 1re] 5-mal, 1li, 22B, 3re, 6B, 12 (**18**:24:**30**) re.
Reihe 55: 12 (**18**:24:**30**) li, 7B, 3li, 23B, [1li, 1re] 5-mal, 1li, 15B, 12li, 3C, 14 (**20**:26:**32**) li.
Reihe 56: 14 (**20**:26:**32**) re, 4C, 12re, 16B, [1re, 1li] 5-mal, 1re, 24B, 3re, 8B, 12 (**18**:24:**30**) re.
Reihe 57: 12 (**18**:24:**30**) li, 9B, 3li, 1B, [1re, 1li] 5-mal, 1re, 17B, 12li, 5C, 14 (**20**:26:**32**) li.
Reihe 58: 14 (**20**:26:**32**) re, 6C, 12re, 18B, [1li, 1re] 5-mal, 1li, 2B, 3re, 10B, 12 (**18**:24:**30**) re.
Reihe 59 (abn): 10 (**16**:22:**28**) li, 2Mlizus, 11B, 3li, 3B, [1li, 1re] 5-mal, 1li, 19B, 12li, 7C, 14 (**20**:26:**32**) li. *135 (**147**:159:**171**) M.*
Reihe 60: 14 (**20**:26:**32**) re, 8C, 12re, 20B, [1re, 1li] 5-mal, 1re, 4B, 3re, 12B, 11 (**17**:23:**29**) re.

Reihe 61: 11 (**17**:23:**29**) li, 13B, 3li, 5B, [1re, 1li] 5-mal, 1re, 21B, 12li, 9C, 14 (**20**:26:**32**) li.
Reihe 62: 14 (**20**:26:**32**) re, 10C, 12re, 22B, [1li, 1re] 5-mal, 1li, 6B, 3re, 14B, 11 (**17**:23:**29**) re.
Reihe 63: 11 (**17**:23:**29**) li, 15B, 3li, 7B, [1li, 1re] 5-mal, 1li, 23B, 12li, 11C, 14 (**20**:26:**32**) li.
Reihe 64: 14 (**20**:26:**32**) re, 12C, 12re, 24B, [1re, 1li] 5-mal, 1re, 8B, 3re, 16B, 11 (**17**:23:**29**) re.
Reihe 65 (zun.): 9 (**15**:21:**27**) li, 2Mlizus, 17B, M1, 3li, 9B, M1, [1re, 1li] 5-mal, 1re, M1, 1B, 2Mlizus, 10li, M1, 1C, 2Mlizus, 12 (**18**:24:**30**) li. *136 (**148**:160:**172**) M.*
Reihe 66: 13 (**19**:25:**31**) re, 2C, 12re, 2B, [1re, 1li] 6-mal, 1re, 10B, 4re, 18B, 10 (**16**:22:**28**) re.
Reihe 67: 10 (**16**:22:**28**) li, 19B, 4li, 11B, [1re, 1li] 6-mal, 1re, 3B, 12li, 3C, 13 (**19**:25:**31**) li.
Reihe 68: 13 (**19**:25:**31**) re, 4C, 12re, 4B, [1li, 1re] 6-mal, 1li, 12B, 4re, 20B, 10 (**16**:22:**28**) re.
Reihe 69: 10 (**16**:22:**28**) li, 21B, 4li, 13B, [1li, 1re] 6-mal, 1li, 5B, 12li, 5C, 13 (**19**:25:**31**) li.
Reihe 70: 13 (**19**:25:**31**) re, 6C, 12re, 6B, [1re, 1li] 6-mal, 1re, 14B, 4re, 22B, 10 (**16**:22:**28**) re.
Reihe 71 (abn): 8 (**14**:20:**26**) li, 2Mlizus, 23B, 4li, 15B, [1re, 1li] 6-mal, 1re, 7B, 12li, 7C, 13 (**19**:25:**31**) li. *135 (**147**:159:**171**) M.*
Reihe 72: 13 (**19**:25:**31**) re, 8C, 12re, 8B, [1li, 1re] 6-mal, 1li, 16B, 4re, 24B, 9 (**15**:21:**27**) re.
Reihe 73: 9 (**15**:21:**27**) li, 1B, 4li, 17B, [1li, 1re] 6-mal, 1li, 9B, 12li, 9C, 13 (**19**:25:**31**) li.
Reihe 74: 13 (**19**:25:**31**) re, 10C, 12re, 10B, [1re, 1li] 6-mal, 1re, 18B, 4re, 2B, 9 (**15**:21:**27**) re.
Reihe 75: 9 (**15**:21:**27**) li, 3B, 4li, 19B, [1re, 1li] 6-mal, 1re, 11B, 12li, 11C, 13 (**19**:25:**31**) li.
Reihe 76: 13 (**19**:25:**31**) re, 12C, 12re, 12B, [1li, 1re] 6-mal, 1li, 20B, 4re, 4B, 9 (**15**:21:**27**) re.
Reihe 77 (zun.): 7 (**13**:19:**25**) li, 2Mlizus, 5B, M1, 4li, 21B, M1, [1li, 1re] 6-mal, 1li, M1, 13B, 2Mlizus, 10li, M1, 1C, 2Mlizus, 11 (**17**:23:**29**) li. *136 (**148**:160:**172**) M.*
Reihe 78: 12 (**18**:24:**30**) re, 2C, 12re, 14B, [1li, 1re] 7-mal, 1li, 22B, 5re, 6B, 8 (**14**:20:**26**) re.
Reihe 79: 8 (**14**:20:**26**) li, 7B, 5li, 23B, [1li, 1re] 7-mal, 1li, 15B, 12li, 3C, 12 (**18**:24:**30**) li.
Reihe 80: 12 (**18**:24:**30**) re, 4C, 12re, 16B, [1re, 1li] 7-mal, 1re, 24B, 5re, 8B, 8 (**14**:20:**26**) re.
Reihe 81: 8 (**14**:20:**26**) li, 9B, 5li, 1B, [1re, 1li] 7-mal, 1re, 17B, 12li, 5C, 12 (**18**:24:**30**) li.
Reihe 82: 12 (**18**:24:**30**) re, 6C, 12re, 18B, [1li, 1re] 7-mal, 1li, 2B, 5re, 10B, 8 (**14**:20:**26**) re.
Reihe 83 (abn): 6 (**12**:18:**24**) li, 2Mlizus, 11B, 5li, 3B, [1li, 1re] 7-mal, 1li, 19B, 12li, 7C, 12 (**18**:24:**30**) li. *135 (**147**:159:**171**) M.*
Reihe 84: 12 (**18**:24:**30**) re, 8C, 12re, 20B, [1re, 1li] 7-mal, 1re, 4B, 5re, 12B, 7 (**13**:19:**25**) re.
Reihe 85: 7 (**13**:19:**25**) li, 13B, 5li, 5B, [1re, 1li] 7-mal, 1re, 21B, 12li, 9C, 12 (**18**:24:**30**) li.
Reihe 86: 12 (**18**:24:**30**) re, 10C, 12re, 22B, [1li, 1re] 7-mal, 1li, 6B, 5re, 14B, 7 (**13**:19:**25**) re.
Reihe 87: 7 (**13**:19:**25**) li, 15B, 5li, 7B, [1li, 1re] 7-mal, 1li, 23B, 12li, 11C, 12 (**18**:24:**30**) li.
Reihe 88: 12 (**18**:24:**30**) re, 12C, 12re, 24B, [1re, 1li] 7-mal, 1re, 8B, 5re, 16B, 7 (**13**:19:**25**) re.
Reihe 89 (zun.): 5 (**11**:17:**23**) li, 2Mlizus, 17B, M1, 5li, 9B, M1, [1re, 1li] 7-mal, 1re, M1, 1B, 2Mlizus, 10li, M1, 1C, 2Mlizus, 10 (**16**:22:**28**) li. *136 (**148**:160:**172**) M.*
Reihe 90: 11 (**17**:23:**29**) re, 2C, 12re, 2B, [1re, 1li] 8-mal, 1re, 10B, 6re, 18B, 14 (**12**:18:**24**) re.
Reihe 91: 6 (**12**:18:**24**) li, 19B, 6li, 11B, [1re, 1li] 8-mal, 1re, 3B, 12li, 3C, 11 (**17**:23:**29**) li.
Reihe 92: 11 (**17**:23:**29**) re, 4C, 12re, 4B, [1li, 1re] 8-mal, 1li, 12B, 6re, 20B, 6 (**12**:18:**24**) re.
Reihe 93: 6 (**12**:18:**24**) li, 21B, 6li, 13B, [1li, 1re] 8-mal, 1li, 5B, 12li, 5C, 11 (**17**:23:**29**) li.
Reihe 94: 11 (**17**:23:**29**) re, 6C, 12re, 6B, [1re, 1li] 8-mal, 1re, 14B, 6re, 22B, 14 (**12**:18:**24**) re.
Reihe 95 (abn): 4 (**10**:16:**22**) li, 2Mlizus, 23B, 6li, 15B, [1re, 1li] 8-mal, 1re, 7B, 12li, 7C, 11 (**17**:23:**29**) li. *135 (**147**:159:**171**) M.*
Reihe 96: 11 (**17**:23:**29**) re, 8C, 12re, 8B, [1li, 1re] 8-mal, 1li, 16B, 6re, 24B, 5 (**11**:17:**23**) re.
Reihe 97: 5 (**11**:17:**23**) li, 1B, 6li, 17B, [1li, 1re] 8-mal, 1li, 9B, 12li, 9C, 11 (**17**:23:**29**) li.
Reihe 98: 11 (**17**:23:**29**) re, 10C, 12re, 10B, [1re, 1li] 8-mal, 1re, 18B, 6re, 2B, 5 (**11**:17:**23**) re.
Reihe 99: 5 (**11**:17:**23**) li, 3B, 6li, 19B, [1re, 1li] 8-mal, 1re, 11B, 12li, 11C, 11 (**17**:23:**29**) li.
Reihe 100: 11 (**17**:23:**29**) re, 12C, 12re, 12B, [1li, 1re] 8-mal, 1li, 20B, 6re, 4B, 5 (**11**:17:**23**) re.
Reihe 101 (zun.): 3 (**9**:15:**21**) li, 2Mlizus, 5B, M1, 6li, 21B, M1, [1li, 1re] 8-mal, 1li, M1, 13B, 2Mlizus, 10li, M1, 1C, 2Mlizus, 9 (**15**:21:**27**) li. *136 (**148**:160:**172**) M.*
Reihe 102: 10 (**16**:22:**28**) re, 2C, 12re, 14B, [1li, 1re] 9-mal, 1li, 22B, 7re, 6B, 4 (**10**:16:**22**) re.
Reihe 103: 4 (**10**:16:**22**) li, 7B, 7li, 23B, [1re, 1li] 9-mal, 1re, 15B, 12li, 3C, 10 (**16**:22:**28**) li.
Reihe 104: 10 (**16**:22:**28**) re, 4C, 12re, 16B, [1re, 1li] 9-mal, 1re, 24B, 7re, 8B, 4 (**10**:16:**22**) re.
Reihe 105: 4 (**10**:16:**22**) li, 9B, 7li, 1B, [1re, 1li] 9-mal, 1re, 17B, 12li, 5C, 10 (**16**:22:**28**) li.
Reihe 106: 10 (**16**:22:**28**) re, 6C, 12re, 18B, [1li, 1re] 9-mal, 1li, 2B, 7re, 10B, 4 (**10**:16:**22**) re.

Reihe 107 (abn): 2 (**8**:14:**20**) li, 2Mlizus, 11B, 7li, 3B, [1li, 1re] 9-mal, 1li, 19B, 12li, 7C, 10 (**16**:22:**28**) li. *135 (**147**:159:**171**) M.*
Reihe 108: 10 (**16**:22:**28**) re, 8C, 12re, 20B, [1re, 1li] 9-mal, 1re, 4B, 7re, 12B, 3 (**9**:15:**21**) re.
Reihe 109: 3 (**9**:15:**21**) li, 13B, 7li, 5B, [1re, 1li] 9-mal, 1re, 21B, 12li, 9C, 10 (**16**:22:**28**) li.
Reihe 110: 10 (**16**:22:**28**) re, 10C, 12re, 22B, [1li, 1re] 9-mal, 1li, 6B, 7re, 14B, 3 (**9**:15:**21**) re.
Reihe 111: 3 (**9**:15:**21**) li, 15B, 7li, 7B, [1li, 1re] 9-mal, 1li, 23B, 12li, 11C, 10 (**16**:22:**28**) li.
Reihe 112: 10 (**16**:22:**28**) re, 12C, 12re, 24B, [1re, 1li] 9-mal, 1re, 8B, 7re, 16B, 3 (**9**:15:**21**) re.
Reihe 113 (zun.): 1 (**7**:13:**19**) li, 2Mlizus, 17B, M1, 7li, 9B, M1, [1re, 1li] 9-mal, 1re, M1, 1B, 2Mlizus, 10li, M1, 1C, 2Mlizus, 8 (**14**:20:**26**) li. *136 (**148**:160:**172**) M.*
Reihe 114: 9 (**15**:21:**27**) re, 2C, 12re, 2B, [1re, 1li] 10-mal, 1re, 10B, 8re, 18B, 2 (**8**:14:**20**) re.
Reihe 115: 2 (**8**:14:**20**) li, 19B, 8li, 11B, [1li, 1re] 10-mal, 1re, 3B, 12li, 3C, 9 (**15**:21:**27**) li.
Reihe 116: 9 (**15**:21:**27**) re, 4C, 12re, 4B, [1li, 1re] 10-mal, 1li, 12B, 8re, 20B, 2 (**8**:14:**20**) re.
Reihe 117: 2 (**8**:14:**20**) li, 21B, 8li, 13B, [1li, 1re] 10-mal, 1li, 5B, 12li, 5C, 9 (**15**:21:**27**) li.
Reihe 118: 9 (**15**:21:**27**) re, 6C, 12re, 6B, [1re, 1li] 10-mal, 1re, 14B, 8re, 22B, 2 (**8**:14:**20**) re.
Reihe 119 (abn): 0 (**6**:12:**18**) li, 2Mlizus, 23B, 8li, 15B, [1re, 1li] 10-mal, 1re, 7B, 12li, 7C, 9 (**15**:21:**27**) li. *135 (**147**:159:**171**) M.*
Reihe 120: 9 (**15**:21:**27**) re, 8C, 12re, 8B, [1li, 1re] 10-mal, 1li, 16B, 8re, 24B, 1 (**7**:13:**19**) re.
Reihe 121: 1 (**7**:13:**19**) li, 1B, 8li, 17B, [1li, 1re] 10-mal, 1li, 9B, 12li, 9C, 9 (**15**:21:**27**) li.
Reihe 122: 9 (**15**:21:**27**) re, 10C, 12re, 10B, [1re, 1li] 10-mal, 1re, 18B, 8re, 2B, 1 (**7**:13:**19**) re.
Reihe 123: 1 (**7**:13:**19**) li, 3B, 8li, 19B, [1re, 1li] 10-mal, 1re, 11B, 12li, 11C, 9 (**15**:21:**27**) li.
Reihe 124: 9 (**15**:21:**27**) re, 12C, 12re, 12B, [1li, 1re] 10-mal, 1li, 20B, 8re, 4B, 1 (**7**:13:**19**) re.

HALSAUSSCHNITT:
Unter Einhaltung aller Ms den Halsausschnitt wie folgt stricken:
Nächste Reihe (RS): 58 (**63**:69:**74**) M im Ms, wenden und restl. 77 (**84**:90:**97**) M auf eine Hilfsnadel legen.
Nächste Reihe: 6 M abketten, Ms bis Ende der R. *52 (**57**:63:**68**) M.*
Nächste Reihe: Ms bis Ende der R.
Nächste Reihe: 4 M abketten, Ms bis Ende der R. *48 (**53**:59:**64**) M.*
Nächste Reihe: Ms bis Ende der R.
Nächste Reihe: 2 M abketten, Ms bis Ende der R. *46 (**51**:57:**62**) M.*
Nächste Reihe: Ms bis Ende der R.
Nächste Reihe: 2 M abketten, Ms bis zu den letzten 9 (**10**:11:**12**) M, Wickelmasche, wenden. *44 (**49**:55:**60**) M.*
Nächste Reihe (abn): Ms bis letzte 5 M, 2Mzus, 3re. *43 (**48**:54:**59**) M.*
Nächste Reihe: Ms bis zu den letzten 18 (**20**:22:**24**) M, Wickelmasche, wenden.
Nächste Reihe (abn): Ms bis letzte 5 M, 2Mzus, 3re. *42 (**47**:53:**58**) M.*
Nächste Reihe: Ms bis zu den letzten 26 (**29**:33:**36**) M, Wickelmasche, wenden.
Nächste Reihe: Ms bis Ende der R.
Nächste Reihe: Ms bis zu den letzten 34 (**38**:43:**48**) M, Wickelmasche, wenden.
Nächste Reihe: Ms bis Ende der R.
Nächste Reihe: Ms über alle M und dabei die Umwicklungen aufnehmen.
Faden abschneiden und ein langes Ende stehen lassen.
Diese M für die Schulter auf eine Hilfsnadel nehmen. Mit RS vorne die mittleren 19 (**21**:21:**23**) M für die vordere Mitte auf eine Hilfsnadel nehmen, das Garn für die restl. 58 (**63**:69:**74**) M wieder anknüpfen und wie folgt unter Einhaltung des Ms arbeiten:
Nächste Reihe (RS): 6 M abketten, Ms bis Ende der R. 52 (**57**:63:**68**) M.
Nächste Reihe: Ms bis Ende der R.
Nächste Reihe: 4 M abketten, Ms bis Ende der R. *48 (**53**:59:**64**) M.*
Nächste Reihe: Ms bis Ende der R.
Nächste Reihe: 2 M abketten, Ms bis Ende der R. *46 (**51**:57:**62**) M.*
Nächste Reihe: Ms bis Ende der R.
Nächste Reihe: 2 M abketten, Ms bis zu den letzten 9 (**10**:11:**12**) M, Wickelmasche, wenden. *44 (**49**:55:**60**) M.*
Nächste Reihe: Ms bis Ende der R.
Nächste Reihe (abn): 3re, 2Mverschr.zus, Ms bis zu den letzten 18 (**20**:22:**24**) M, Wickelmasche, wenden. *43 (**48**:54:**59**) M.*
Nächste Reihe: Ms bis Ende der R.
Nächste Reihe (abn): 3re, 2Mverschr.zus, Ms bis zu den letzten 26 (**29**:33:**36**) M, Wickelmasche, wenden. 42 (47:53:58) M.
Nächste Reihe: Ms bis Ende der R.
Nächste Reihe: Ms bis zu den letzten 34 (**38**:43:**48**) M, Wickelmasche, wenden.

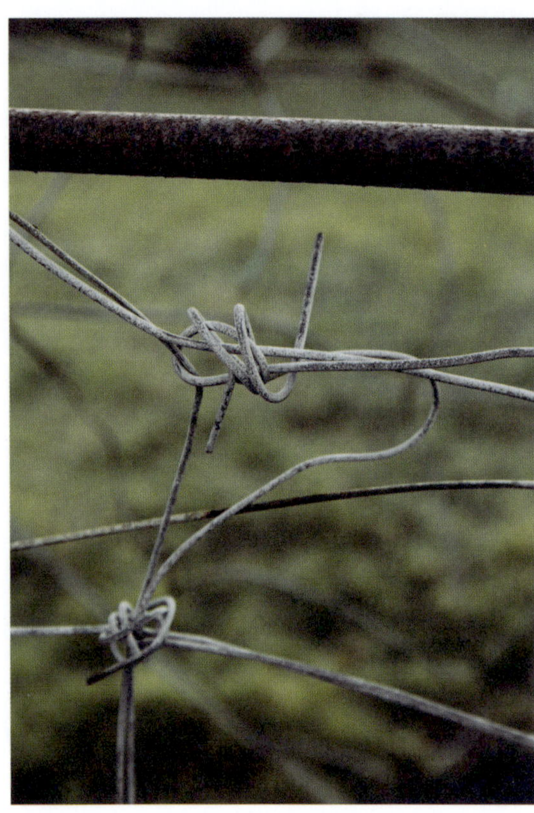

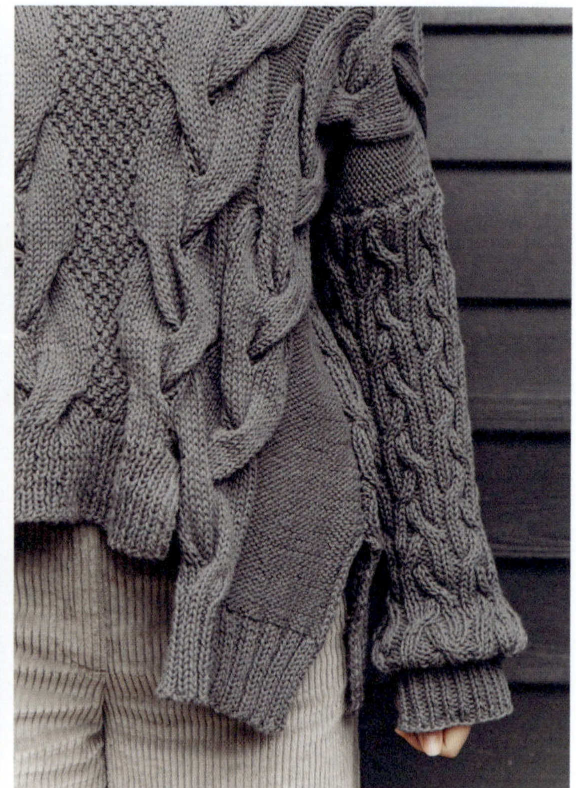

Nächste Reihe: Ms bis Ende der R.
Nächste Reihe: Ms über alle M und dabei die Umwicklungen aufnehmen.
Faden abschneiden und ein langes Ende stehen lassen.
Diese M für die Schulter auf eine Hilfsnadel nehmen.
Beide Schultern mit drei Nadeln zusammen abketten, dabei die LS zusammenlegen, sodass die Naht auf der Außenseite liegt.

ÄRMEL (2)

Die Ärmel werden von oben zum Bündchen hinunter gestrickt.
Mit RS vorne mit Nadeln Nr. 4,5 gleichmäßig zwischen den Markierern verteilt 98 (**98**:110:**110**) M aufnehmen und re stricken.
Nächste Reihe (LS): 2re, [2li, 2re] bis Ende der R. Mit Reihe 1 beginnend Ms A stricken, bis der Ärmel 30 cm ab Anschlag misst, dabei auf RS für die nächste Reihe enden.
Mit Nadeln Nr. 3,75 fortf und wie folgt abn:
Nächste Reihe (abn, RS): [2Mlizus, 2Mzus] bis letzte 2 M, 2Mlizus. *49 (**49**:55:**55**) M.*
Im RMs 1re, 1li wie folgt fortf:
Reihe 1 (RS): [1re, 1li] bis zur letzten M, 1re.
Reihe 2: [1li, 1re] bis zur letzten M, 1li.
Die letzten 2 R wdh., bis RMs 7 cm misst, dabei auf RS für nächste R enden.
Im RMs abketten.

HALSBLENDE

Mit RS nach vorne mit einer Rundnadel Nr. 3,75 an der li Schulter beginnend 19 M aufnehmen und den linken vorderen Halsausschnitt hinunterstricken, Ms wie vorgegeben über 19 (**21**:21:**23**) M der Hilfsnadel der vorderen Mitte, den rechten vorderen Halsausschnitt hoch 19 M aufnehmen und re stricken, 5 M über den rechten hinteren Halsausschnitt, Ms wie vorgegeben über 42 (**44**:44:**46**) M von der Hilfsnadel in der hinteren Mitte und 6 M über den linken hinteren Halsausschnitt aufnehmen und re stricken. *110 (**112**:114:**118**) M.*
Me zum Markieren des Rundenanfangs, und wie folgt im Rippenmuster 1re, 1li arbeiten:
Runde 1: [1re, 1li] bis zum Ende der Runde.
Letzte Rd wdh., bis die Halsblende 4 cm misst. Im RMs abketten.

FERTIGSTELLUNG

Fadenenden auf der LS vernähen.
Wählen Sie eine flache, gepolsterte Oberfläche oder eine Spannmatte und stecken Sie das Strickstück mit der LS nach oben gemäß Schnitt fest. Dann mit einem feuchten Tuch bedecken und sanft dämpfen.
Flach liegend trocknen lassen.

Ärmel- und Seitennähte schließen, aber unterhalb der Markierer als Seitenschlitze offenlassen.

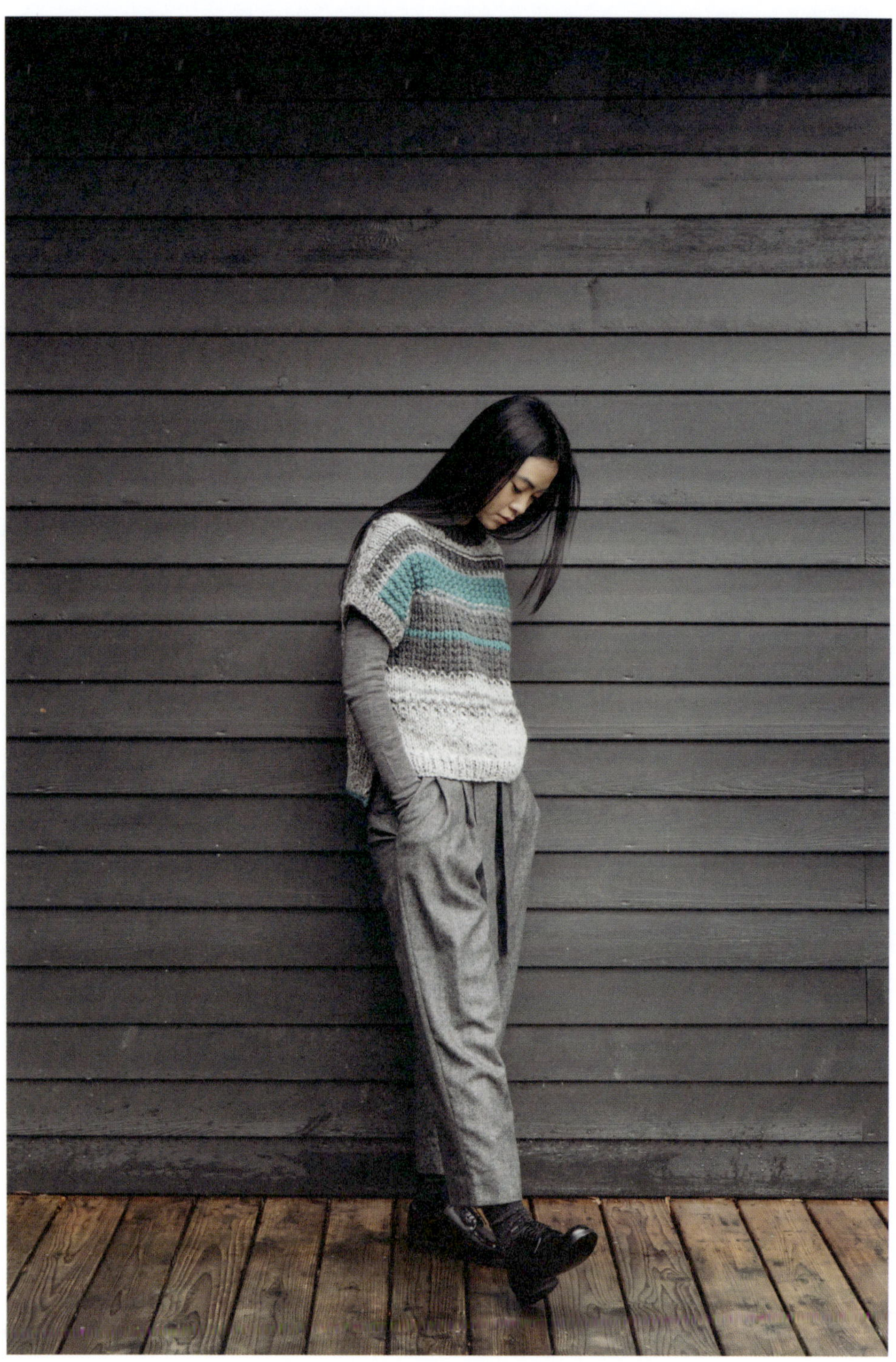

Rutt

Ein ärmelloser Pullover, perfekt für den Lagenlook. Ein sehr leicht zu strickendes Kleidungsstück, bei dem man Garnvorräte aufbrauchen und die Fäden nach Bedarf miteinander verzwirnen kann, um richtig dicke Garne zu erhalten – die WPI-Technik (siehe S. 14) eignet sich hervorragend dafür. In zwei Teilen gestrickt, wird der Rücken in einer Kontrastfarbe angeschlagen und erst im RMs 1re, 1li und dann glatt rechts mit einem großen Armausschnitt gestrickt. Die Schultern gestalten wir mit verkürzten Reihen. Das verwitterte Holz von Türen und Zäunen und die Farben, die durch die Lücken hindurchschimmern, waren meine Inspiration für die Vorderseite dieses Pullovers – ausgedrückt durch unterschiedlich breite Streifen und Bänder im unterbrochenen Rippenmuster sowie schroffe und fließende Linien mit eingefügten Farbstreifen. Der schlichte Rundhalsausschnitt und die Bündchen an den Armausschnitten werden im RMs 1re, 1li gestrickt.

GARN

erika knight maxi wool – A, E, F
100 % reine britische Schurwolle
Ca. 80 m auf 100 g

The Fibre Co. Arranmore – B 2 Stränge zusammen
80 % Merinowolle, 10 % Kaschmir, 10 % Seide
Ca. 160 m auf 100 g

Isager Aran Tweed – C 2 Stränge zusammen
100 % Schurwolle
Ca. 160 m auf 100 g

Isager Silk Mohair – D 6 Stränge zusammen
75 % Super Kidmohair, 25 % Seide
Ca. 212 m auf 25 g

MASSE	S	M	L	XL
BRUSTKORB	112cm	**124cm**	136cm	**148cm**
LÄNGE – RÜCKEN	60cm	**63cm**	66cm	**69cm**
LÄNGE – VORN	55cm	**58cm**	61cm	**34cm**

HINWEIS

Das Modell auf allen Fotos hat die Größe S. **Farbe**: **A** Mallard; **B** Glenveagh Castle; **C** Grey; **D** 3s; **E** Chaos; **F** Fury. **Model**: Größe 38. Körpergröße: 1,74 m

MATERIALIEN

Benötigte Menge:
A 1 (**1**:1:**1**) Knäuel á 100 g
B 3 (**3**:4:**4**) x 100 g – 2 Fäden zusammen
C 1 (**1**:1:**1**) x 100g – 2 Fäden zusammen
D 1 (**1**:1:**1**) x 25 g – 6 Fäden zusammen
E 1 (**1**:1:**1**) Knäuel á 100 g
F Garnrest – ca. 5 m Nadeln Nr. 10
Rundnadel Nr. 9 – Länge 40 cm
Maschenmarkierer
Hilfsnadeln
Stumpfe Nähnadel mit großem Nadelöhr

Bei den angegebenen Garnmengen handelt es sich um Richtwerte, die auf einem Durchschnittsbedarf basieren.

MASCHENPROBE

10 M x 13 Reihen = 10 x 10 cm gl.re, mit Nadeln Nr. 10 und **nach dem Dämpfen**. Wechseln Sie nach Bedarf die Nadelstärke, um der Maschenprobe zu entsprechen.

ABKÜRZUNGEN

Siehe S. 36–38.

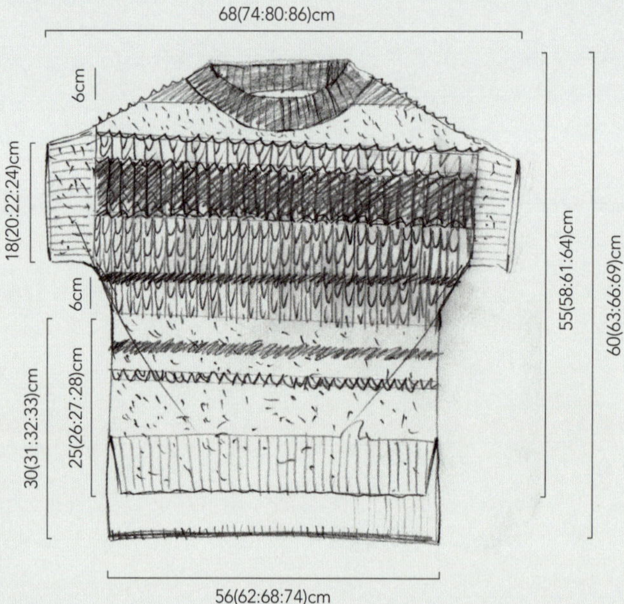

ANLEITUNG

RÜCKSEITE

Im Rippenmuster und glatt rechts gestrickt. Mit Nadeln Nr. 10 in A 58 (**64**:70:**76**) M anschlagen.
Nächste Reihe: Re bis zu den letzten 8 (**8**:9:**12**) M, Wickelmasche, wenden.
Nächste Reihe: Li bis zu den letzten 8 (**8**:9:**12**) M, Wickelmasche, wenden.
Nächste Reihe: Re bis zu den letzten 11 (**12**:13:**16**) M, Wickelmasche, wenden.
Mit B im RMs 1re, 1li wie folgt stricken:
Reihe 1 (RS): [1re, 1li] bis Ende der R.
Reihe 2: [1re, 1li] bis Ende der R.
Die letzten 2 R 4-mal wdh. Me an beiden Enden der letzten Reihe.
Mit einer re R anf, gl.re, bis das Strickstück 30 (**31**:32:**33**) cm ab Anschlag misst, dabei auf RS für nächste R enden.
Armausschnitte:
Nächste Reihe (RS) (zun): 2re, M1, re bis letzte 2 M, M1, 2re.
Nächste Reihe: Li bis Ende der R.
Die letzten 2 R noch 2-mal wdh. Me an beiden Enden der letzten Reihe.
*64 (**70**:76:**82**) M.*
Glatt rechts fortf, bis Armausschnitt 18 (**20**:22:**24**) cm ab dem zweiten Markierersatz misst, dabei auf RS für die nächste Reihe enden.

Schultern und hinterer Halsausschnitt:
Nächste Reihe (RS): Re bis zu den letzten 4 (**4**:5:**6**) M, Wickelmasche, wenden.
Nächste Reihe: Li bis zu den letzten 4 (**4**:5:**6**) M, Wickelmasche, wenden.
Nächste Reihe: Li bis zu den letzten 11 (**12**:13:**16**) M, Wickelmasche, wenden.
Nächste Reihe: Re bis zu den letzten 14 (**16**:17:**20**) M, Wickelmasche, wenden.
Nächste Reihe: Li bis zu den letzten 14 (**16**:17:**20**) M, Wickelmasche, wenden.
Nächste Reihe: Re bis zu den letzten 17 (**20**:21:**24**) M, Wickelmasche, wenden.
Nächste Reihe: Li bis zu den letzten 17 (**20**:21:**24**) M, Wickelmasche, wenden.
Nächste Reihe: 3 (**3**:4:**4**) re, wenden und li bis zum Ende der Reihe und dabei die Umwicklungen aufnehmen. Faden abschneiden und ein langes Ende stehen lassen.
Diese 20 (**23**:25:**28**) M für die Schulter auf eine Hilfsnadel nehmen.
Mit der RS nach vorne die mittleren 24 (**24**:26:**26**) M auf eine Hilfsnadel legen.
B für die restl 20 (**23**:25:**28**) M wieder anknüpfen und re über alle M, dabei die Umwicklungen aufnehmen.
Faden abschneiden und ein langes Ende stehen lassen.
Diese M für die Schulter auf eine Hilfsnadel nehmen.

VORDERSEITE

Im Rippenmuster und glatt rechts gestrickt. Hinweis: Für den Wechsel von Farbe oder Garn den neuen Faden in der letzten Masche der Reihe vor der gewünschten Reihe mitstricken. Am Anfang der nächsten Reihe mit beiden Fäden eine M stricken und ab dann nur mit dem neuen Faden fortf.
Mit Nadeln Nr. 10 in C 58 (**64**:70:**76**) M anschlagen und im RMs 1re, 1li wie folgt stricken:
Reihe 1 (RS): [1re, 1li] bis Ende der R.
Reihe 2: [1re, 1li] bis Ende der R.
Die letzten 2 R noch 2-mal wdh. Me an beiden Enden der letzten Reihe.
Mit einer re R anfangend gl.re fortf (sofern nicht anders angegeben), und die nächsten Streifen stricken, dabei Farbe wechseln, wo angegeben.
Nächste Reihe (RS): Re bis Ende der R.
Nächste Reihe: Li bis Ende der R.
Die letzten 2 R noch 4 (**5**:6:**6**)-mal wdh.
Ab jetzt mit B weiterstricken.
Nächste Reihe (RS): [1re, 1li] bis Ende der R.
Nächste Reihe: [1re, 1li] bis Ende der R.
Ab jetzt mit C weiterstricken.
Nächste Reihe (RS): [1re, 1li] bis Ende der R.
Nächste Reihe: Li bis Ende der R.
Ab jetzt mit D weiterstricken.
Nächste Reihe (RS): Re bis Ende der R.
Ab jetzt mit C weiterstricken.
Nächste Reihe (LS): Li bis Ende der R.
Nächste Reihe: Re bis Ende der R.
Nächste Reihe: Li bis Ende der R.
Nächste Reihe: Re bis Ende der R.
Nächste Reihe: Li bis Ende der R.
Ab jetzt mit E weiterstricken.
Wie folgt im durchbrochenen RMs arbeiten:
Nächste Reihe (RS): [1re, 1li] bis Ende der R.
Nächste Reihe: Li bis Ende der R. Die letzten 2 R noch 2-mal wdh.

Armausschnitte:

Nächste Reihe (RS) (zun): 1re, 1li, M1, [1re, 1li] bis letzte 2 M, M1, 1re, 1li.
Nächste Reihe: Li bis Ende der R. Ab jetzt mit A weiterstricken.
Unter Einhaltung des RMs wie folgt weiterstricken:
Nächste Reihe (RS) (zun): 1re, 1li, 1re, M1, [1re, 1li] bis letzte 3 M, M1, 1li, 1re, 1li.
Nächste Reihe: Li bis Ende der R. Ab jetzt mit E weiterstricken.
Nächste Reihe (RS) (zun): 1re, 1li, M1, [1re, 1li] bis letzte 2 M, M1, 1re, 1li.
*64 (**70**:76:**82**) M.*
Nächste Reihe: Li bis Ende der R. Me an beiden Enden dieser Reihe.
Nächste Reihe: 1re, 1li, K1, [1re, 1li] bis letzte 3 M, 2re, 1li.
Nächste Reihe: Li bis Ende der R. Die letzten 2 R noch 1-mal wdh.
Ab jetzt mit D weiterstricken.
Nächste Reihe: 1re, 1li, K1, [1re, 1li] bis letzte 3 M, 2re, 1li.
Nächste Reihe: Li bis Ende der R. Ab jetzt mit A weiterstricken.
Nächste Reihe (RS): Li bis Ende der R.
Nächste Reihe: 1re, 1li, K1, [1re, 1li] bis letzte 3 M, 2re, 1li.
Die letzten 2 R 3-mal wdh.
Ab jetzt mit F weiterstricken.
Nächste Reihe (RS): Re bis Ende der R.
Nächste Reihe: Li bis Ende der R.
Ab jetzt mit E weiterstricken.
Nächste Reihe (RS): 1re, 1li, K1, [1re, 1li] bis letzte 3 M, 2re, 1li.
Nächste Reihe: Li bis Ende der R.
Nächste Reihe: Re bis Ende der R.
Nächste Reihe: Li bis Ende der R. Ab jetzt mit C weiterstricken.
Nächste Reihe (RS): Li bis Ende der R.
Nächste Reihe: Li bis Ende der R.
Nächste Reihe: Re bis Ende der R.
Nächste Reihe: Li bis Ende der R. Glatt rechts fortf, bis Armausschnitt 18 (**20**:22:**24**) cm ab dem zweiten Satz Markierer misst, dabei auf RS für die nächste Reihe enden. Bis dahin sollten es 0 (**2**:4:**8**) weitere Reihen sein.

Schultern und vorderer Halsausschnitt:

Nächste Reihe (RS): Re bis zu den letzten 4 (**4**:5:**6**) M, Wickelmasche, wenden.
Nächste Reihe: Li bis zu den letzten 4 (**4**:5:**6**) M, Wickelmasche, wenden.
Nächste Reihe: Re bis zu den letzten 8 (**8**:9:**12**) M, Wickelmasche, wenden.
Nächste Reihe: Li bis zu den letzten 8 (**8**:9:**12**) M, Wickelmasche, wenden.
Nächste Reihe: 20 (**23**:24:**24**) re, wenden. Die restl. 36 (**39**:43:**46**) M auf eine Hilfsnadel nehmen. *28 (**31**:33:**36**) M.*
Nächste Reihe (LS): 3 (**3**:3:**3**) M abketten, li bis zu den letzten 11 (**12**:13:**16**) M, Wickelmasche, wenden. *25 (**28**:30:**33**) M.*

Nächste Reihe: Re bis Ende der R. Ab jetzt mit B weiterstricken.
Nächste Reihe: 3 (**3**:3:**3**) M abketten, li bis zu den letzten 14 (**16**:17:**20**) M, Wickelmasche, wenden. *22 (**25**:27:**30**) M.*
Nächste Reihe: Re bis Ende der R.
Nächste Reihe: 2 (**2**:2:**2**) M abketten, li bis zu den letzten 17 (**20**:21:**24**) M. *20 (**23**:25:**28**) M.*
Nächste Reihe: Re bis Ende der R.
Nächste Reihe: Li bis zum Ende und dabei die Umwicklungen aufnehmen.
Faden abschneiden und ein langes Ende stehen lassen.
Diese M für die Schulter auf eine Hilfsnadel nehmen. Mit RS vorne die mittleren 8 (**8**:10:**10**) M auf eine Hilfsnadel legen, Garn C für die restl. 28 (31:33:36) M wieder anknüpfen und wie folgt arbeiten:
Nächste Reihe (RS): 3 (**3**:3:**3**) M abketten, re bis zu den letzten 11 (**12**:13:**16**) M, Wickelmasche, wenden. *25 (**28**:30:**33**) M.*
Nächste Reihe: Li bis Ende der R.
Ab jetzt mit B weiterstricken.
Nächste Reihe: 3 (**3**:3:**3**) M abketten, re bis zu den letzten 14 (**16**:17:**20**) M, Wickelmasche, wenden. *22 (**25**:27:**30**) M.*
Nächste Reihe: Li bis Ende der R.
Nächste Reihe: 2 (**2**:2:**2**) M abketten, re bis zu den letzten 17 (**20**:21:**24**) M, Wickelmasche, wenden. *20 (**23**:25:**28**) M.*
Nächste Reihe: Li bis Ende der R.
Nächste Reihe: Re bis zum Ende und dabei die Umwicklungen aufnehmen.
Faden abschneiden und ein langes Ende stehen lassen.
Diese M für die Schulter auf eine Hilfsnadel nehmen.

FERTIGSTELLUNG

Beide Schultern mit drei Nadeln zusammen abketten, dabei die LS zusammenlegen, sodass die Naht auf der Außenseite liegt.

HALSBLENDE

Mit RS nach vorne mit einer Rundnadel Nr. 9 in E und an der li Schulter beginnend 16 (**16**:16:**16**) M aufnehmen und den li vorderen Halsausschnitt hinunterstricken, über 8 (**8**:10:**10**) M der Hilfsnadel in der vorderen Mitte, 16 (**16**:16:**16**) M den re vorderen Halsausschnitt hoch, 3 (**3**:3:**3**) M über den re hinteren Halsausschnitt, 24 (**24**:26:**26**) M von der Hilfsnadel in der hinteren Mitte und 3 (**3**:3:**3**) M über den li hinteren Halsausschnitt aufnehmen und re stricken, Me für Rundenbeginn.
*70 (**70**:74:**74**) M.*
Nächste Runde: [1re, 1li] bis zum Ende der Runde. Die letzte Runde 4-mal wdh.
Im RMs abketten.

ÄRMELBÜNDCHEN

Das Strickstück flach hinlegen mit RS vorne und mit Nadeln Nr. 10 in B 46 (**48**:50:**52**) M zwischen den Markierern für den Armausschnitt aufnehmen.
Nächste Reihe (LS): [1re, 1li] bis Ende der R.
Die letzten R noch 4-mal wdh.
Im RMs abketten.

Fadenenden auf der LS vernähen. Wählen Sie eine flache, gepolsterte Oberfläche oder eine Spannmatte und stecken Sie das Strickstück mit der LS nach oben fest. Dann mit einem feuchten Tuch bedecken und sanft dämpfen. Flach liegend trocknen lassen.

Seitennähte schließen, aber unterhalb der Markierer für Seitenschlitze offenlassen.

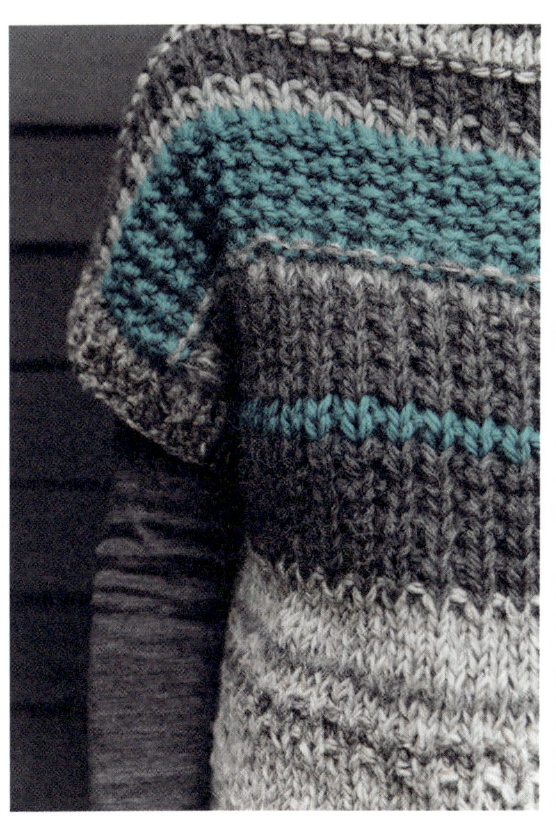

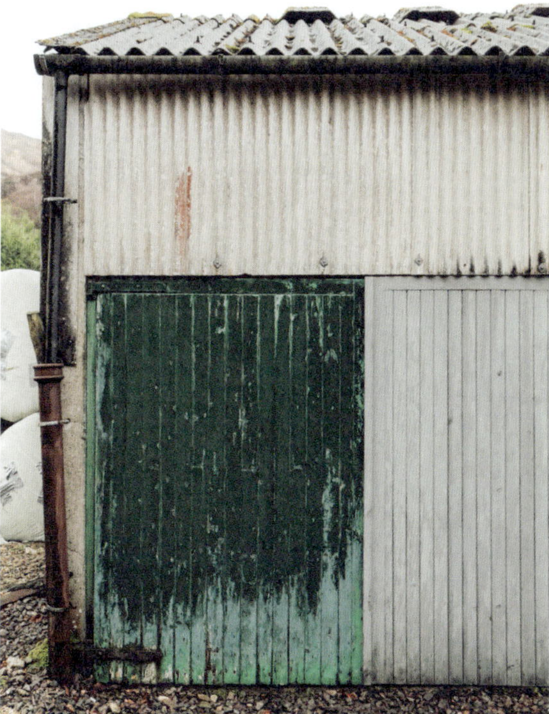

Dickicht

Ein übergroßer, weicher, voluminöser Mantel. Auf der Rückseite hat er breite Rippenbündchen mit Mittelschlitz, der in ein Patentmuster übergeht, bei dem die M links und rechts der mittleren Masche versetzt werden, auch die Seiten hoch. Auf der Vorderseite sieht man schräge Rippen an den integrierten Taschen und vordere Blenden im RMs 1re, 1li. Die Ärmel werden mit versetzten Maschen gemustert, die in einem gerippten Bündchen enden.

GARN
erika knight maxi wool
100 % reine britische Schurwolle
Ca. 80 m auf 100 g

MASSE	S	M	L
HALBE WEITE VOR DEM ARMAUSSCHNITT	64cm	**73cm**	81cm
HALBE WEITE NACH DEM ARMAUSSCHNITT	77cm	**85cm**	94cm
LÄNGE – VORDERSEITE	112cm	**114cm**	118cm
ÄRMELLÄNGE	45cm	**43cm**	43cm

HINWEIS
Das Modell auf allen Fotos hat die Größe S.
Farbe: Fury. **Model**: Größe 38. Körpergröße: 1,73 m

MATERIALIEN
Benötigte Menge:
14 (**15**:16) Knäuel á 100g
Nadeln Nr. 10
Maschenmarkierer
Hilfsnadeln
Stumpfe Nähnadel mit großem Nadelöhr

Bei den angegebenen Garnmengen handelt es sich um Richtwerte, die auf einem Durchschnittsbedarf basieren.

MASCHENPROBE
9,5 M x 16 Reihen = 10 x 10 cm im PTMs mit Nadeln Nr. 10 und **nach dem Dämpfen**. Wechseln Sie nach Bedarf die Nadelstärke, um der Maschenprobe zu entsprechen.

ABKÜRZUNGEN
Siehe S. 36–38.

SPEZIELLE ABKÜRZUNGEN
Dopp. Zun – Doppelte Zun in 1 M: Die nächste M mit ihrem U zus.stricken, U, dann erneut in dieselbe M stricken

re dopp. Abn – rechte doppelte Abn: Die nächste Masche mit ihrem U und die folg M re abheben, Nadel der LH von vorne in diese M einstechen und re zus, diese M zurück auf Nadel der LH heben, die nächste M mit ihrem U über diese abgehobene M überziehen und diese M wieder auf die Nadel der RH heben

li dopp. Abn – linke doppelte Abnahme: Die nächste M und ihren U rechts auf die Nadel in der RH abheben, die nächste M und die folgende M mit ihrem U zus.stricken, dann die abgehobene M und ihren U über diese M ziehen

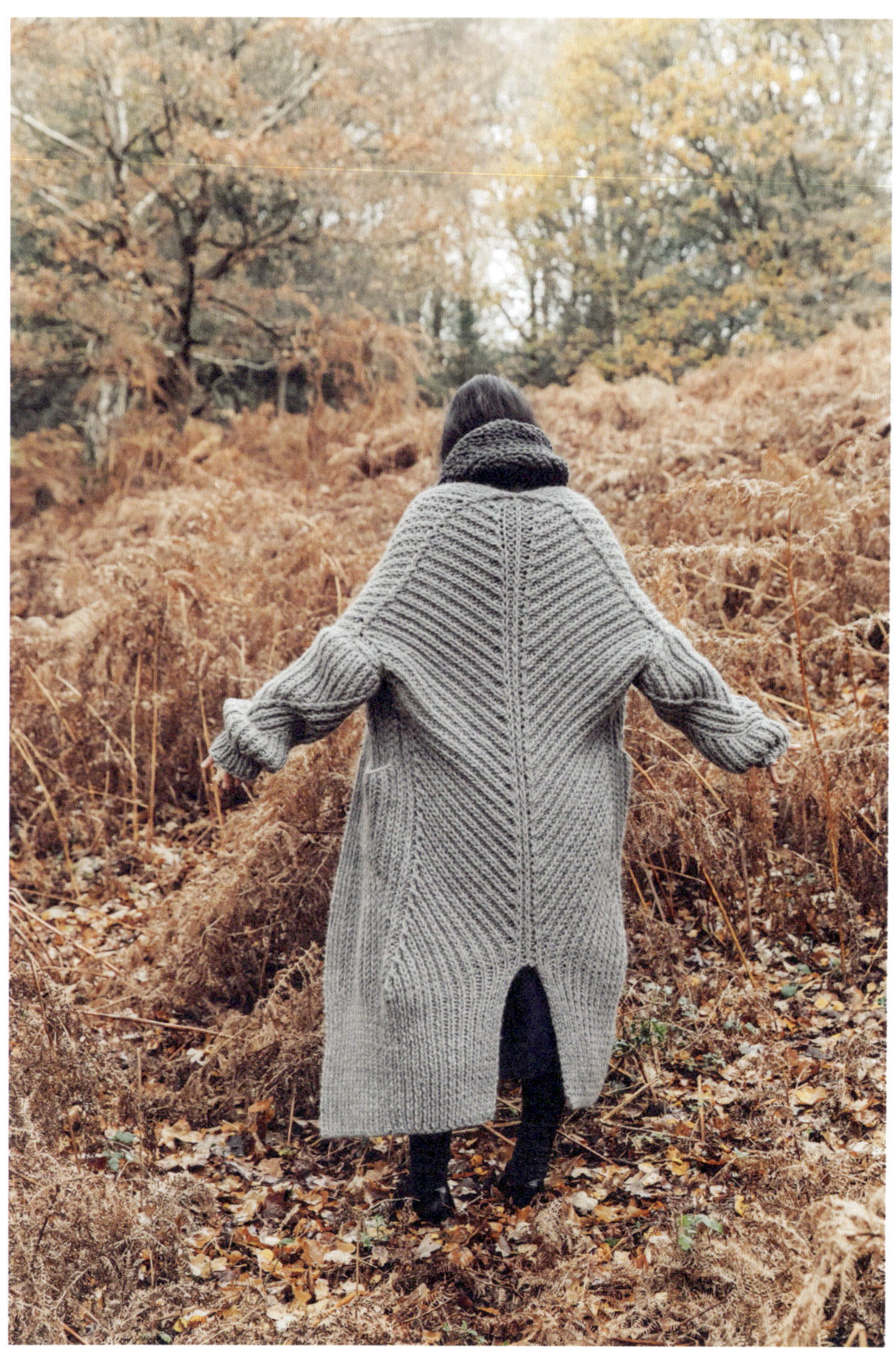

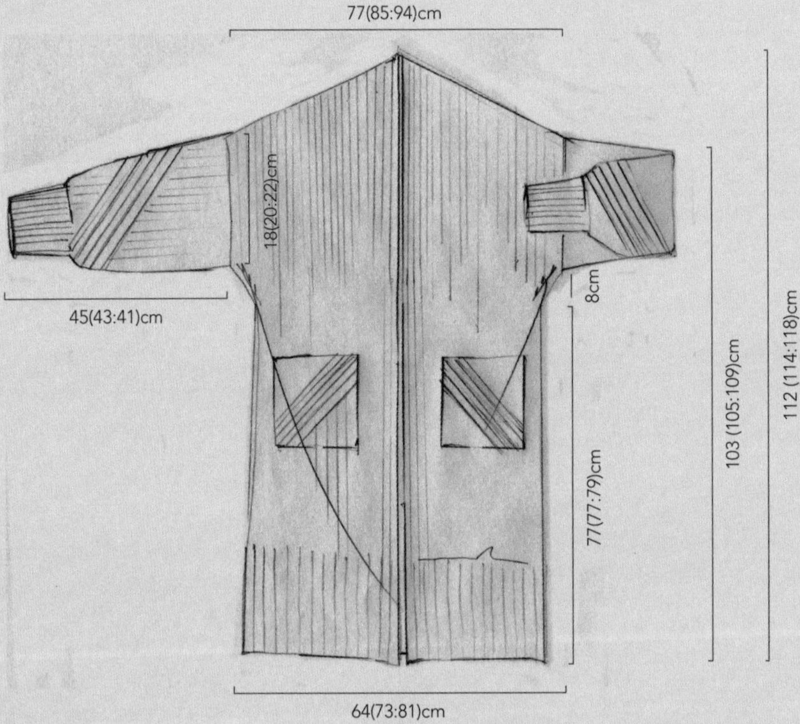

ANLEITUNG

RÜCKSEITE

Im Rippenmuster 1re, 1li und im Patentmuster gestrickt.

Hinweis: Der Rippensaum wird in zwei Teilen gearbeitet, die dann zusammengefügt werden, sodass ein Mittelschlitz entsteht.

31 (**35**:39) M mit Nadeln Nr. 10 anschlagen und im RMs 1re, 1li wie folgt stricken:

Reihe 1: [1re, 1li] bis zur letzten M, 1re.

Reihe 2: [1li, 1re] bis zur letzten M, 1li.

Die letzten 2 R 15-mal wdh.

Den ersten Teil des Rippensaums auf eine Hilfsnadel legen und auf die gleiche Art ein zweites Teil stricken. Die M auf der Nadel lassen.

Beide Teile zusammenfügen:

Mit den M auf der Nadel beginnen.

Nächste Reihe (LS): [1re, 1li] bis zur letzten M, in dieser 1 M zun, bis zum Ende des zweiten Teils im RMs weiterstricken (dabei darauf achten, dass das RMS korrekt eingehalten wird). *63 (**71**:79) M.*

Nächste Reihe: RMs wie die M erscheinen, Me an beiden Enden dieser Reihe.

Wie folgt im PTMs fortf:

Reihe 1 (LS): [1re, FdvN, nächste M li abheben] bis zur letzten M, 1re.

Reihe 2: [1li, nächste M mit ihrem U zus. stricken] bis zur letzten M, 1li.

Hinweis: Zählen Sie die abgehobene M und den dazugehörigen Umschlag immer als eine einzige Masche. Weitere 3 R im Ms wie vorgegeben stricken, die mittlere M der letzten R markieren (den Umschlag mit der abgehobenen M zusammen markieren und den Markierer zur RS versetzen).

Wie folgt mit dem Verkreuzen der M beginnen:

Nächste Reihe (RS): 1li, nächste M mit ihrem U zus.stricken, 1li, Me, re dopp. Abn, Ms bis 2 M vor der markierten M, dopp. Zun in nächster M, 1li, nächste M mit ihrem U zus. stricken, 1li, dopp. Zun in nächster M, Ms bis zu den letzten 6 M, li dopp. Abn, Me, 1li, nächste M mit ihrem U zus.stricken, 1li.

Nächste Reihe: [1re, FdvN, nächste M li abheben] bis zur letzten M, 1re, dabei MV.

Nächste Reihe: [1li, nächste M mit ihrem U zus.stricken] bis zur letzten M, 1li, dabei MV.
Nächste Reihe: [1re, FdvN, nächste M li abheben] bis zur letzten M, 1re, dabei MV.
Die letzten 4 R wdh., bis Strickstück 77 (**77**:79) cm ab Anschlag misst (ca. 80:**80**:84 R im PTMs ab Markierern), dabei auf RS für nächste R enden.
Notieren Sie sich die Anzahl der bis hierhin im PTMs gestrickten Reihen, da Sie für die Vorderteile ebenso viele Reihen stricken müssen.

Armausschnitte:
Zum Einhalten des 4-R-Rapports an beiden Enden der nächsten R und 5-mal in jeder zweiten folg R je 1 M zun. Me an beiden Enden der letzten Reihe. *75 (**83**:91) M.*
Zum Einhalten des 4-R-Rapports gerade weiterstricken, bis der Armausschnitt 18 (**20**:22) cm ab den Markierern misst (ca. 28 (**32**:36) R im PTMs), dabei auf RMS für die nächste Reihe enden; in der letzten R 1 M abn. *74 (**82**:90) M.*
Faden abschneiden und ein langes Ende stehen lassen. Diese M auf eine Hilfsnadel nehmen.

TASCHENFUTTER

Zwei Stück im RMs 1li, 1re. 21 M mit Nadeln Nr. 10 anschlagen und im RMs 1li, 1re wie folgt stricken:
Reihe 1 (RS): [1li, 1re] bis zur letzten M, 1li.
Reihe 2: [1re, 1li] bis zur letzten M, 1re.
Die letzten 2 R wdh., bis Strickstück 23 cm ab Anschlag misst, dabei auf LS für nächste R enden.
Faden abschneiden und ein langes Ende stehen lassen. Diese M auf eine Hilfsnadel nehmen.

Hinweis: Neue Garnknäuel immer an den Seiten- und Armausschnittkanten der Vorderteile anknüpfen.

LINKE VORDERSEITE

Im RMs 1re, 1li sowie im PTMs mit gerippter Blende gestrickt.
31 (**35**:39) M mit Nadeln Nr. 10 anschlagen und im RMs 1re, 1li wie folgt stricken:
Reihe 1 (LS): [1re, 1li] bis zur letzten M, 1re.
Reihe 2: [1li, 1re] bis zur letzten M, 1li.
Die letzten 2 R weitere 16-mal wdh. und am Anfang der letzten Reihe Me.
Wie folgt im PTMs mit gerippter Blende über 6 M fortf:
Reihe 1 (LS): [1re, 1li] 3-mal, Me, [1re, FdvN, nächste M li abheben] bis zur letzten M, 1re.
Reihe 2: [1li, nächste M re mit ihrem U zus. stricken] bis zu den letzten 7 M, 1li, MV, [1re, 1li] 3-mal
Weiter im PTMs mit gerippter Blende hochstricken, bis Strickstück 45 (**45**:46) cm ab Anschlag misst, dabei auf RS für nächste R enden.

Tasche:
Unter Einhaltung des Musters die Tasche wie folgt arbeiten:
Nächste Reihe (RS): 3 (**5**:7) M im Ms, dopp. Zun in nächster M, 5 M im Ms, li dopp. Abn, Ms bis Ende der R.
7 R stricken.
Nächste Reihe: 5 (**7**:9) M im Ms, dopp. Zun in nächster M, 5 M im Ms, li dopp. Abn, Ms bis Ende der R.
7 R stricken.
Nächste Reihe: 7 (**9**:11) M im Ms, dopp. Zun in nächster M, 5 M im Ms, li dopp. Abn, Ms bis Ende der R.
7 R stricken.
Nächste Reihe: 9 (**11**:13) M im Ms, dopp. Zun in nächster M, 5 M im Ms, li dopp. Abn, Ms bis Ende der R.
7 R stricken.
Nächste Reihe: 11 (**13**:15) M im Ms, dopp. Zun in nächster M, 5 M im Ms, li dopp. Abn, Ms bis Ende der R.
7 Reihen hochstricken und auf RS für die nächste Reihe enden.
Nächste Reihe (RS): 2 (**4**:6) M im MS, die nächsten 21 (**21**:21) M im Ms abketten, Ms bis Ende der R.
Nächste Reihe: Ms bis zu den abgeketteten M und mit LS des Taschenfutters vorne, so dass sich das RMs zeigt, Ms über alle 21 M von der Hilfsnadel, Ms bis Ende der R.
Im PTMs mit gerippter Blende wie vorgegeben fortf, bis das Strickstück 77 (**77**:79) cm ab Anschlag misst (ca. 80:**80**:84) R im PTMs ab Markierer, und die gleiche Anzahl von R wie für den Rücken), dabei auf RS für die nächste Reihe enden.

Armausschnitt:
Nächste Reihe (RS): In erster M zun, Ms bis Ende der R.
Nächste Reihe: Ms wie die M erscheinen bis Ende der R. Die letzten 2 R 5-mal wdh.

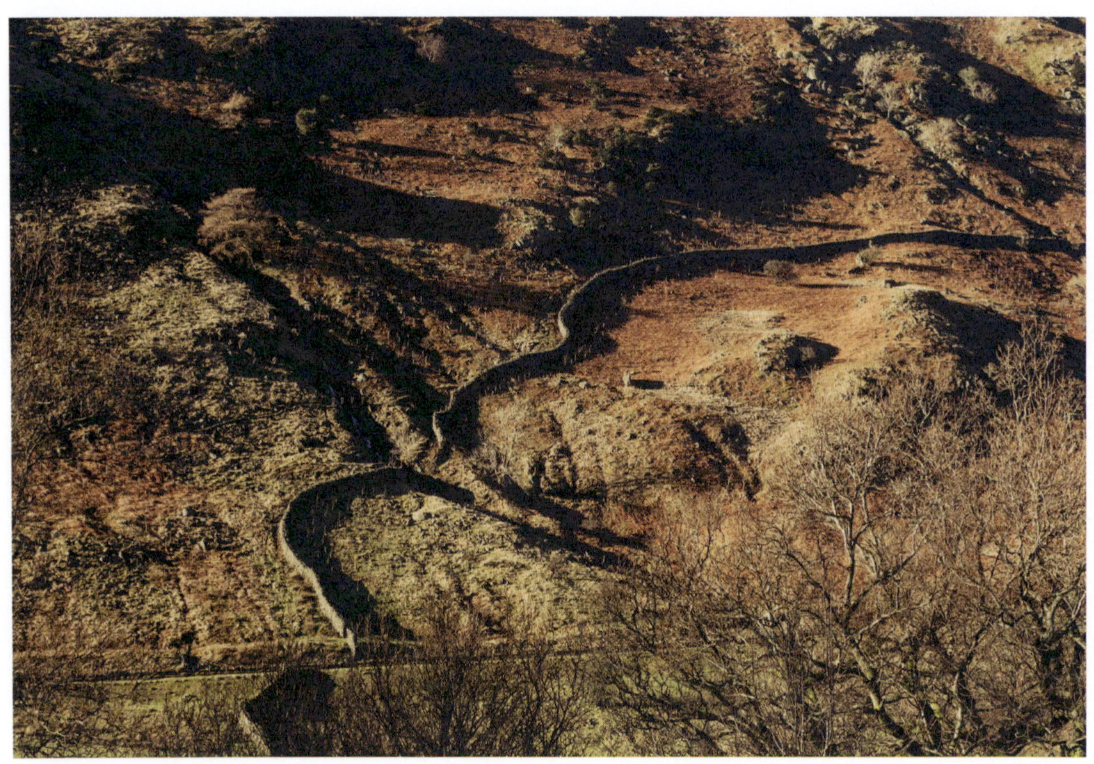

Markierer an der Armausschnittskante der letzten R einsetzen. *37 (**41**:45) M.*
Unter Einhaltung des Musters gerade weiterstricken, bis der Armausschnitt 18 (**20**:22) cm ab dem Markierer misst, ca. 28 (**32**:36) R im PTMs, dabei auf LS für die nächste Reihe enden.
Schulter:
Nächste Reihe (LS): Ms bis zu den letzten 5 (**6**:6) M, Wickelmasche, wenden.
Nächste Reihe: Ms wie die M erscheinen bis Ende der R.
Nächste Reihe: Ms bis zu den letzten 10 (**11**:12) M, Wickelmasche, wenden.
Nächste Reihe: Ms wie die M erscheinen bis Ende der R.
Nächste Reihe: Ms bis zu den letzten 15 (**16**:18) M, Wickelmasche, wenden.
Nächste Reihe: Ms wie die M erscheinen bis Ende der R.
Nächste Reihe: Ms bis zu den letzten 20 (**21**:24) M, Wickelmasche, wenden.
Nächste Reihe: Ms wie die M erscheinen bis Ende der R.
Nächste Reihe: Ms bis zu den letzten 24 (**26**:29) M, Wickelmasche, wenden.
Nächste Reihe: Ms wie die M erscheinen bis Ende der R.
Nächste Reihe: Ms bis zu den letzten 28 (**31**:34) M, Wickelmasche, wenden.
Nächste Reihe: Ms wie die M erscheinen bis Ende der R.
Nächste Reihe: Ms bis zu den letzten 32 (**36**:39) M, Wickelmasche, wenden.
Nächste Reihe: Ms wie die M erscheinen bis Ende der R.
Nächste Reihe: Ms über alle M.
Faden abschneiden und ein langes Ende stehen lassen.
Diese 37 (**41**:45) M für die Schulter auf eine Hilfsnadel nehmen.

RECHTE VORDERSEITE

Im RMs 1re, 1li sowie im PTMs mit gerippter Blende gestrickt.
31 (**35**:39) M mit Nadeln Nr. 10 anschlagen und im RMs 1re, 1li wie folgt stricken:
Reihe 1 (LS): [1re, 1li] bis zur letzten M, 1re.
Reihe 2: [1li, 1re] bis zur letzten M, 1li. Die letzten 2 R weitere 16-mal wdh. und am Anfang der letzten Reihe Me.
Wie folgt im PTMs mit gerippter Blende über 6 M fortf:
Reihe 1 (LS): [1re, FdvN, nächste M li abheben] bis zu den letzten 7 M, 1re, Me, [1li, 1re] 3-mal.
Reihe 2: [1li, 1re] 3-mal, MV, [1li, nächste M mit ihrem U zus.stricken] bis zur letzten M, 1li.
Weiter im PTMs mit gerippter Blende hochstricken, bis Strickstück 45 (**45**:46) cm ab Anschlag misst, dabei auf RS für nächste R enden.
Tasche:
Unter Einhaltung des Musters die Tasche wie folgt arbeiten:
Nächste Reihe (RS): Ms bis zu den letzten 12 (**14**:16) M, re dopp. Abn, 5 M im Ms, dopp. Zun in nächster M, Ms bis Ende der R. 7 R stricken.
Nächste Reihe: Ms bis zu den letzten 14 (**16**:18) M, re dopp. Abn, 5 M im Ms, dopp. Zun in nächster M, Ms bis Ende der R. 7 R stricken.
Nächste Reihe: Ms bis zu den letzten 16 (**18**:20) M, re dopp. Abn, 5 M im Ms, dopp. Zun in nächster M, Ms bis Ende der R. 7 R stricken.
Nächste Reihe: Ms bis zu den letzten 18 (**20**:22) M, re dopp. Abn, 5 M im Ms, dopp. Zun in nächster M, Ms bis Ende der R. 7 R stricken.
Nächste Reihe: Ms bis zu den letzten 20 (**22**:24) M, re dopp. Abn, 5 M im Ms, dopp. Zun in nächster M, Ms bis Ende der R. 7 Reihen hochstricken und auf RS für die nächste Reihe enden.
Nächste Reihe (RS): 8 (**10**:12) M im MS, die nächsten 21 (**21**:21) M im Ms abketten, Ms bis Ende der R.
Nächste Reihe: Ms bis zu den abgeketteten M und mit LS des Taschenfutters vorne Ms über alle M von der Hilfsnadel, Ms bis Ende der R.
Im PTMs mit gerippter Blende wie vorgegeben fortf, bis das Strickstück 77 (**77**:79) cm ab Anschlag misst (ca. 80:**80**:84 R im PTMs ab Markierer, und die gleiche Anzahl von R wie für den Rücken), dabei auf RS für die nächste Reihe enden.
Armausschnitt:
Nächste Reihe (RS): Ms bis zur letzten M, in dieser M zun.
Nächste Reihe: Ms wie die M erscheinen bis Ende der R.
Die letzten 2 R 5-mal wdh. Me an der Armausschnittskante der letzten Reihe.

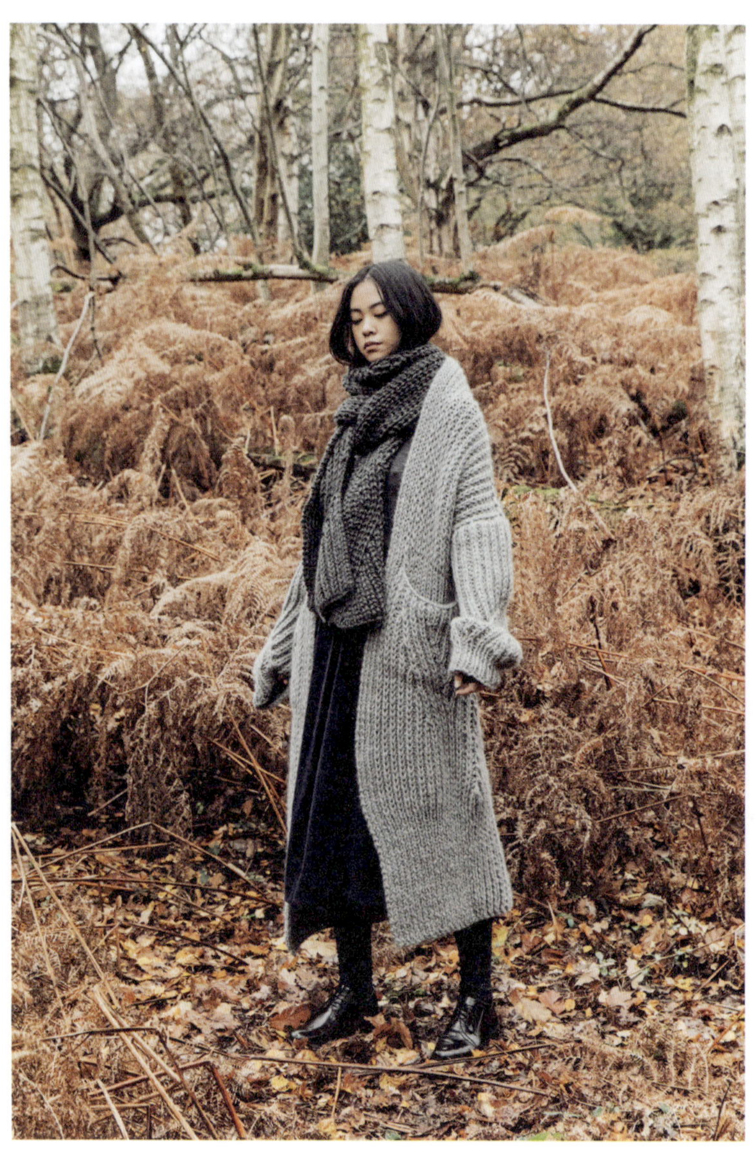

37 (41:45) M.
Unter Einhaltung des Musters gerade fortf, bis Armausschnitt 18 (**20**:22) cm ab Markierer misst, dabei auf RS für nächste Reihe enden.

Schulter:

Nächste Reihe (RS): Ms bis zu den letzten 5 (**6**:6) M, Wickelmasche, wenden.
Nächste Reihe: Ms wie die M erscheinen bis Ende der R.
Nächste Reihe: Ms bis zu den letzten 10 (**11**:12) M, Wickelmasche, wenden.
Nächste Reihe: Ms wie die M erscheinen bis Ende der R.
Nächste Reihe: Ms bis zu den letzten 15 (**16**:18) M, Wickelmasche, wenden.
Nächste Reihe: Ms wie die M erscheinen bis Ende der R.
Nächste Reihe: Ms bis zu den letzten 20 (**21**:24) M, Wickelmasche, wenden.
Nächste Reihe: Ms wie die M erscheinen bis Ende der R.
Nächste Reihe: Ms bis zu den letzten 24 (**26**:29) M, Wickelmasche, wenden.
Nächste Reihe: Ms wie die M erscheinen bis Ende der R.
Nächste Reihe: Ms bis zu den letzten 28 (**31**:34) M, Wickelmasche, wenden.
Nächste Reihe: Ms wie die M erscheinen bis Ende der R.
Nächste Reihe: Ms bis zu den letzten 32 (**36**:39) M, Wickelmasche, wenden.
Nächste Reihe: Ms wie die M erscheinen bis Ende der R.
Nächste Reihe: Ms über alle M.
Faden abschneiden und ein langes Ende stehen lassen.
Diese 37 (**41**:45) M für die Schulter auf eine Hilfsnadel nehmen.
Beide Schultern mit drei Nadeln zusammen abketten, dabei die LS zusammenlegen, sodass die Naht auf der Außenseite liegt.
An der Kante des Armausschnitts auf der linken Vorderseite beginnend über alle 74 (**82**:90) M stricken.

LINKER ÄRMEL

Im PTMs mit versetzten M gestrickt.
Mit RS vorne zwischen den Markierern 39 (**43**:47) M aufnehmen und wie folgt im PTMs stricken:

Reihe 1 (LS): [1re, FdvN, nächste M li abheben] bis zur letzten M, 1re.
Reihe 2: [1li, nächste M mit ihrem U zus. stricken] bis zur letzten M, 1li.
3 (**1**:1) weitere R im PTMs stricken, wie die M erscheinen.
Nächste Reihe (RS): 29 (**31**:33) M im Ms, re dopp. Abn, 5 M im Ms, dopp. Zun, Ms bis Ende der R.
3 R stricken.
Nächste Reihe: 27 (**29**:31) M im Ms, re dopp. Abn, 5 M im Ms, dopp. Zun, Ms bis Ende der R.
3 R stricken.
Nächste Reihe: 25 (**27**:29) M im Ms, re dopp. Abn, 5 M im Ms, dopp. Zun, Ms bis Ende der R.
3 R stricken.
Nächste Reihe: 23 (25:27) M im Ms, re dopp. Abn, 5 M im Ms, dopp. Zun, Ms bis Ende der R.
3 R stricken.
Nächste Reihe: 21 (**23**:25) M im Ms, re dopp. Abn, 5 M im Ms, dopp. Zun, Ms bis Ende der R.
3 R stricken.
Nächste Reihe: 19 (**21**:23) M im Ms, re dopp. Abn, 5 M im Ms, dopp. Zun, Ms bis Ende der R.
3 R stricken.
Nächste Reihe: 17 (**19**:21) M im Ms, re dopp. Abn, 5 M im Ms, dopp. Zun, Ms bis Ende der R.
3 R stricken.
Nächste Reihe: 15 (**17**:19) M im Ms, re dopp. Abn, 5 M im Ms, dopp. Zun, Ms bis Ende der R.
3 R stricken.
Nächste Reihe: 13 (**15**:17) M im Ms, re dopp. Abn, 5 M im Ms, dopp. Zun, Ms bis Ende der R.
3 R stricken.
Nächste Reihe: 11 (**13**:15) M im Ms, re dopp. Abn, 5 M im Ms, dopp. Zun, Ms bis Ende der R.
3 R stricken.
Nächste Reihe: 9 (**11**:13) M im Ms, re dopp. Abn, 5 M im Ms, dopp. Zun, Ms bis Ende der R.
3 R stricken.
Nächste Reihe: 7 (**9**:11) M im Ms, re dopp. Abn, 5 M im Ms, dopp. Zun, Ms bis Ende der R.
3 R stricken.

Nächste Reihe: 5 (**7**:9) M im Ms, re dopp. Abn, 5 M im Ms, dopp. Zun, Ms bis Ende der R.
3 R stricken.
Nächste Reihe: 3 (**5**:7) M im Ms, re dopp. Abn, 5 M im Ms, dopp. Zun, Ms bis Ende der R.
1 R stricken.
Nächste Reihe (abn, RS): [5 (**5**:5) M im Ms, re dopp. Abn, 3 (**3**:5) M im Ms, re dopp. Abn] 2-mal, 5 (**5**:5) M im Ms, re dopp. Abn, 3 (**7**:7) M im Ms. *29 (**33**:37) M.*
Nächste Reihe: [1re, 1li] bis zur letzten M, 1re.
Nächste Reihe: [1li, 1re] bis zur letzten M, 1li.
Die letzten 2 R wdh., bis Bündchen 7 (**7**:7) cm misst. Im RMs abketten.

RECHTER ÄRMEL

Im PTMs mit versetzten M gestrickt.
Mit RS vorne zwischen den Markierern 39 (**43**:47) aufnehmen und wie folgt im PTMs stricken:
Reihe 1 (LS): [1re, FdvN, nächste M li abheben] bis zur letzten M, 1re.
Reihe 2: [1li, nächste M mit ihrem U zus. stricken] bis zur letzten M, 1li.
3 (**1**:1) weitere R im PTMs stricken, wie die M erscheinen.
Nächste Reihe (RS): 1 (**3**:5) M im Ms, dopp. Zun, 5 M im Ms, li dopp. Abn, Ms bis Ende der R.
3 R stricken.
Nächste Reihe: 3 (**5**:7) M im Ms, dopp. Zun, 5 M im Ms, li dopp. Abn, Ms bis Ende der R.
3 R stricken.
Nächste Reihe: 5 (**7**:9) M im Ms, dopp. Zun, 5 M im Ms, li dopp. Abn, Ms bis Ende der R.
3 R stricken.
Nächste Reihe: 7 (**9**:11) M im Ms, dopp. Zun, 5 M im Ms, li dopp. Abn, Ms bis Ende der R.
3 R stricken.
Nächste Reihe: 9 (**11**:13) M im Ms, dopp. Zun, 5 M im Ms, li dopp. Abn, Ms bis Ende der R.
3 R stricken.
Nächste Reihe: 11 (**13**:15) M im Ms, dopp. Zun, 5 M im Ms, li dopp. Abn, Ms bis Ende der R.
3 R stricken.
Nächste Reihe: 13 (**15**:17) M im Ms, dopp. Zun, 5 M im Ms, li dopp. Abn, Ms bis Ende der R.
3 R stricken.
Nächste Reihe: 15 (**17**:19) M im Ms, dopp. Zun, 5 M im Ms, li dopp. Abn, Ms bis Ende der R.
3 R stricken.
Nächste Reihe: 17 (**19**:21) M im Ms, dopp. Zun, 5 M im Ms, li dopp. Abn, Ms bis Ende der R.
3 R stricken.
Nächste Reihe: 19 (**21**:23) M im Ms, dopp. Zun, 5 M im Ms, li dopp. Abn, Ms bis Ende der R.
3 R stricken.
Nächste Reihe: 21 (**23**:25) M im Ms, dopp. Zun, 5 M im Ms, li dopp. Abn, Ms bis Ende der R.
3 R stricken.
Nächste Reihe: 23 (**25**:27) M im Ms, dopp. Zun, 5 M im Ms, li dopp. Abn, Ms bis Ende der R.
3 R stricken.
Nächste Reihe: 25 (**27**:29) M im Ms, dopp. Zun, 5 M im Ms, li dopp. Abn, Ms bis Ende der R.
3 R stricken.
Nächste Reihe: 27 (**29**:31) M im Ms, dopp. Zun, 5 M im Ms, li dopp. Abn, Ms bis Ende der R.
1 R stricken.
Nächste Reihe (RS): [5 (**5**:5) M im Ms, li dopp. Abn, 3 (**3**:5) M im Ms, li dopp. Abn] 2-mal, 5 (**5**:5) M im Ms, li dopp. Abn, 3 (**7**:7) M im Ms. *29 (**33**:37) M.*
Nächste Reihe: [1re, 1li] bis zur letzten M, 1re.
Nächste Reihe: [1li, 1re] bis zur letzten M, 1li.
Die letzten 2 R wdh., bis Bündchen 7 (**7**:7) cm misst. Im RMs abketten.

FERTIGSTELLUNG

Fadenenden auf der LS vernähen. Wählen Sie eine flache, gepolsterte Oberfläche oder eine Spannmatte und stecken Sie das Strickstück mit der LS nach oben gemäß Schnitt fest. Dann mit einem feuchten Tuch bedecken und sanft dämpfen. Flach liegend trocknen lassen.

Ärmel und Seitennähte schließen.

Taschenfutter festnähen.

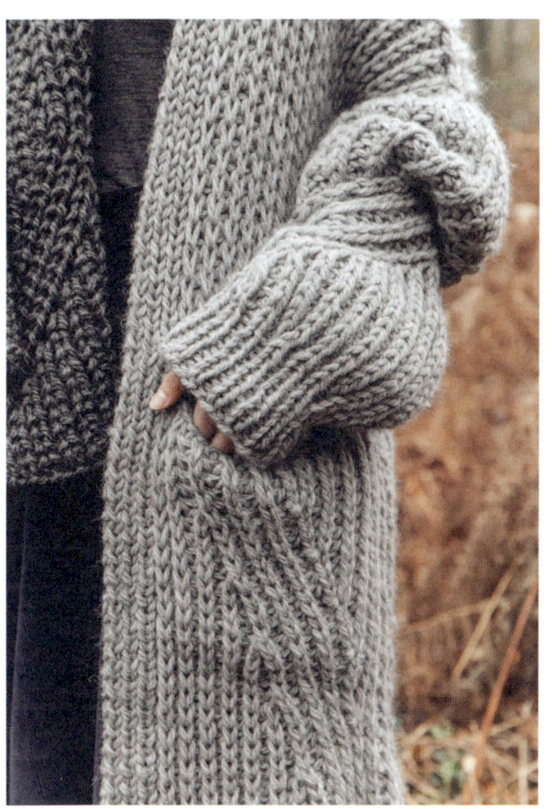

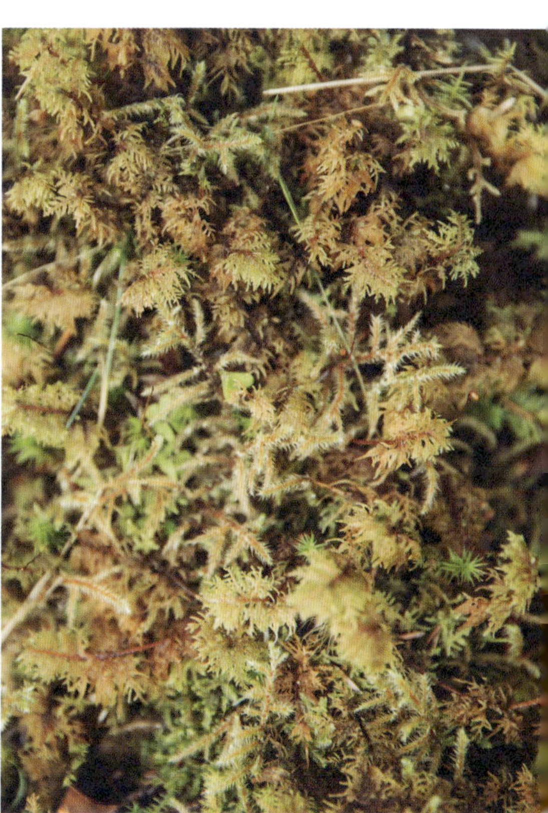

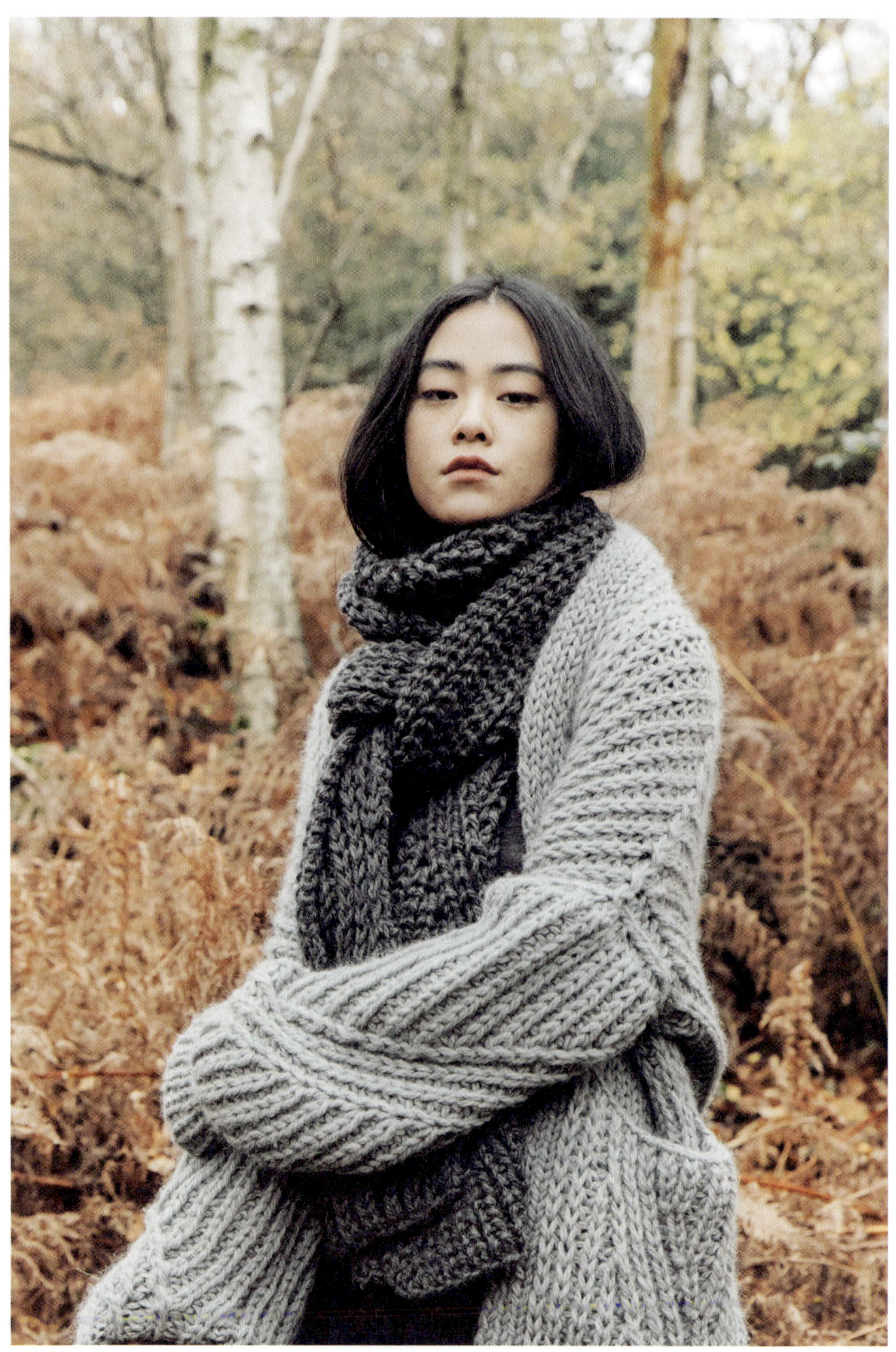

Farnkraut

Ein langer Schal im Patentmuster, bei dem sich durch doppelte Zunahmen links und rechts in Kombination mit doppelten Abnahmen ein sich wiederholendes Muster ergibt.

GARN
erika knight maxi wool
100 % reine britische Schurwolle
Ca. 80 m auf 100 g

MASSE
Einheitsgröße.
Ca. 28 cm breit und 220 cm lang

HINWEIS
Das gezeigte Modell hat die **Farbe**: Chaos

MATERIALIEN
Benötigte Menge:
5 Knäuel á 100 g
Nadeln Nr. 10
Stumpfe Nähnadel mit großem Nadelöhr

Bei den angegebenen Garnmengen handelt es sich um Richtwerte, die auf einem Durchschnittsbedarf basieren.

MASCHENPROBE
10 M x 15 Reihen = 10 x 10 cm im Muster mit Nadeln Nr. 10 und **nach dem Dämpfen**. Wechseln Sie nach Bedarf die Nadelstärke, um der Maschenprobe zu entsprechen.

RIPPENMUSTER
Reihe 1 (LS): [1re, FdvN, nächste M li abheben] bis zur letzten M, 1re.
Reihe 2 (RS): [1li, nächste M mit ihrem U zus.stricken] bis zur letzten M, 1li.
Hinweis: Zählen Sie die abgehobene Masche und den dazugehörigen Umschlag immer als eine einzige Masche.

ABKÜRZUNGEN
Siehe S. 36–38.

SPEZIELLE ABKÜRZUNGEN
Dopp. Zun – Doppelte Zun in 1 M: Die nächste M mit ihrem U zus.stricken, U, dann erneut in dieselbe M stricken

re dopp. Abn – rechte doppelte Abn: Die nächste Masche mit ihrem U und die folg M re abheben, Nadel der LH von vorne in diese M einstechen und re zus, diese M zurück auf Nadel der LH heben, die nächste M mit ihrem U über diese abgehobene M überziehen und diese M wieder auf die Nadel der RH heben

li dopp. Abn – linke doppelte Abnahme: Die nächste M und ihren U rechts auf die Nadel in der RH abheben, die nächste M und die folgende M mit ihrem U zus.stricken, dann die abgehobene M und ihren U über diese M ziehen

SCHEMAS
Eine Strickschrift für dieses Projekt können Sie sich auf stiebner.com/texturen-stricken-extra ansehen und herunterladen.

ANLEITUNG

SCHAL

29 M mit Nadeln Nr. 10 anschlagen und im RMs wie oben angegeben stricken, dabei nach Schema oder schriftlicher Anleitung vorgehen.

Reihe 1–5: 5 R im Rippenmuster.
Reihe 6: 19 M im Ms, re dopp. Abn, 5 M im Ms, dopp. Zun, 1li.
Reihe 7–9: 3 R im Rippenmuster.
Reihe 10: 17 M im Ms, re dopp. Abn, 5 M im Ms, dopp. Zun, Ms bis Ende der R.
Reihe 11–13: 3 R im Rippenmuster.
Reihe 14: 15 M im Ms, re dopp. Abn, 5 M im Ms, dopp. Zun, Ms bis Ende der R.
Reihe 15-17: 3 R im Rippenmuster.
Reihe 18: 13 M im Ms, re dopp. Abn, 5 M im Ms, dopp. Zun, Ms bis Ende der R.
Reihe 19–21: 3 R im Rippenmuster.
Reihe 22: 11 M im Ms, re dopp. Abn, 5 M im Ms, dopp. Zun, Ms bis Ende der R.
Reihe 23–25: 3 R im Rippenmuster.
Reihe 26: 9 M im Ms, re dopp. Abn, 5 M im Ms, dopp. Zun, Ms bis Ende der R.
Reihe 27–29: 3 R im Rippenmuster.
Reihe 30: 7 M im Ms, re dopp. Abn, 5 M im Ms, dopp. Zun, Ms bis Ende der R.
Reihe 31–33: 3 R im Rippenmuster.
Reihe 34: 5 M im Ms, re dopp. Abn, 5 M im Ms, dopp. Zun, Ms bis Ende der R.
Reihe 35–37: 3 R im Rippenmuster.
Reihe 38: 3 M im Ms, re dopp. Abn, 5 M im Ms, dopp. Zun, Ms bis Ende der R.
Reihe 39–41: 3 R im Rippenmuster.
Reihe 42: 1 M im Ms, re dopp. Abn, 5 M im Ms, dopp. Zun, Ms bis Ende der R.
Reihe 43–47: 5 R im Rippenmuster.
Reihe 48: 1 M im Ms, dopp. Zun, 5 M im Ms, li dopp. Abn, Ms bis Ende der R.
Reihe 49–51: 3 R im Rippenmuster.
Reihe 52: 3 M im Ms, dopp. Zun, 5 M im Ms, li dopp. Abn, Ms bis Ende der R.
Reihe 53–55: 3 R im Rippenmuster.
Reihe 56: 5 M im Ms, dopp. Zun, 5 M im Ms, li dopp. Abn, Ms bis Ende der R.
Reihe 57–59: 3 R im Rippenmuster.
Reihe 60: 7 M im Ms, dopp. Zun, 5 M im Ms, li dopp. Abn, Ms bis Ende der R.
Reihe 61–63: 3 R im Rippenmuster.
Reihe 64: 9 M im Ms, dopp. Zun, 5 M im Ms, li dopp. Abn, Ms bis Ende der R.
Reihe 65–67: 3 R im Rippenmuster.
Reihe 68: 11 M im Ms, dopp. Zun, 5 M im Ms, li dopp. Abn, Ms bis Ende der R.
Reihe 69–71: 3 R im Rippenmuster.
Reihe 72: 13 M im Ms, dopp. Zun, 5 M im Ms, li dopp. Abn, Ms bis Ende der R.
Reihe 73–75: 3 R im Rippenmuster.
Reihe 76: 15 M im Ms, dopp. Zun, 5 M im Ms, li dopp. Abn, Ms bis Ende der R.
Reihe 77–79: 3 R im Rippenmuster.
Reihe 80: 17 M im Ms, dopp. Zun, 5 M im Ms, li dopp. Abn, Ms bis Ende der R.
Reihe 81–83: 3 R im Rippenmuster.
Reihe 84: 19 M im Ms, dopp. Zun, 5 M im Ms, li dopp. Abn, Ms bis Ende der R.
Reihe 1–84 noch 3-mal wdh. Im RMs abketten.

FERTIGSTELLUNG

Fadenenden auf der LS vernähen. Wählen Sie eine flache, gepolsterte Oberfläche oder eine Spannmatte und stecken Sie das Strickstück mit der Rückseite nach oben fest. Dann mit einem feuchten Tuch bedecken und sanft dämpfen. Flach liegend trocknen lassen.

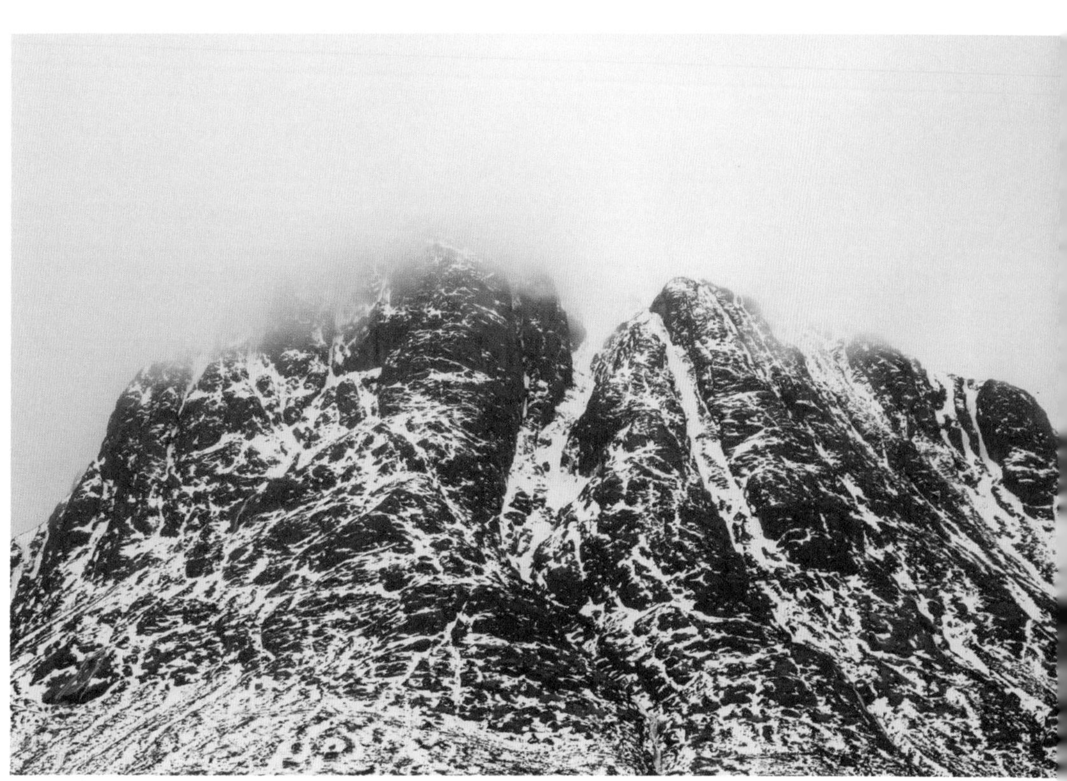

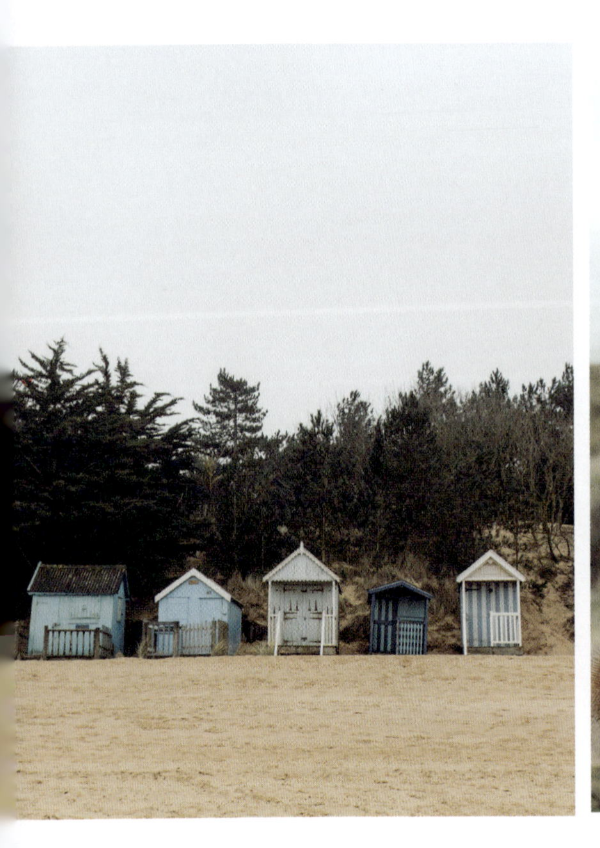
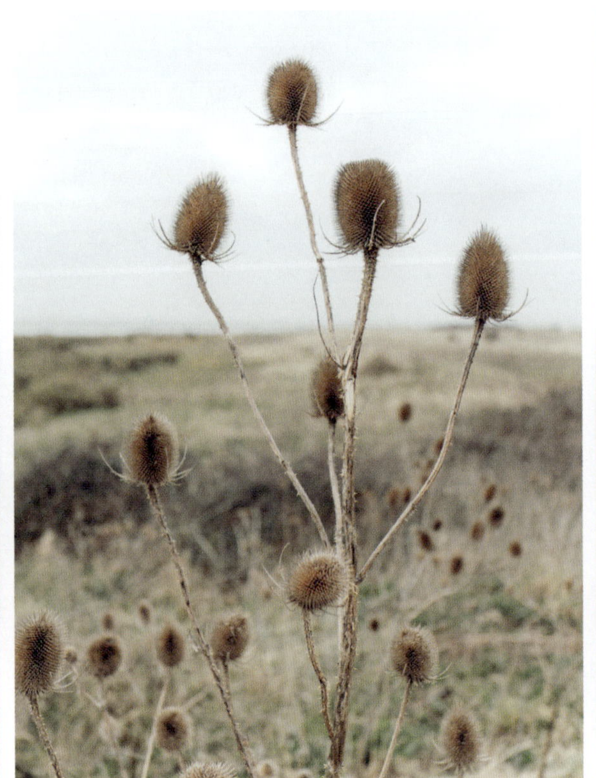
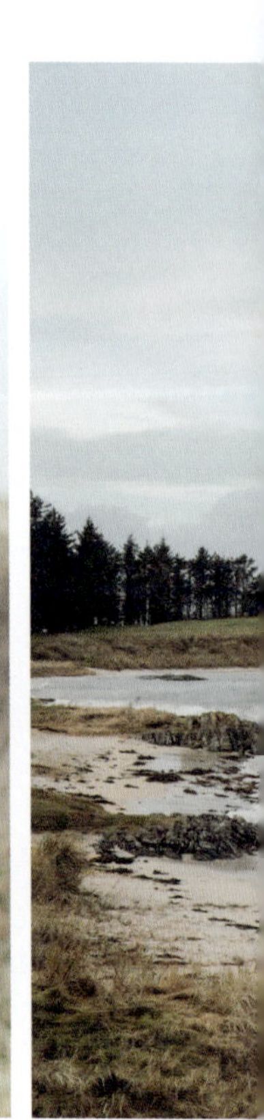

Küste

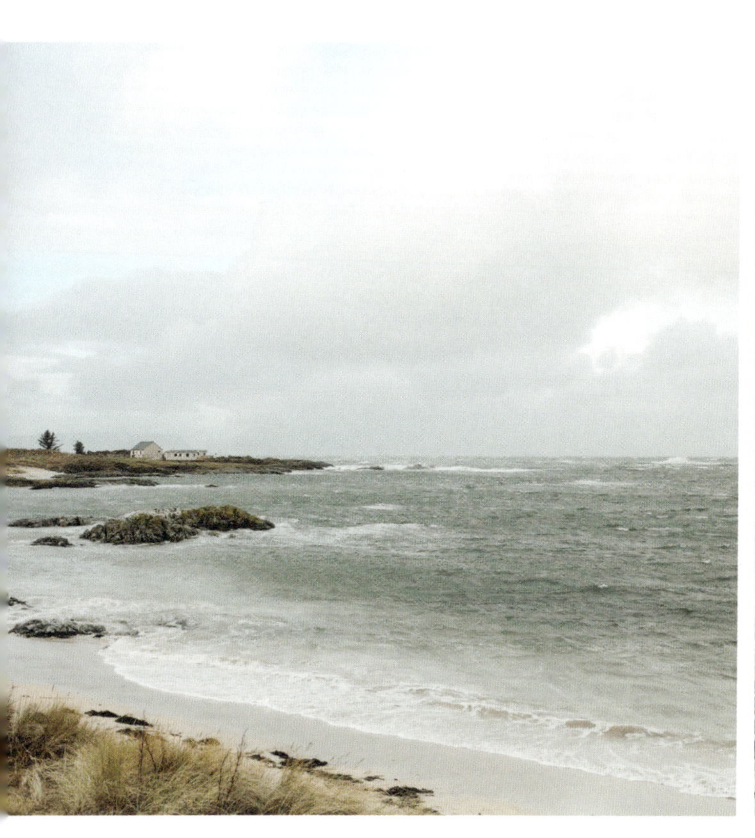

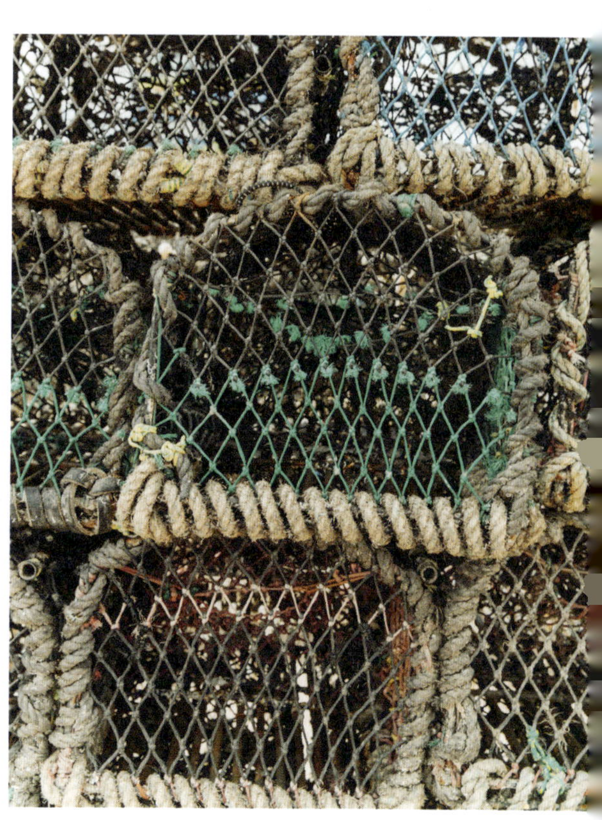

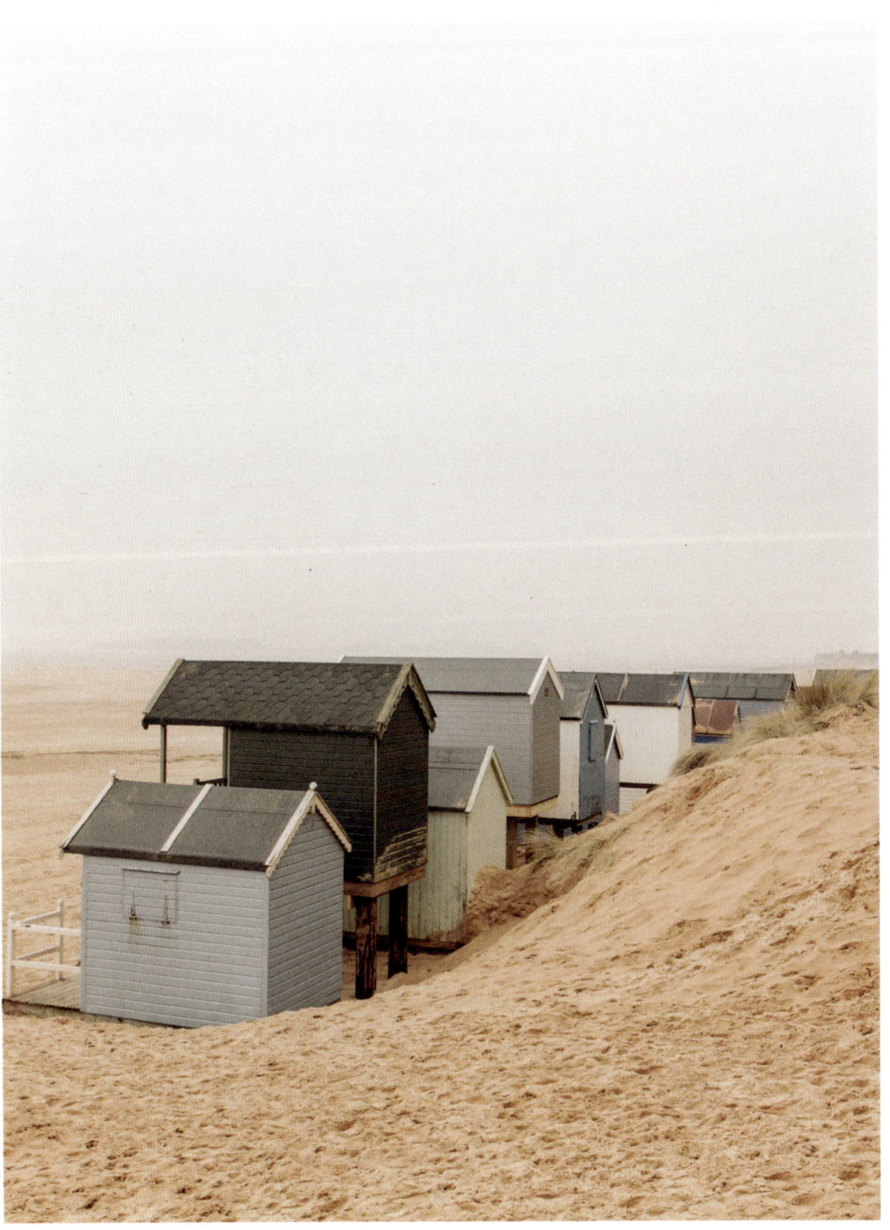

Einem Pfad folgen

Herumwandern

Zum Horizont hochblinzeln

Emotion

Kiesel am Strand

Treibholz

Gewirr von Seegras

Strandgut

Die Flut kommt

Kalter Sonnenschein

Stacheldraht

Salzlecke

Grober Sand

Körnig

Gischt

Erosion

Zeit

Die Küstenlinie ist die Grenze, wo das Meer auf das Land trifft, wo das Wasser um herausragende Felsen herumwirbelt und Wellen am Sandstrand brechen. Der Kontrast zwischen solidem Fels und Wasser, das ständig in Bewegung ist, fasziniert mich immer aufs Neue. Das Wasser formt den Sand zu fließenden Wellen, dekoriert ihn mit verschlungenem Seegras, das die Gezeiten freigelegt haben, oder mit angeschwemmten, vom Meer glattgeschliffenen Kieseln. Einst strahlende Farben werden von der salzigen Meeresluft gedämpft und ausgebleicht.

Clifford

Ein einfacher Pullover mit einer simplen Struktur – kraus rechts einmal abgewandelt, wobei jede zweite Masche in jeder zweiten Reihe als tiefergestochene Masche gestrickt wird. Der Pullover wird von unten nach oben mit Saum, V-Ausschnitt und Ärmelbündchen in kontrastierendem Rippenmuster gestrickt.

GARN
erika knight maxi wool
100 % reine britische Schurwolle
Ca. 80 m auf 100 g

MASSE	S	M	L	XL
BRUSTKORB	109cm	**120cm**	136cm	**146cm**
LÄNGE	71cm	**73cm**	75cm	**77cm**
ÄRMELLÄNGE	43cm	**43cm**	45cm	**45cm**

HINWEIS
Das Modell auf allen Fotos hat die Größe M.
Farbe: Flax. **Model**: Größe 36. Körpergröße: 1,70 m

MATERIALIEN
Benötigte Menge:
7 (**8**:8:**9**) Knäuel á 100 g
Nadeln Nr. 10
Rundnadel Nr. 9
Sicherheitsnadel
Hilfsnadeln
Maschenmarkierer
Stumpfe Nähnadel mit großem Nadelöhr

Bei den angegebenen Garnmengen handelt es sich um Richtwerte, die auf einem Durchschnittsbedarf basieren.

MASCHENPROBE
7,5 M x 17 Reihen = 10 x 10 cm im Kiesmuster mit Nadeln Nr. 10 und **nach dem Dämpfen**. Wechseln Sie nach Bedarf die Nadelstärke, um der Maschenprobe zu entsprechen.

ABKÜRZUNGEN
Siehe S. 36–38.

SPEZIELLE ABKÜRZUNG
tM – tiefer gestochene Masche (in die nächste Masche der Reihe darunter einstechen und normal abstricken)

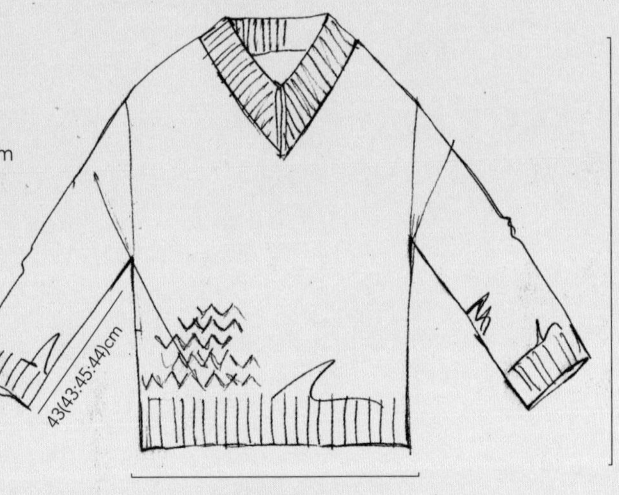

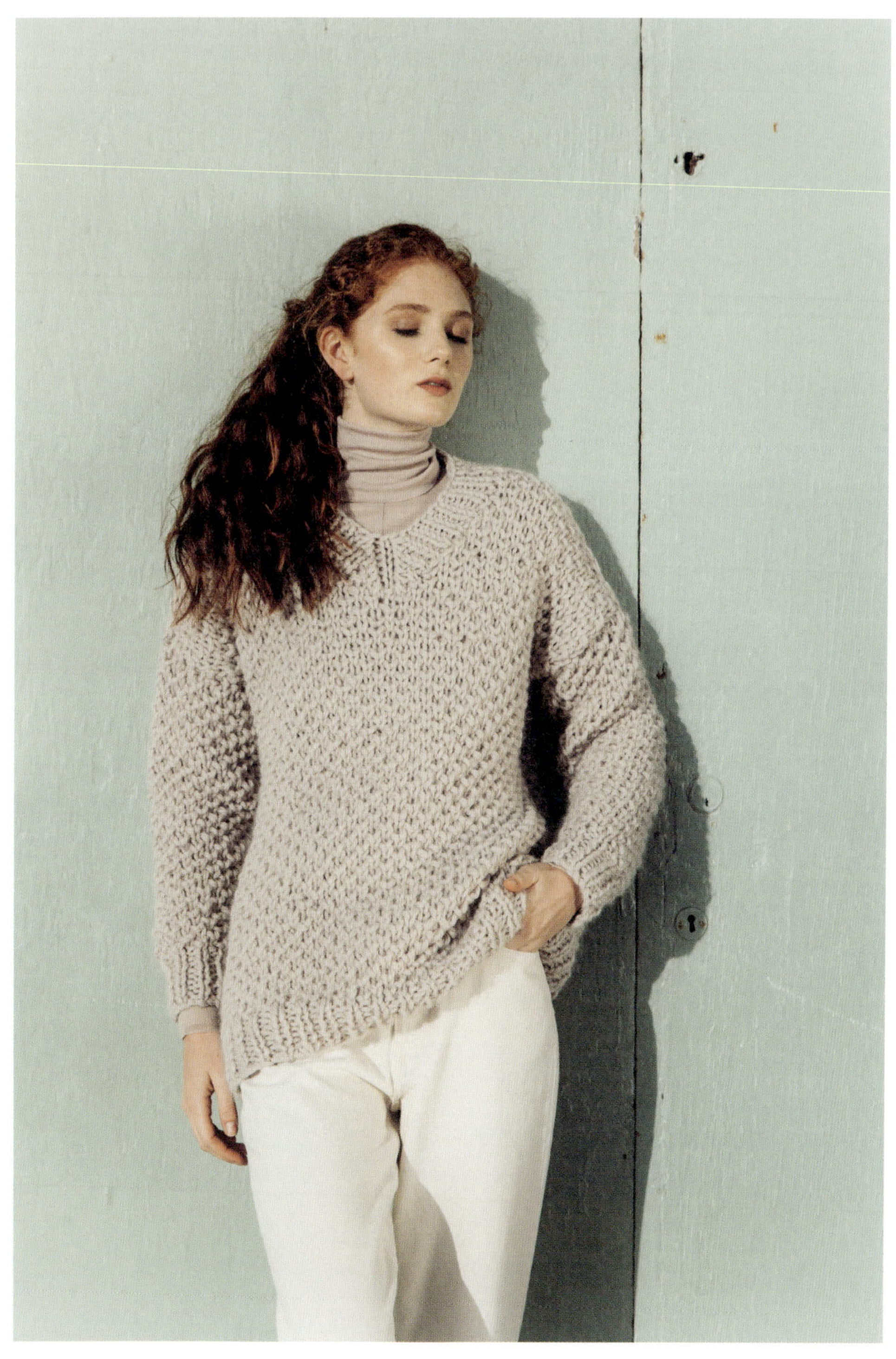

KIESMUSTER

Reihe 1 (LS): Re bis Ende der R.
Reihe 2 (RS): 1re, [tM, 1re] bis Ende der R.
Reihe 3: Re bis Ende der R.
Reihe 4: tM, [1re, tM] bis Ende der R.
Diese 4 R wdh.

ANLEITUNG

RÜCKSEITE

Im Rippenmuster 1re, 1li und im Kiesmuster gestrickt.
40 (**44**:50:**54**) M mit Nadeln Nr. 10 anschlagen und im RMs 1re, 1li wie folgt stricken:
Reihe 1 (RS): [1re, 1li] bis Ende der R.
Die letzte R noch 8-mal wdh. und in der letzten Reihe 1 M zun. *41 (**45**:51:**55**) M.*
Wie folgt im Kiesmuster fortf:
Reihe 1 (LS): Re bis Ende der R.
Reihe 2 (RS): 1re, [tM, 1re] bis Ende der R.
Reihe 3: Re bis Ende der R.
Reihe 4: tM, [1re, tM] bis Ende der R.
Hinweis: Die Reihen beim Stricken abhaken, um das Muster korrekt einzuhalten.
Die letzten 4 R wdh., bis der Rücken 66 (**68**:70:**72**) cm ab Anschlag misst, dabei auf RS für die nächste R enden, Me für die Armausschnitte, wenn das Strickstück 48 (**49**:50:**51**) cm ab Anschlag misst.
Schultern und hinterer Halsausschnitt:
Nächste Reihe (RS): Ms bis zu den letzten 3 (**4**:4:**4**) M, Wickelmasche, wenden.
Nächste Reihe: Re bis zu den letzten 3 (**4**:4:**4**) M, Wickelmasche, wenden.
Nächste Reihe: Ms bis zu den letzten 6 (**7**:8:**8**) M, Wickelmasche, wenden.
Nächste Reihe: Re bis zu den letzten 6 (**7**:8:**8**) M, Wickelmasche, wenden.
Nächste Reihe: Ms bis zu den letzten 9 (**10**:12:**12**) M, Wickelmasche, wenden.
Nächste Reihe: Re bis zu den letzten 9 (**10**:12:**12**) M, Wickelmasche, wenden.
Nächste Reihe: Ms bis zu den letzten 12 (**13**:16:**16**) M, Wickelmasche, wenden.
Nächste Reihe: Re bis zu den letzten 12 (**13**:16:**16**) M, Wickelmasche, wenden.
Nächste Reihe: Ms über 4 (**5**:5:**6**) M, wenden.
Nächste Reihe: 2 M abketten, re bis zum Ende der Reihe und dabei die Umwicklungen aufnehmen. *14 (**16**:19:**20**) M.*
Faden abschneiden und ein langes Ende stehen lassen.
Diese M für die Schulter auf eine Hilfsnadel nehmen. Mit der RS nach vorne die mittleren **9** (**9**:9:**11**) M auf eine Hilfsnadel legen.
Den Faden für die restl. 16 (**18**:21:**22**) M wieder anknüpfen und wie folgt arbeiten:
Nächste Reihe (RS): 2 M abketten, Ms bis zum Ende der Reihe und dabei die Umwicklungen aufnehmen.
*14 (**16**:19:**20**) M.*
Faden abschneiden und ein langes Ende stehen lassen.
Diese M für die Schulter auf eine Hilfsnadel nehmen.

VORDERSEITE

Im Rippenmuster 1re, 1li und im Kiesmuster gestrickt. Wie den Rücken stricken, bis die Vorderseite 54 (**56**:58:**58**) cm ab Anschlag misst, dabei auf RS für die nächste R enden, Me für die Armausschnitte, wenn das Strickstück 48 (**49**:50:**51**) cm ab Anschlag misst.
Aufteilung für den Halsausschnitt:
Nächste Reihe (RS): 20 (**22**:25:**27**) im Ms, wenden und restl. 21 (**23**:26:**28**) M auf eine Hilfsnadel legen.
Nächste Reihe: Re bis Ende der R.
Nächste Reihe (abn, RS): Ms bis letzte 2 M, 2Mzus. *19 (**21**:24:**26**) M.*
Nächste Reihe: Re bis Ende der R.
Nächste Reihe: Ms bis Ende der R.
Nächste Reihe (abn) (LS): 2Mzus, re bis Ende der R. *18 (**20**:23:**25**) M.*
In jeder folg 3. R wie oben abn, bis es 14 (**16**:19:**20**) M sind. 1 (1:1:2) Reihen im Ms hochstricken und auf LS für die nächste Reihe enden.

Schulter:
Nächste Reihe (LS): Re bis zu den letzten 3 (**4**:4:**4**) M, Wickelmasche, wenden.
Nächste Reihe: Ms bis Ende der R.
Nächste Reihe: Re bis zu den letzten 6 (**7**:8:**8**) M, Wickelmasche, wenden.
Nächste Reihe: Ms bis Ende der R.
Nächste Reihe: Re bis zu den letzten 9 (**10**:12:**12**) M, Wickelmasche, wenden.
Nächste Reihe: Ms bis Ende der R.
Nächste Reihe: Re bis zu den letzten 12 (**13**:16:**16**) M, Wickelmasche, wenden.
Nächste Reihe: Ms bis Ende der R.
Nächste Reihe: Re über alle M und dabei die Umwicklungen aufnehmen.
Faden abschneiden und ein langes Ende stehen lassen. Diese 14 (**16**:19:**20**) M für die Schulter auf eine Hilfsnadel nehmen.
Mit RS vorne die mittlere M auf eine Sicherheitsnadel legen.
Den Faden für die restl. 20 (**22**:25:**27**) M wieder anknüpfen und wie folgt arbeiten:
Nächste Reihe (RS): Ms bis Ende der R.
Nächste Reihe: Re bis Ende der R.
Nächste Reihe (abn, RS): 2Mzus, Ms bis Ende der R.
Nächste Reihe: Re bis Ende der R.
Nächste Reihe: Ms bis Ende der R.
Nächste Reihe (abn, LS): Re bis letzte 2 M, 2Mzus.
In jeder folg 3. R am Halsausschnitt abn wie oben, bis 14 (**16**:19:**20**) M erreicht sind.
2 (**2**:2:**3**) Reihen stricken und auf RS für die nächste Reihe enden.

Schultern und hinterer Halsausschnitt:
Nächste Reihe (RS): Ms bis zu den letzten 3 (**4**:4:**4**) M, Wickelmasche, wenden.
Nächste Reihe: Re bis zu den letzten 3 (**4**:4:**4**) M, Wickelmasche, wenden.
Nächste Reihe: Ms bis zu den letzten 6 (**7**:8:**8**) M, Wickelmasche, wenden.
Nächste Reihe: Re bis zu den letzten 6 (**7**:8:**8**) M, Wickelmasche, wenden.
Nächste Reihe: Ms bis zu den letzten 9 (**10**:12:**12**) M, Wickelmasche, wenden.
Nächste Reihe: Re bis zu den letzten 9 (**10**:12:**12**) M, Wickelmasche, wenden.
Nächste Reihe: Ms bis zu den letzten 12 (**13**:16:**16**) M, Wickelmasche, wenden.
Nächste Reihe: Re bis zu den letzten 12 (**13**:16:**16**) M, Wickelmasche, wenden.
Nächste Reihe: Ms über 4 (**5**:5:**6**) M, wenden.
Nächste Reihe: 2 M abketten, re bis zum Ende der Reihe und dabei die Umwicklungen aufnehmen. *14 (**16**:19:**20**) M.*
Faden abschneiden und ein langes Ende stehen lassen.
Diese M für die Schulter auf eine Hilfsnadel nehmen. Mit der RS nach vorne die mittleren 9 (**9**:9:**11**) M auf eine Hilfsnadel legen.
Den Faden für die restl. *16 (**18**:21:**22**) M* wieder anknüpfen und wie folgt arbeiten:
Nächste Reihe (RS): 2 M abketten, Ms bis zum Ende der Reihe und dabei die Umwicklungen aufnehmen. *14 (**16**:19:**20**) M.*
Faden abschneiden und ein langes Ende stehen lassen.
Diese M für die Schulter auf eine Hilfsnadel nehmen.

ÄRMEL (2)

Im Rippenmuster 1re, 1li und im Kiesmuster gestrickt.
20 (**22**:24:**26**) M mit Nadeln Nr. 10 anschlagen und im RMs 1re, 1li wie folgt stricken:
Reihe 1 (RS): [1re, 1li] bis Ende der R.
Die letzte R noch 8-mal wdh. und in der letzten Reihe 1 M zun. 21 (**23**:25:**27**) M.
Wie folgt im Kiesmuster fortf:
Reihe 1: Re bis Ende der R.
Reihe 2 (RS): 1re, [tM, 1re] bis Ende der R.
Reihe 3: Re bis Ende der R.
Reihe 4: tM, [1re, tM] bis Ende der R.
Die letzten 4 R wdh. und **GLEICHZEITIG** das Ms einhalten, 1 M an beiden Enden der nächsten und jeder folg 16. Reihe zun, bis es 29 (**31**:33:**35**) M sind.

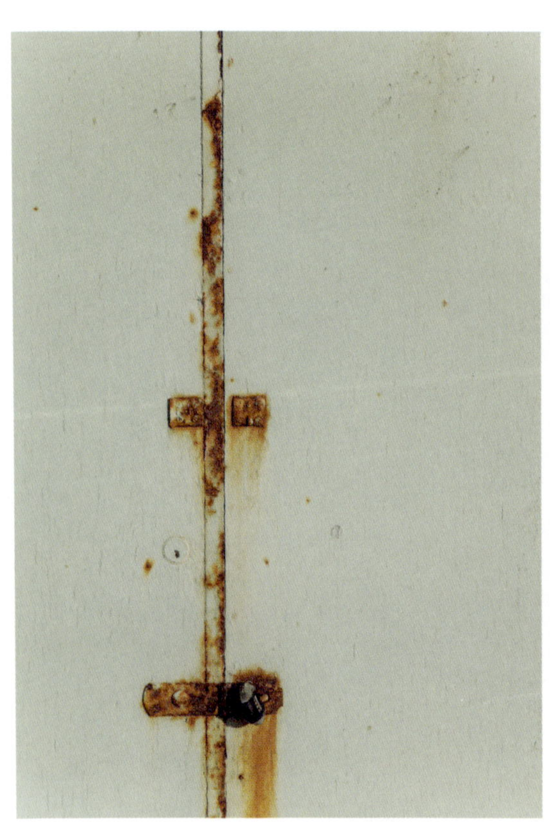

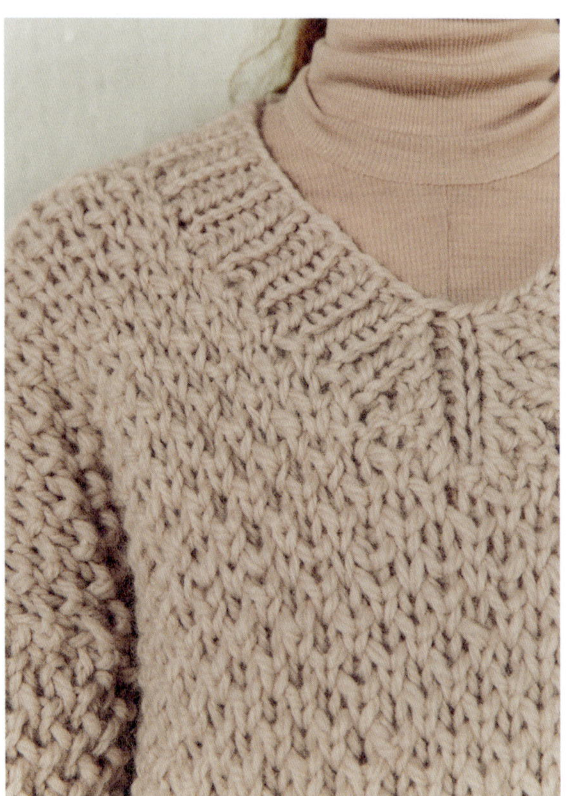

Unter Beibehaltung des Musters weiterstricken, bis der Ärmel 43 (**43**:45:**45**) cm ab Anschlag misst, dabei auf LS für nächste R enden.
Locker im Ms abketten.

FERTIGSTELLUNG

Beide Schultern mit drei Nadeln zusammen abketten, dabei die LS zusammenlegen, sodass die Naht auf der Außenseite liegt.

HALSBBLENDE

Mit RS nach vorne mit einer Rundnadel Nr. 9 an der li Schulter beginnend 22 (**22**:22:**24**) M aufnehmen und den li vorderen Halsausschnitt hinunterstricken, Me, mittlere M von der Sicherheitsnadel re und diese M markieren, über den re vorderen Halsausschnitt 22 (**22**:22:**24**) M aufnehmen und re stricken, 4 M den re hinteren Halsausschnitt hinunter, 9 (**9**:9:**11**) M von der Hilfsnadel in der hinteren Mitte und 4 M über den li hinteren Halsausschnitt hoch. *62 (**62**:62:**68**) M.*
Me zum Markieren des Rundenanfangs, und wie folgt im Rippenmuster 1re, 1li arbeiten:

Runde 1 (Abn): [1re, 1li] bis 2 M vor der markierten M, 2Mverschr.zus, MV, markierte M re, 2Mzus, [1li, 1re] bis zur letzten M der Rd, 1li.
Runde 2 (Abn): RMs wie vorgegeben bis 2 M vor der markierten M, 2Mverschr.zus, MV, 1re, 2Mzus, RMs wie vorgegeben bis Ende der R.
Letzte Rd wdh., dabei wie vorgegeben abn, bis RMs 5 cm misst.
Im RMs abketten, dabei die vordere Mitte mitarbeiten.

Fadenenden auf der LS vernähen. Wählen Sie eine flache, gepolsterte Oberfläche oder eine Spannmatte und stecken Sie das Strickstück mit der LS nach oben fest. Dann mit einem feuchten Tuch bedecken und sanft dämpfen, Bündchen dabei auslassen. Flach liegend trocknen lassen.

Die Ärmel zwischen den Markierern einnähen. Ärmel und Seitennähte schließen.

Seitenpfad

Dieser übergroße Pullover wird aus zwei Garnen gleichzeitig mit einem Lochmuster auf Vorder- und Rückseite und V-Ausschnitt auf der Vorderseite gestrickt. Die Blende auf der Rückseite im Rippenmuster 1re, 1li kontrastiert die Struktur. Die Ärmel werden vom Armausschnitt glatt rechts in Runden bis zum Bündchen gestrickt, wo sie im Rippenmuster 1re, 1li enden.

GARN
erika knight Wool Local **A**
100 % britische Schurwolle
Ca. 450 m auf 100 g

Rowan Kidsilk Haze **B**
70 % Super Kidmohair, 30 % Seide
Ca. 210 m auf 25 g

MASSE	S	M	L	XL
BRUSTKORB	121cm	**140cm**	161cm	**181cm**
LÄNGE	57cm	**60cm**	63cm	**66cm**
ÄRMELLÄNGE	34cm	**32cm**	30cm	**30cm**

HINWEIS
Das Modell auf allen Fotos hat die Größe S. **Farbe**: **A** Rosedale; **B** Smoke (805). **Model**: Größe 36. Körpergröße 1,70 m

MATERIALIEN
Benötigte Menge:
A 3 (**4**:5:**7**) Knäuel Wool Local á 100 g
B 5 (**5**:6:**7**) Knäuel Kidsilk Haze á 25 g
Nadeln Nr. 4,5 und 5
Nadelspiele Nr. 4,5 und Nr. 5 (sofern Sie nicht die Magic-Loop-Technik verwenden)
Hilfsnadeln
Stumpfe Nähnadel mit großem Nadelöhr

Bei den angegebenen Garnmengen handelt es sich um Richtwerte, die auf einem Durchschnittsbedarf basieren.

MASCHENPROBE
18 M x 24 Reihen = 10 x 10 cm gl.re mit beiden Garnen zusammen mit Nadeln Nr. 5 und **nach dem Dämpfen**. Wechseln Sie nach Bedarf die Nadelstärke, um der Maschenprobe zu entsprechen.

ANMERKUNG
Der Pullover wird durchgehend mit beiden Garnen gleichzeitig gestrickt.

ABKÜRZUNGEN
Siehe S. 36–38.

SPEZIELLE ABKÜRZUNG
1re verschr – 1 M rechts verschränkt stricken

SCHEMAS
Eine Strickschrift für dieses Projekt können Sie sich auf stiebner.com/texturen-stricken-extra ansehen und herunterladen.

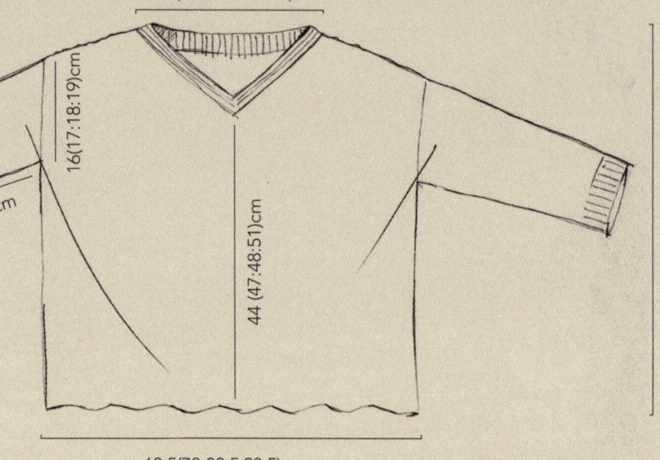

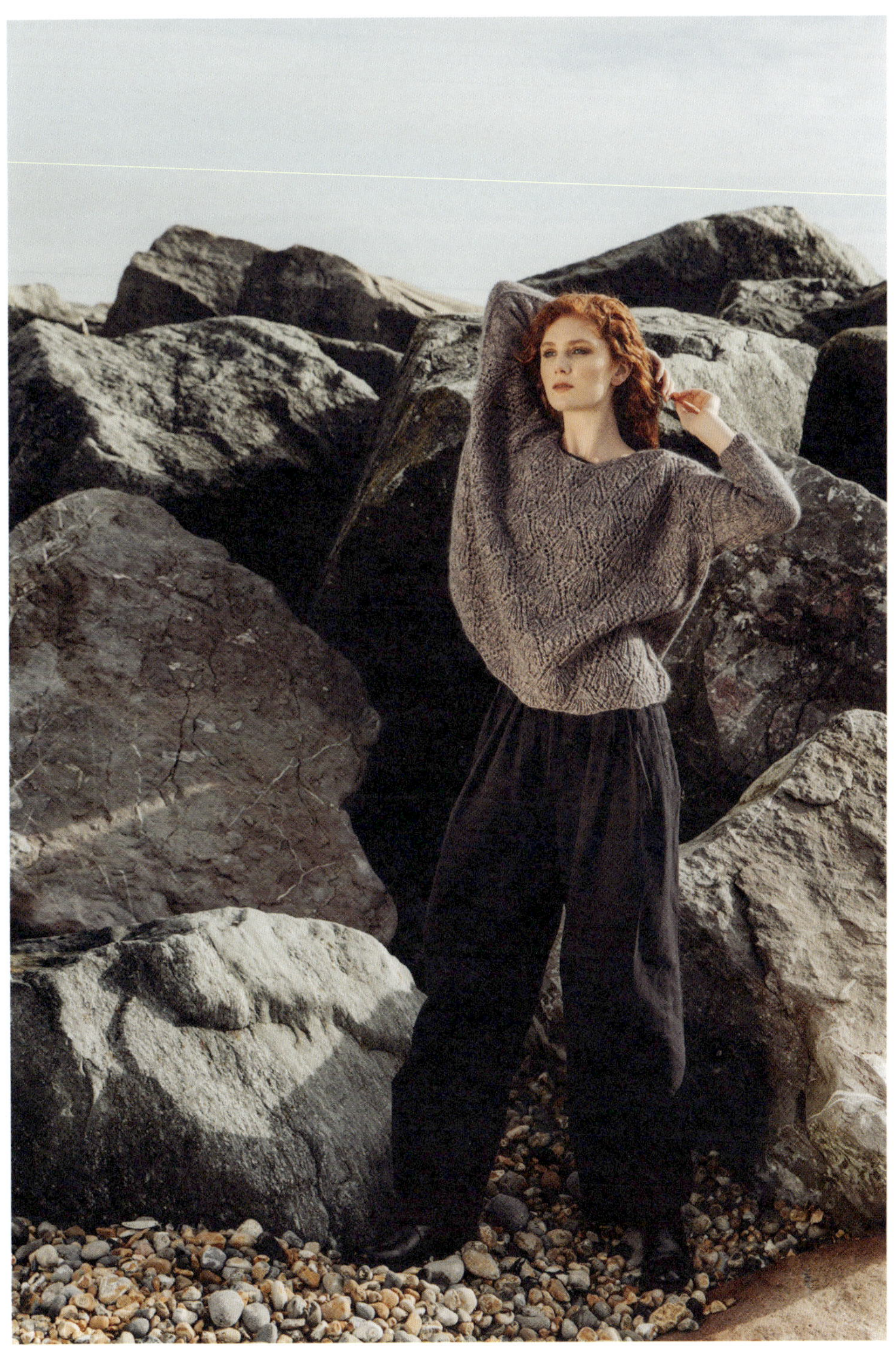

LOCHMUSTER
Beim Lochmuster sollte man die M nur nach der 5., 6., 11., 12., 13., 14., 25., 26., 27. und 28. Reihe zählen – alle im Muster angegebenen Maschenzahlen beziehen sich auf die Anfangsmaschen.

ANLEITUNG

RÜCKSEITE
Mit Lochmuster und im RMs 1re, 1li gestrickt.
Mit Nadeln Nr. 5 und beiden Garnen zusammen 111 (**129**:147:**165**) M anschlagen. Nach Schema oder schriftlicher Anleitung vorgehen.
Reihe 1 (RS): 2re, *[2li, 1re] 2-mal, Fdv, 2Mzus, Fdv, 1re, Fdv, M1re.ü, Fdv, [1re, 2li] 2-mal, 1re; ab * bis zur letzten M wdh., 1re.
Reihe 2: 1re, *[1li, 2re] 2-mal, 9li, *2re, [1li, 2re] 3-mal, 9li; ab * bis zu den letzten 7 M wdh., [2re, 2li] 2-mal, 1re.
Reihe 3: 2re, *[2li, 1re] 2-mal, Fdv, 2Mzus, Fdv, 3re, Fdv, M1re.ü, Fdv, [1re, 2li] 2-mal, 1re; ab * bis zur letzten M wdh., 1re.
Reihe 4: 1re, *[1li, 2re] 2-mal, 11li, *2re, [1li, 2re] 3-mal, 11li; ab * bis zu den letzten 7 M wdh., [2re, 1li] 2-mal, 1re.
Reihe 5: 2re, *[2Mlizus, 1re] 2-mal, Fdv, 2Mzus, Fdv, M1re.ü, 1re, 2Mzus, Fdv, M1re.ü, Fdv, [1re, 2Mlizus] 2-mal, 1re; ab * bis zur letzten M wdh., 1re.
Reihe 6: 1re, *[1li, 1re] 2-mal, 11li, *1re, [1li, 1re] 3-mal, 11li; ab * bis zu den letzten 5 M wdh., [1re, 1li] 2-mal, 1re.
Reihe 7: 2re, *[1li, 1re] 2-mal, Fdv, 2Mzus, Fdv, 1re verschr, Fdv, M2zus.ü, Fdv, 1re verschr, Fdv, M1re.ü, Fdv, [1re, 1li] 2-mal, 1re; ab * bis zur letzten M wdh., 1re.
Reihe 8: 1re, *[1li, 1re] 2-mal, 13li, *1re, [1li, 1re] 3-mal, 13li; ab * bis zu den letzten 5 M wdh., [1re, 1li] 2-mal, 1re.
Reihe 9: 2re, *[2Mzus] 2-mal, Fdv, 2Mzus, Fdv, 3re, Fdv, 1re, Fdv, 3re, Fdv, M1re.ü, Fdv, [M1re.ü] 2-mal, 1re; ab * bis zur letzten M wdh., 1re.
Reihe 10: 1re, li bis zur letzten M, 1re.
Reihe 11: 2re, *[2Mzus, Fdv] 2-mal, M1re.ü, 1re, 2Mzus, Fdv, 1re, Fdv, M1re.ü, 1re, 2Mzus, [Fdv, M1re.ü] 2-mal, 1re; ab * bis zur letzten M wdh., 1re.
Reihe 12: 1re, li bis zur letzten M, 1re.
Reihe 13: 1re, [2Mzus, Fdv] 2-mal, 1re verschr, Fdv, M2zus.ü, Fdv, 3re, Fdv, M2zus.ü, Fdv, 1re verschr, Fdv, M1re.ü, *Fdv, M2zus.ü, Fdv, 2Mzus, Fdv, 1re verschr, Fdv, M2zus.ü, Fdv, 3re, Fdv, M2zus.ü, Fdv, 1re verschr, Fdv, M1re.ü; ab * bis zu den letzten 3 M wdh., Fdv, M1re.ü, 1re.
Reihe 14: 1re, li bis zur letzten M, 1re.
Reihe 15: 2re, *Fdv, M1re.ü, Fdv, [1re, 2li] 4-mal, 1re, Fdv, 2Mzus, Fdv, 1re; ab * bis zur letzten M wdh., 1re.
Reihe 16: 1re, 5li, [2re, 1li], 3-mal, 2re, *9li, [2re, 1li] 3-mal, 2re; ab * bis zu den letzten 6 M wdh., 5li, 1re.
Reihe 17: 3re, Fdv, M1re.ü, Fdv, [1re, 2li] 4-mal, 1re, Fdv, 2Mzus, *Fdv, 3re, Fdv, M1re.ü, Fdv, [1re, 2li] 4-mal, 1re, Fdv, 2Mzus; ab * bis zu den letzten 3 M wdh., Fdv, 3re.
Reihe 18: 1re, 6li, [2re, 1li], 3-mal, 2re, *11li, [2re, 1li] 3-mal, 2re; ab * bis zu den letzten 7 M wdh., 6li, 1re.
Reihe 19: 2re, *2Mzus, Fdv, M1re.ü, Fdv, [1re, 2lizus] 4-mal, 1re, Fdv, 2Mzus, Fdv, M1re.ü, 1re; ab * bis zur letzten M wdh., 1re.
Reihe 20: 1re, 6li, [1re, 1li], 3-mal, 1re, *11li, [1re, 1li] 3-mal, 1re; ab * bis zu den letzten 7 M wdh., 6li, 1re.
Reihe 21: 1re, 2Mzus, Fdv, 1re verschr, Fdv, M1re.ü, Fdv, [1re, 1li] 4-mal, 1re, Fdv, 2Mzus, Fdv, 1re verschr, *Fdv, M2zus.ü, Fdv, 1re verschr, Fdv, M1re.ü, Fdv [1re, 1li] 4-mal, 1re, Fdv, 2Mzus, Fdv, 1re verschr; ab * bis zu den letzen 3 M wdh., Fdv, M1re.ü, 1re.
Reihe 22: 1re, 7li, [1re, 1li], 3-mal, 1re, *13li, [1re, 1li] 3-mal, 1re; ab * bis zu den letzten 8 M wdh., 7li, 1re.
Reihe 23: 2re, *Fdv, 3re, Fdv, M1re.ü, Fdv, [M1re.ü] 2-mal, 1re, [2Mzus] 2-mal, Fdv, 2Mzus, Fdv, 3re, Fdv, 1re; ab * bis zur letzten M wdh., 1re.

Reihe 24: 1re, li bis zur letzten M, 1re.
Reihe 25: 2re, *Fdv, M1re.ü, 1re, 2Mzus, [Fdv, M1re.ü] 2-Mal, 1re, [2Mzus, Fdv] 2-Mal, M1re.ü, 1re, 2Mzus, Fdv, 1re; ab * bis zur letzten M wdh., 1re.
Reihe 26: 1re, li bis zur letzten M, 1re.
Reihe 27: 3re, Fdv, M2zus.ü, Fdv, 1re verschr, Fdv, M1re.ü, Fdv, M2zus.ü, Fdv, 2Mzus, Fdv, 1re verschr, Fdv, M2zus.ü, *Fdv, 3re, Fdv, M2zus.ü, Fdv, 1re verschr, Fdv, M1re.ü, Fdv, M2zus.ü, Fdv, 2Mzus, Fdv, 1re verschr, Fdv, M2zus.ü; ab * bis zu den letzten 3 M wdh., Fdv, 3re.
Reihe 28: 1re, li bis zur letzten M, 1re.
Diese 28 Reihen bilden das Lochmuster und werden durchgehend wiederholt.
Gerade weiterstricken, bis das Strickstück ca. 53 (**56**:59:**62**) cm misst, dabei nach einer Reihe Nr. 16 (**24**:2:**10**) des Musters und mit RS vorne für die nächste Reihe enden.
Aufgrund der sich verändernden Maschenzahl im Lochmuster sollten Sie jetzt 123 (**143**:163:**183**) M auf den Nadeln haben (20 M pro Rapport plus 3 Randmaschen).
Schultern und hinterer Halsausschnitt:
Wo möglich im Ms arbeiten und alle weiteren M gl.re stricken, wie folgt fortf:
Am Anf der nächsten 4 R je 9 (**11**:13:**15**) M abketten. *75 (**85**:95:**105**) M.*
Ihre Maschenzahl kann leicht davon abweichen, je nachdem, wie Sie mit den Abnahmen im Lochmuster verfahren sind. Das wurde im nächsten Abschnitt des Musters berücksichtigt.
Jetzt zu beiden Seiten der mittleren 49 (**53**:53:**57**) M Me, ohne die M abzustricken.
Nächste Reihe (RS): 9 (**11**:13:**15**) M abketten, Ms bis zum Markierer, MV, [1li, 1re] bis zur letzten M vor dem Markierer, 1li, MV, Ms bis Ende der R.
Nächste Reihe: 9 (**11**:13:**15**) M abketten, Ms bis zum Markierer, MV, [1re, 1li] bis zur letzten M vor dem Markierer, 1re, MV, Ms bis Ende der R.
Nächste Reihe: 9 (**10**:13:**14**) M abketten, bis zum Markierer RMs wie die M erscheinen, MV, re bis Ende der R.
Nächste Reihe: 9 (**10**:13:**14**) M abketten, RMs bis Ende der R.
Die verbliebenen M im RMs abketten.

VORDERSEITE

Wird im Lochmuster gestrickt.
Mit Nadeln Nr. 5 und beiden Garnen zusammen 111 (**129**:147:**165**) M anschlagen.
Im Lochmuster weiterstricken, bis das Strickstück 43 (**47**:49:**52**) cm ab Anschlag misst, dabei nach einer Reihe Nr. 20 (**28**:6:**12**) des Musters und mit RS vorne für die nächste Reihe enden. Aufgrund der sich verändernden Maschenzahl im Lochmuster sollten Sie jetzt 111 (**129**:147:**165**) M auf den Nadeln haben (18 M pro Rapport plus 3 Randmaschen).
Jetzt nach 55 (**64**:73:**82**) und 56 (**65**:74:**83**) M zu beiden Seiten der Mittelmasche Me, ohne die Maschen abzustricken.
Vorderer Halsausschnitt:
Wo möglich im Ms arbeiten und alle weiteren M gl.re stricken, wie folgt fortf:
Nächste Reihe (RS): Ms bis 6 M vor dem Markierer, 2Mlizus, 1re, 1li, 2re, wenden und die restl M auf eine Hilfsnadel legen.
*54 (**63**:72:**81**) M.*
Linker vorderer Halsausschnitt:
Wo möglich im Ms arbeiten und alle weiteren M gl.re stricken, wie folgt fortf:
Nächste Reihe (abn) (LS): [1re, 1li] 2-mal, M1re.ü, Ms bis Ende der R.
Nächste Reihe (abn): Ms bis letzte 6 M, 2Mlizus, 1re, 1li, 2re.
Im Ms fortf, weitere 16 (**18**:18:**20**) R lang in jeder R abn wie vorgegeben, bis es insgesamt 18 (**20**:20:**22**) Abn sind.
5 (**3**:3:**3**) Reihen im Ms hochstricken, wo möglich, und auf RS für die nächste Reihe enden. (Das Strickstück sollte jetzt bis zur Schulter dem Rückenteil entsprechen.)

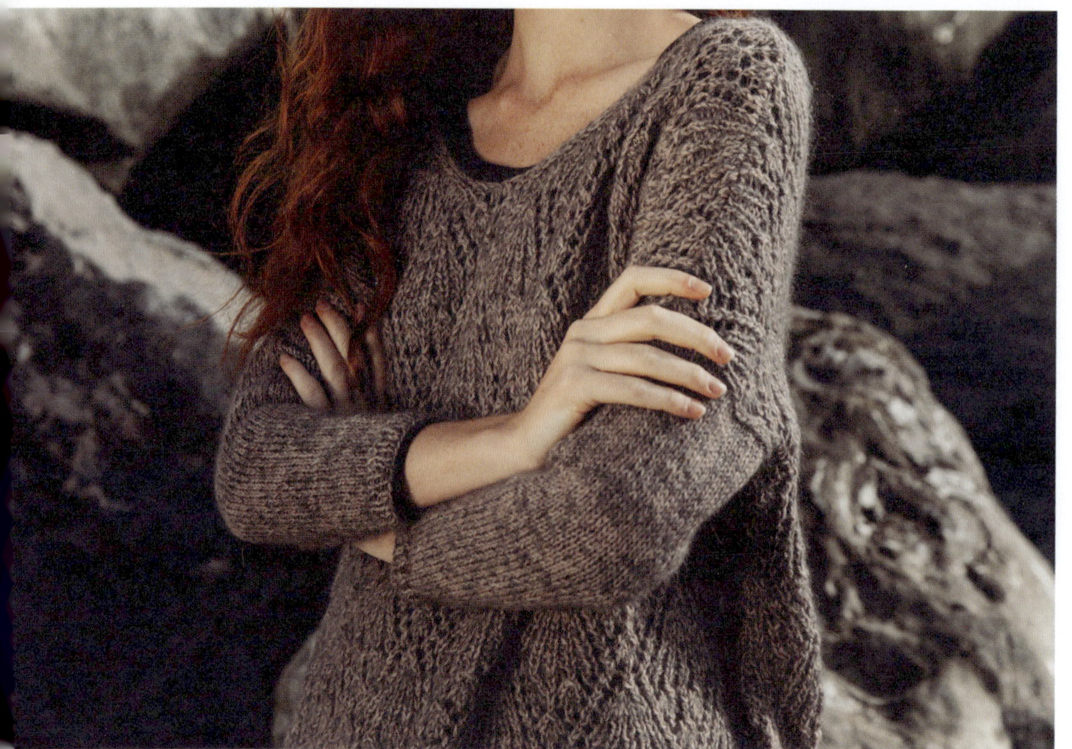

Schulter:
Wo möglich im Ms arbeiten.
Am Anf der nächsten und der 2 folg RS-Reihen je 9 (**11**:13:**15**) M abketten.
*9 (**10**:13:**14**) M.*
1 R im Ms stricken. Die verbliebenen M abketten.
Rechter vorderer Halsausschnitt:
Mit RS vorne mit Nadeln Nr. 5 und je einem Faden von beiden Garnen zusammen mit den verbliebenen M wie folgt weiterarbeiten:
Nächste Reihe (abn, RS): 2Mzus, 1re, 1li, 1re, 2Mliverschr.zus, Ms bis Ende der R.
Nächste Reihe (abn): Ms bis letzte 6 M, 2Mzus, [1li, 2re] 2-mal.
Nächste Reihe (abn): 2re, 1li, 1re, 2Mliverschr.zus, Ms bis Ende der R.
Im Ms fortf, weitere 16 (**18**:18:**20**) R lang in jeder R abn wie vorgegeben, bis es insgesamt 18 (**20**:20:**22**) Abn sind.
4 (**2**:2:**2**) Reihen hochstricken, wo möglich im Ms, und auf LS für die nächste Reihe enden. (Das Strickstück sollte jetzt bis zur Schulter dem Rückenteil entsprechen.)
Schulter:
Wo möglich im Ms arbeiten und alle weiteren M gl.re stricken, wie folgt fortf:
Am Anf der nächsten und der 2 folg LS-Reihen je 9 (**11**:13:**15**) M abketten.
*9 (**10**:13:**14**) M.*
1 R im Ms stricken. Die verbliebenen M abketten.

FERTIGSTELLUNG

16 (**17**:18:**19**) cm unterhalb der Schultern Me, um die Position des Armausschnitts zu markieren.
Beide Schulternähte mit dem Rückstich schließen, oder mit dem Matratzenstich, falls Sie den bevorzugen. Die Seitennähte bis zu den Markierern für die Armausschnitte schließen.

ÄRMEL

Beide werden identisch glatt rechts und im RMs 1re, 1li gestrickt.
Mit RS vorne mit Rundnadel Nr. 5 und einem Faden von beiden Garnen zusammen gleichmäßig um den Armausschnitt herum verteilt 58 (**62**:66:**70**) M aufnehmen und re stricken. Me zum Markieren des Rundenanfangs.
7 Rd re.
Nächste Runde: 3re, M1re.ü, re bis letzte 5 M, 2Mzus, 3re.
Wie vorgegeben in jeder folg 8.(**8**.:7.:**7**.) Rd abn, bis es 40 (**52**:48:**52**) M sind, dann in jeder folg 0. (**7**.:0.:**0**.) Rd, bis es 40 (**44**:48:**52**) M sind.
Weiterstricken, bis der Ärmel 32 (**30**:28:**28**) cm ab Anschlag misst.
Ab jetzt mit Nadeln Nr. 4,5 weiterstricken.
Nächste Runde: [1re, 1li] bis zum Ende der Runde. Die letzte Runde 3-mal wdh.
Im RMs abketten.

Fadenenden auf der LS vernähen. Wählen Sie eine flache, gepolsterte Oberfläche oder eine Spannmatte und stecken Sie das Strickstück mit der LS nach oben gemäß Schnitt fest. Dann mit einem feuchten Tuch bedecken und sanft dämpfen. Flach liegend trocknen lassen.

Seetang

Eine ärmellose, lange Tunika, die in zwei Teilen auf dicken Nadeln gestrickt wird. Der Rücken wird im Rippenmuster 3re, 3li mit absichtlich eingestrickten Löchern und Laufmaschen gearbeitet, inspiriert von den mäandernden, gischtigen Gezeiten am Strand. Die Vorderseite besteht aus einer Variante des verschlungenen Zopfmusters, das ich für »Unterholz« auf Seite 102 verwendet habe, allerdings wird es dekorativ von Laufmaschen durchbrochen, damit eine fließende, sich überlagernde Musterung entsteht.

GARN
erika knight Studio Linen
85 % recyceltes Leinen, 15 % Premiumleinen
Ca. 120 m auf 50 g

MASSE	S/M	M/L	L/XL
BRUSTKORB	103cm	**115cm**	128cm
LÄNGE – RÜCKEN	80cm	**81cm**	83cm
LÄNGE – VORN	77cm	**78cm**	80cm

HINWEIS
Das Modell auf allen Fotos hat die Größe S/M. **Farbe**: Cirrus. **Model**: Größe 36. Körpergröße 1,70 m

MATERIALIEN
Benötigte Menge:
5 (**6**:7) Knäuel á 50 g
Nadeln Nr. 5,5 und 6
Rundnadel Nr. 5 – Länge
40 cm Zopfnadel
Maschenmarkierer
Hilfsnadeln
Stumpfe Nähnadel mit großem Nadelöhr

Bei den angegebenen Garnmengen handelt es sich um Richtwerte, die auf einem Durchschnittsbedarf basieren.

MASCHENPROBE
16 M x 17 Reihen = 10 x 10 cm im Zopfmuster, mit Nadeln Nr. 6 und nach dem Dämpfen.
Wechseln Sie nach Bedarf die Nadelstärke, um der Maschenprobe zu entsprechen.

ABKÜRZUNGEN
Siehe S. 36–38.

SCHEMAS
Eine Strickschrift für dieses Projekt können Sie sich auf stiebner.com/texturen-stricken-extra ansehen und herunterladen.

HINWEIS
Die Anleitung für dieses Modell ist einfach gehalten. Es gibt ein Diagramm, das zeigt, wo das Loch oder die Laufmasche eingearbeitet werden soll. Aber das ist unverbindlich und eher als Leitfaden gedacht. Haben Sie keine Angst, wenn Sie die Maschen fallen lassen – das macht richtig Spaß und ergibt ein interessantes Strickstück.

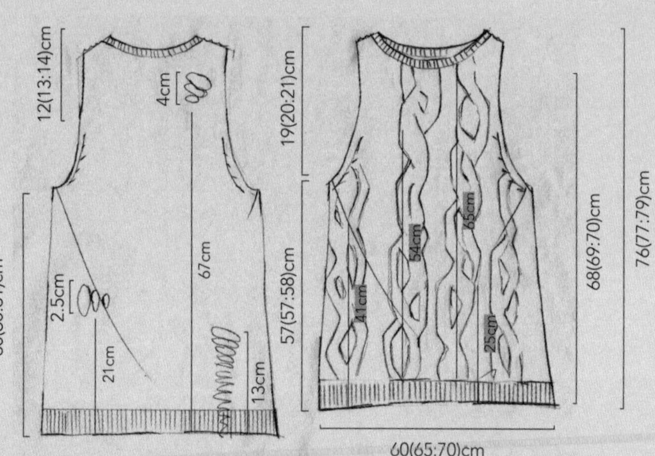

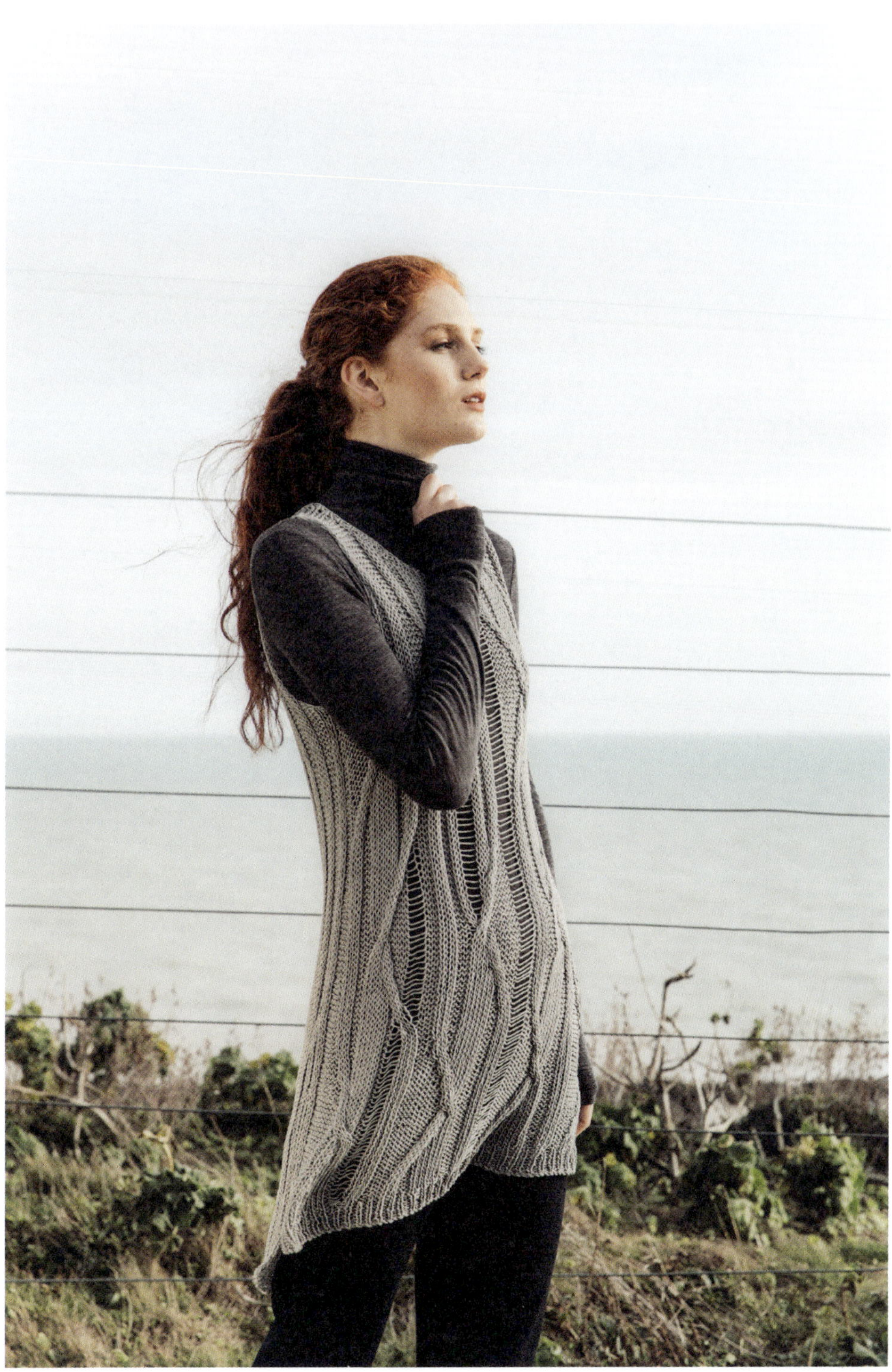

ZOPFMUSTER ÜBER 21 MASCHEN

Abkürzungen

lZ4re – Über 4 Maschen nach links zopfen, rechte Masche: Die nächsten 3 M auf die Zopfnadel nehmen und vor die Arbeit legen, die nächste M von der Nadel in der LH rechts abstricken, dann die M von der Zopfnadel rechts abstricken
lZ4li – Über 4 Maschen nach links zopfen, linke Masche: Die nächsten 3 M auf die Zopfnadel nehmen und vor die Arbeit legen, die nächste M von der Nadel in der LH links abstricken, dann die M von der Zopfnadel rechts abstricken
rZ4re – Über 4 Maschen nach rechts zopfen, rechte Masche: Die nächste M auf die Zopfnadel nehmen und hinter die Arbeit legen, die nächsten 3 M von der Nadel in der LH rechts abstricken, dann die M von der Zopfnadel abstricken
rZ4li – Über 4 Maschen nach rechts zopfen, linke Masche: Die nächste M auf die Zopfnadel nehmen und hinter die Arbeit legen, die nächsten 3 M von der Nadel in der LH rechts abstricken, dann die M von der Zopfnadel links abstricken
Z6h – Zopf über 6 Maschen hinten: Die nächsten 3 M auf die Zopfnadel nehmen und hinter die Arbeit legen, die nächsten 3 M von der Nadel in der LH abstricken, dann M von der Zopfnadel abstricken
Z6v – Zopf über 6 Maschen vorne: Die nächsten 3 M auf die Zopfnadel nehmen und vor die Arbeit legen, die nächsten 3 M von der Nadel in der LH rechts abstricken, dann die M von der Zopfnadel abstricken
r5verkr.re – Rechts verkreuzen über 5 Maschen, rechte Maschen: Die nächsten 2 M auf die Zopfnadel nehmen und hinter die Arbeit legen, die nächsten 3 M von der Nadel in der LH re abstricken, dann die M von der Zopfnadel rechts abstricken
r5verkr.li – Rechts verkreuzen über 5 Maschen, linke Maschen: Die nächsten 2 M auf die Zopfnadel nehmen und hinter die Arbeit legen, die nächsten 3 M von der Nadel in der LH rechts abstricken, dann die M von der Zopfnadel links abstricken
l5verkr.re – Links verkreuzen über 5 Maschen, rechte Maschen: Die nächsten 3 M auf die Zopfnadel nehmen und vor die Arbeit legen, die nächsten 2 M von der Nadel in der LH rechts abstricken, dann die M von der Zopfnadel rechts abstricken
l5verkr.li – Links verkreuzen über 5 Maschen, linke Maschen: Die nächsten 3 M auf die Zopfnadel nehmen und vor die Arbeit legen, die nächsten 2 M von der Nadel in der LH links abstricken, dann die M von der Zopfnadel rechts abstricken

Reihe 1 (RS): [rZ4li, 2li, 6re, 3li, 3re, 3li].
Reihe 2: [3re, 3li, 3re, 6li, 3re, 3li].
Reihe 3: [3re, 3li, 6re, 3li, 3re, 3li].
Reihe 4: [3re, 3li, 3re, 6li, 3re, 3li].
Reihe 5: [3re, 3li, 6re, 2li, rZ4li, 3li].
Reihe 6: [4re, 3li, 2re, 6li, 3re, 3li].
Reihe 7: [3re, 3li, 6re, 2li, 3re, 4li].
Reihe 8: [4re, 3li, 2re, 6li, 3re, 3li].
Reihe 9: [3re, 3li, 6re, r5verkr.li, 4li].
Reihe 10: [6re, 9li, 3re, 3li].
Reihe 11: [3re, 3li, 9re, 6li].
Reihe 12: [6re, 9li, 3re, 3li].
Reihe 13: [3re, 3li, 4re, r5verkr.li, 6li].
Reihe 14: [8re, 7li, 3re, 3li].
Reihe 15: [3re, 3li, 7re, 8li].
Reihe 16: [8re, 7li, 3re, 3li].
Reihe 17: [3re, 3li, 3re, rZ4li, 8li].
Reihe 18: [9re, 6li, 3re, 3li].
Reihe 19: [3re, 3li, 6re, 9li].
Reihe 20: [9re, 6li, 3re, 3li].
Reihe 21: [3re, 3li, Z6v, 9li].
Reihe 22: [9re, 6li, 3re, 3li].
Reihe 23: [3re, 3li, 6re, 9li].
Reihe 24: [9re, 6li, 3re, 3li].
Reihe 25: [3re, 3li, 3re, lZ4re, 8li].
Reihe 26: [8re, 7li, 3re, 3li].
Reihe 27: [3re, 3li, 7re, 8li].
Reihe 28: [8re, 7li, 3re, 3li].
Reihe 29: [3re, 3li, 4re, l5verkr.re, 6li].
Reihe 30: [6re, 9li, 3re, 3li].
Reihe 31: [3re, 3li, 9re, 6li].
Reihe 32: [6re, 9li, 3re, 3li].
Reihe 33: [3re, 3li, 6re, l5verkr.li, 4li].
Reihe 34: [4re, 3li, 2re, 6li, 3re, 3li].
Reihe 35: [3re, 3li, 6re, 2li, 3re, 4li].
Reihe 36: [4re, 3li, 2re, 6li, 3re, 3li].
Reihe 37: [3re, 3li, 6re, 2li, lZ4li, 3li].
Reihe 38: [3re, 3li, 3re, 6li, 3re, 3li].
Reihe 39: [3re, 3li, 6re, 3li, 3re, 3li].
Reihe 40: [3re, 3li, 3re, 6li, 3re, 3li].
Reihe 41: [lZ4li, 2li, 6re, 3li, 3re, 3li].
Reihe 42: [3re, 3li, 3re, 6li, 2re, 3li, 1re].

Reihe 43: [1li, 3re, 2li, 6re, 3li, 3re, 3li].
Reihe 44: [3re, 3li, 3re, 6li, 2re, 3li, 1re].
Reihe 45: [1li, l5verkr.li, 6re, 3li, 3re, 3li].
Reihe 46: [3re, 3li, 3re, 9li, 3re].
Reihe 47: [3li, 9re, 3li, 3re, 3li].
Reihe 48: [3re, 3li, 3re, 9li, 3re].
Reihe 49: [3li, l5verkr.li, 4re, 3li, 3re, 3li].
Reihe 50: [3re, 3li, 3re, 7li, 5re].
Reihe 51: [5li, 7re, 3li, 3re, 3li].
Reihe 52: [3re, 3li, 3re, 7li, 5re].
Reihe 53: [5li, lZ4li, (3re, 3li) 2-mal].
Reihe 54: [3re, 3li, 3re, 6li, 6re].
Reihe 55: [6li, 6re, 3li, 3re, 3li].
Reihe 56: [3re, 3li, 3re, 6li, 6re].
Reihe 57: [6li, Z6h, 3li, 3re, 3li].
Reihe 58: [3re, 3li, 3re, 6li, 6re].
Reihe 59: [6li, 6re, 3li, 3re, 3li].
Reihe 60: [3re, 3li, 3re, 6li, 6re].
Reihe 61: [5li, rZ4re, (3re, 3li) 2-mal].
Reihe 62: [3re, 3li, 3re, 7li, 5re].
Reihe 63: [5li, 7re, 3li, 3re, 3li].
Reihe 64: [3re, 3li, 3re, 7li, 5re].
Reihe 65: [3li, r5verkr.re, 4re, 3li, 3re, 3li].
Reihe 66: [3re, 3li, 3re, 9li, 3re].
Reihe 67: [3li, 9re, 3li, 3re, 3li].
Reihe 68: [3re, 3li, 3re, 9li, 3re].
Reihe 69: [1li, r5verkr.li, 6re, 3li, 3re, 3li].
Reihe 70: [3re, 3li, 3re, 6li, 2re, 3li, 1re].
Reihe 71: [1li, 3re, 2li, 6re, 3li, 3re, 3li].
Reihe 72: [3re, 3li, 3re, 6li, 2re, 3li, 1re].
Diese 72 R wdh.

ANLEITUNG

RÜCKSEITE

Zuerst im Rippenmuster 1re, 1li und später 3re, 3li gestrickt, mit willkürlich eingesetzten Laufmaschen und Löchern. Die ungefähre Anordnung der Laufmaschen und Löcher entnehmen Sie bitte dem Diagramm.

WIE MAN EINE LAUFMASCHE STRICKT

Mit RS nach vorne eine M fallen lassen und dann an derselben Stelle M1, damit die Maschenzahl gleich bleibt.

WIE MAN EIN GROSSES LOCH STRICKT

Mit RS nach vorne den Faden zweimal um die Nadel wickeln und dann 3Mzus. In der nächsten Reihe 1li, 1re in den U, damit die Maschenzahl stimmt.

WIE MAN EIN KLEINES LOCH STRICKT

Mit RS vorne den Faden zweimal um die Nadel wickeln und dann 2Mzus. In der nächsten Reihe 1re oder 1li in die U, damit die Maschenzahl stimmt.

94 (**106**:118) M mit Nadeln Nr. 5,5 anschlagen und im RMs 1re, 1li wie folgt stricken:
Reihe 1 (RS): [1re, 1li] bis Ende der R.
Reihe 2: [1re, 1li] bis Ende der R.
Die letzten 2 R noch 3-mal wdh. und in der letzten Reihe 1 M abn. *93 (**105**:117) M.*
Mit Nadeln Nr. 6 wie folgt im RMs 3re, 3li wie folgt fortf:
Reihe 1 (RS): [3re, 3li] bis letzte 3 M, 3re.
Reihe 2: [3li, 3re] bis letzte 3 M, 3li.
Die letzten 2 R noch 3-mal wdh. und Me an beiden Enden der letzten Reihe.
Nächste Reihe (abn): 3re, 2Mlizus, bis zu den letzten 5 M RMs wie die M erscheinen, 2Mlizus, 3re.
Unter Einhaltung des RMs in jeder folg 16. R wie oben abn, bis es 81 (93:105) M sind. RMs gegebenenfalls mit 2Mzus korrigieren. Weiter im RMs wie vorgegeben stricken, bis Strickstück 60 (**60**:61) cm ab Anschlag misst, dabei auf RS für nächste R enden.
Armausschnitte:
Am Anf der nächsten 2 R je 5 M abketten. *71 (**83**:95) M.*
Nächste Reihe (abn, RS): 1 M abheben, 3re, 2Mlizus, bis zu den letzten 6 M RMs wie die M erscheinen, 2Mlizus, 3re, 1li. *69 (**81**:93) M.*
Nächste Reihe (abn): 1 M abheben, 3li, 2Mzus, bis zu den letzten 6 M RMs wie die M erscheinen, 2Mzus, 3li, 1re. *67 (**79**:91) M.*
Die letzten 2 R noch 1-mal wdh.
*63 (**75**:87) M.*
Nächste Reihe (abn): 1 M abheben, 3re, 2Mlizus, bis zu den letzten 6 M RMs wie die M erscheinen, 2Mlizus, 3re, 1li. 61 (73:85) M.
Nächste Reihe (abn): 1 M abheben, 3li, bis zu den letzten 4 M RMs wie die M erscheinen, 3li, 1re. Die letzten 2 R wdh. bis es 57 (69:81) M sind.
Weiter im RMs und dabei immer die erste M jeder R abheben, bis Rücken 79 (**80**:82) cm ab Anschlag misst, dabei auf RS für nächste R enden.
Schultern und hinterer Halsausschnitt:
Nächste Reihe (RS): RMs wie die M erscheinen bis zu den letzten 6 (**7**:9) M, Wickelmasche, wenden.

Nächste Reihe: RMs wie die M erscheinen bis zu den letzten 6 (**7**:9) M, Wickelmasche, wenden.
Nächste Reihe: 11 (**15**:18) M im RMs wie vorgegeben, wenden.
Nächste Reihe: 6 (**8**:9) M abketten, RMs über alle M und dabei die Umwicklungen aufnehmen. *11 (**14**:18) M.*
Faden abschneiden und ein langes Ende stehen lassen.
Diese M für die Schulter auf eine Hilfsnadel nehmen. Mit der RS vorne die mittleren 23 (**25**:27) M auf eine Hilfsnadel nehmen, das Garn für die restl. 17 (**22**:27) M wieder anknüpfen und wie folgt arbeiten:
Nächste Reihe: 6 (**8**:9) M abketten, RMs über alle M und dabei die Umwicklungen aufnehmen. 11 (**14**:18) M.
Faden abschneiden und ein langes Ende stehen lassen.
Diese M für die Schulter auf eine Hilfsnadel nehmen.

VORDERSEITE

Gestrickt im Rippenmuster 1re, 1li sowie glatt links, mit 4 Zopfmustersätzen und Laufmaschen. Die Anordnung der Laufmaschen entnehmen Sie bitte dem Diagramm.

WIE MAN EINE LAUFMASCHE STRICKT

Mit RS vorne eine M fallen lassen und dann an derselben Stelle M1, damit die Maschenzahl gleich bleibt.

Erste Laufmasche: Wenn das Strickstück 25 cm ab Anschlag misst im ersten Zopf eine M fallen lassen.
Zweite Laufmasche: Wenn das Strickstück 41 cm ab Anschlag misst im vierten Zopf eine M fallen lassen.
Dritte Laufmasche: Wenn das Strickstück 54 cm ab Anschlag misst im dritten Zopf eine M fallen lassen.
Vierte Laufmasche: Wenn das Strickstück 66,5 cm ab Anschlag misst im zweiten Zopf eine M fallen lassen.

96 (**104**:112) M mit Nadeln Nr. 5,5 anschlagen und im RMs 1re, 1li wie folgt stricken:
Reihe 1 (RS): [1re, 1li] bis Ende der R.
Reihe 2: [1re, 1li] bis Ende der R.
Die letzten 2 R noch 3-mal wdh. und Me an beiden Enden der letzten Reihe. Mit Nadeln Nr. 6 nach Schema oder schriftlicher Anleitung gl.li und im Ms wie folgt fortfahren:
Nächste Reihe (RS): 6 (**10**:14) li, Me, [R 1 des Zopfmusters] 4-mal, Me, 6 (**10**:14) li.
Nächste Reihe: 6 (**10**:14) re, MV, [R 2 des Zopfmusters] 4-mal, MV, 6 (**10**:14) re.
Nächste Reihe (abn): 1li, 2Mlizus, li bis zum Markierer, MV, [Reihe 3 des Zopfmusters] 4-mal, MV, li bis letzte 3 M, 2Mlizus, 1li.
*94 (**102**:110) M.*
Hinweis: Wenn Sie keinen vollständigen Zopf mehr stricken können gl.li fortfahren.
Mit R 4 des Zopfmusters beginnend wie oben angegeben abn, 1 M an beiden Enden in jeder folgenden 16. R, bis es 84 (**92**:100) M sind.
Weiter gerade hochstricken, bis das Vorderteil 57 (**57**:58) cm ab Anschlag misst, dabei auf RS für nächste R enden.
Armausschnitt:
Am Anf der nächsten 2 R je 5 M abketten.
*74 (**82**:90) M.*
Nächste Reihe (RS): 1 M abh, 2Mlizus, Ms bis letzte 3 M, 2Mlizus, 1li. *72 (**80**:88) M.*
Nächste Reihe: 1 M abh, 2Mzus, Ms bis letzte 3 M, 2Mzus, 1re. 70 (**78**:86) M.
Die letzten 2 R noch 1-mal wdh.
*66 (**74**:82) M.*
Nächste Reihe (RS): 1 M abh, 2Mlizus, Ms bis letzte 3 M, 2Mlizus, 1li. *64 (**72**:80) M.*
Nächste Reihe: 1 M abh, Ms wie die M erscheinen bis Ende der R. Die letzten 2 R wdh., bis es 60 (**68**:76) M sind.
Weiter im Ms und dabei immer noch die erste M jeder R abheben, bis Vorderseite 68 (**69**:71) cm ab Anschlag misst, dabei auf RS für nächste R enden.
Halsausschnitt:
Nächste Reihe (RS): 20 (**23**:27) M im Ms, wenden und restl. 40 (**45**:49) M auf eine Hilfsnadel legen.
Nächste Reihe: 2 M abketten, Ms bis Ende der R. 18 (**21**:25) M.
Nächste Reihe: Ms bis letzte 2 M, 2Mzus.
*17 (**20**:24) M.*
Die letzten 2 R noch 1-mal wdh.
*14 (**17**:21) M.*
Nächste Reihe: 2Mzus, Ms bis Ende der R.
*13 (**16**:20) M.*
Nächste Reihe: Ms bis letzte 2 M, 2Mzus.
*12 (**15**:19) M.*
Nächste Reihe: 2Mzus, Ms bis Ende der R.
*11 (**14**:18) M.*

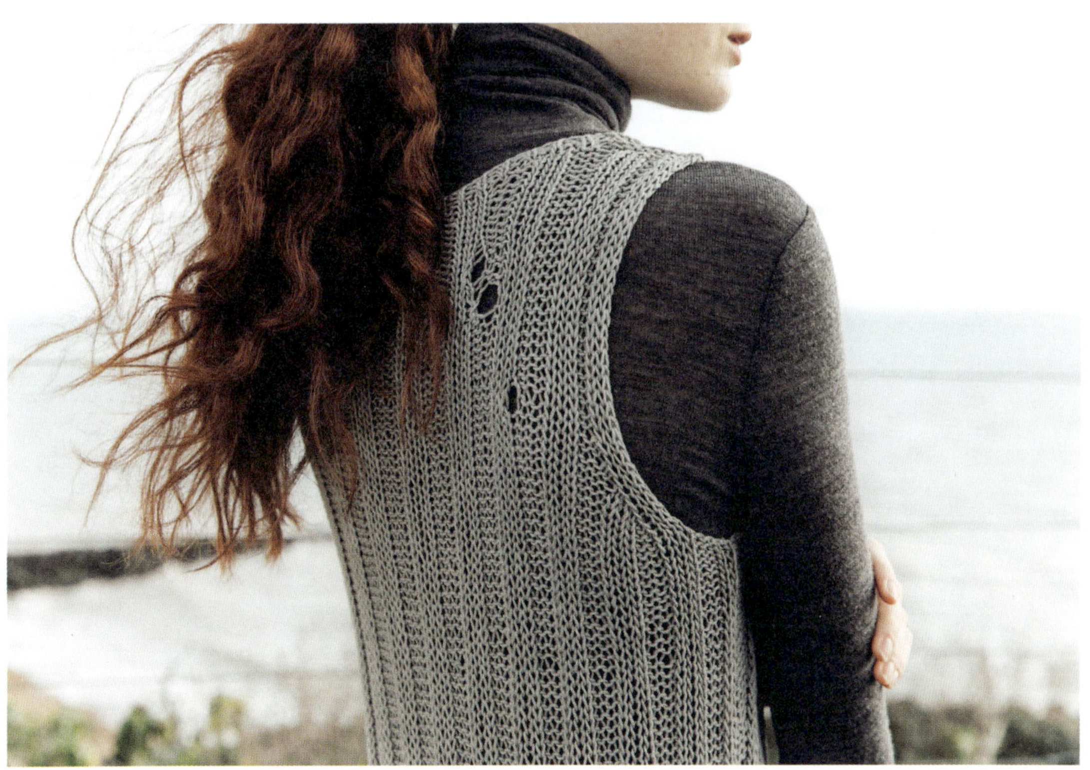

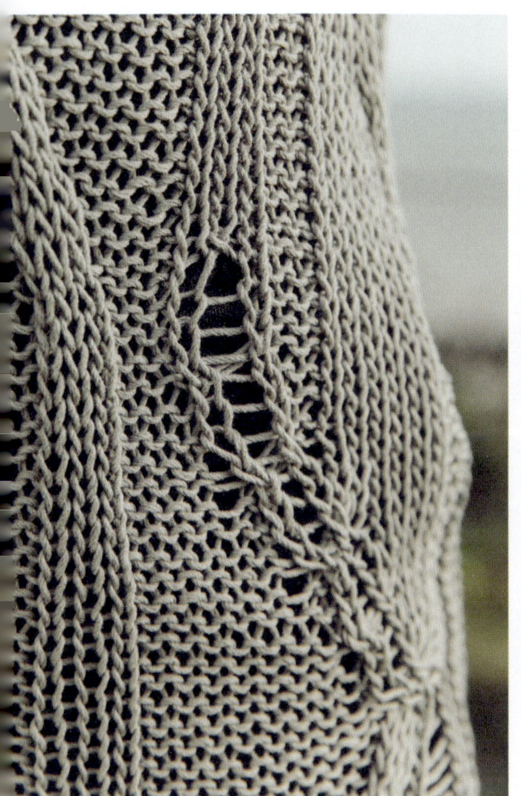

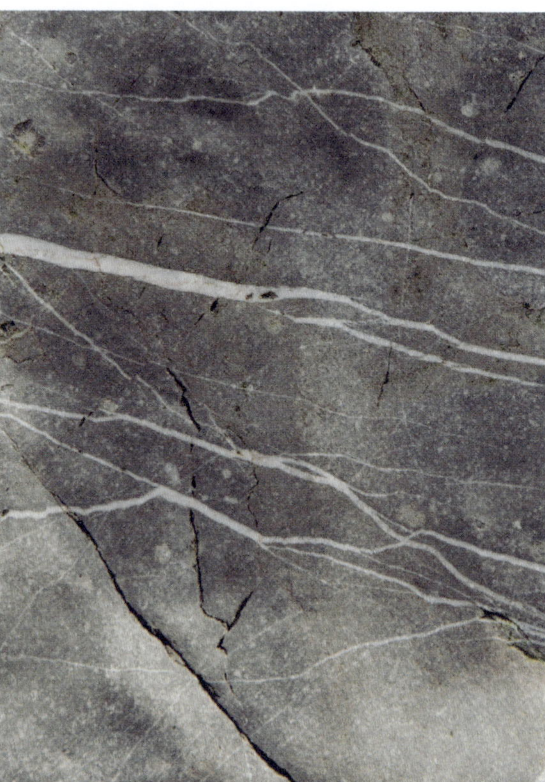

Weiter im Ms und dabei immer noch die erste M jeder R abheben, bis Vorderseite 76 (**77**:79) cm ab Anschlag misst, dabei auf LS für nächste R enden.

Schulter:

Nächste Reihe (LS): Ms bis zu den letzten 6 (**7**:9) M, Wickelmasche, wenden.

Nächste Reihe: Ms bis Ende der R.

Nächste Reihe: Ms über alle M und dabei die Umwicklungen aufnehmen.

Faden abschneiden und ein langes Ende stehen lassen.

Diese 11 (**14**:18) M für die Schulter auf eine Hilfsnadel nehmen.

Mit RS vorne die mittleren 20 (**22**:22) M auf eine Hilfsnadel legen.

Den Faden für die restl. 20 (**23**:27) M wieder anknüpfen und wie folgt arbeiten:

Nächste Reihe (RS): 2 M abketten, Ms bis Ende der R. *18 (**21**:25) M.*

Nächste Reihe: Ms bis letzte 2 M, 2Mzus. *17 (**20**:24) M.*

Die letzten 2 R noch 1-mal wdh. *14 (**17**:21) M.*

Nächste Reihe (RS): 2Mlizus, Ms bis Ende der R. *13 (**16**:20) M.*

Nächste Reihe: Ms bis letzte 2 M, 2Mzus. 12 (**15**:19) M.

Nächste Reihe: 2Mlizus, Ms bis Ende der R. *11 (**14**:18) M.*

Weiter im Ms und dabei immer noch die erste M jeder R abheben, bis Vorderseite 76 (**77**:79) cm ab Anschlag misst, dabei auf RS für nächste R enden.

Schulter:

Nächste Reihe (RS): Ms bis zu den letzten 6 (**7**:9) M, Wickelmasche, wenden.

Nächste Reihe: Ms bis Ende der R.

Nächste Reihe: Ms über alle M und dabei die Umwicklungen aufnehmen.

Faden abschneiden und ein langes Ende stehen lassen.

Diese 11 (**14**:18) M für die Schulter auf eine Hilfsnadel nehmen.

FERTIGSTELLUNG

Beide Schultern mit drei Nadeln zusammen abketten, dabei die **LS** zusammenlegen, sodass die Naht auf der Außenseite liegt.

HALSBLENDE

Mit RS nach vorne mit einer Rundnadel Nr. 5 an der li Schulter beginnend 19 M aufnehmen und den li vorderen Halsausschnitt hinunterstricken, über 20 (**22**:22) M der Hilfsnadel in der vorderen Mitte, 19 M den re vorderen Halsausschnitt hoch, 7 (**9**:10) M über den re hinteren Halsausschnitt, RMs wie vorgegeben über 23 (**25**:27) M von der Hilfsnadel in der hinteren Mitte und 8 (**10**:11) M über den li hinteren Halsausschnitt aufnehmen und re stricken, Me für Rundenbeginn. *96 (**104**:108) M.*

Nächste Runde: [1re, 1li] bis zum Ende der Runde.

Die letzte R noch 1-mal wdh.

Im RMs abketten.

Fadenenden auf der LS vernähen. Wählen Sie eine flache, gepolsterte Oberfläche oder eine Spannmatte und stecken Sie das Strickstück mit der LS nach oben gemäß Schnitt fest. Dann mit einem feuchten Tuch bedecken und sanft dämpfen. Flach liegend trocknen lassen.

Seitennähte schließen, aber unterhalb der Markierer für Seitenschlitze offenlassen.

Überprüfen, ob sich wirklich alle Laufmaschen gebildet haben.

Verwehung

Dieses Kleid mit seiner Rautenleiste und den vertikalen Strukturlinien auf der Vorderseite spielt auf den traditionellen Fischerpullover an. Auf der Rückseite führt von einem Mittelschlitz im Bündchen aus eine strukturierte Linie zu den Schultern hoch. Die kraus rechts gestrickten Leisten, das RMs oben an den Ärmeln und der hohe Kragen spiegeln die Merkmale dieses beliebten Stils wider. Als modernes Detail wurden die langen gerippten Bündchen noch um ein funktionales Daumenloch ergänzt.

GARN
erika knight Wild Wool
85 % Schurwolle, 15 % Viscose (Nessel)
Ca. 170 m auf 100 g

MASSE	S	M	L	XL
BRUSTKORB	106cm	**116cm**	126cm	**136cm**
LÄNGE	104cm	**104cm**	104cm	**104cm**
ÄRMEL	54cm	**54cm**	52cm	**52cm**

HINWEIS
Das Modell auf allen Fotos hat die Größe M.
Farbe: Dawdle. **Model**: Größe 36 1,70 m

HINWEIS
Um acht vollständige Rauten auf der Vorderseite zu erzielen ist das Kleid für alle Größen gleich lang. Die Vorderseite wird zuerst gestrickt, und wenn mehr oder weniger Rauten eingestrickt werden, muss für die Rückseite die gleiche Anzahl von Reihen hinzugefügt oder abgezogen werden.

MATERIALIEN
Benötigte Menge:
9 (**9**:10:**10**) Knäuel á 100g
Nadeln Nr. 5
Rundnadel Nr. 5 – Länge 40 cm
Maschenmarkierer
Hilfsnadeln
Stumpfe Nähnadel mit großem Nadelöhr

Bei den angegebenen Garnmengen handelt es sich um Richtwerte, die auf einem Durchschnittsbedarf basieren.

MASCHENPROBE
17 M x 23 Reihen = 10 x 10 cm gl.re, mit Nadeln Nr. 5 und **nach dem Dämpfen**. Wechseln Sie nach Bedarf die Nadelstärke, um der Maschenprobe zu entsprechen.

ABKÜRZUNGEN
Siehe S. 36–38.

SCHEMAS
Eine Strickschrift für dieses Projekt können Sie sich auf stiebner.com/texturen-stricken-extra ansehen und herunterladen.

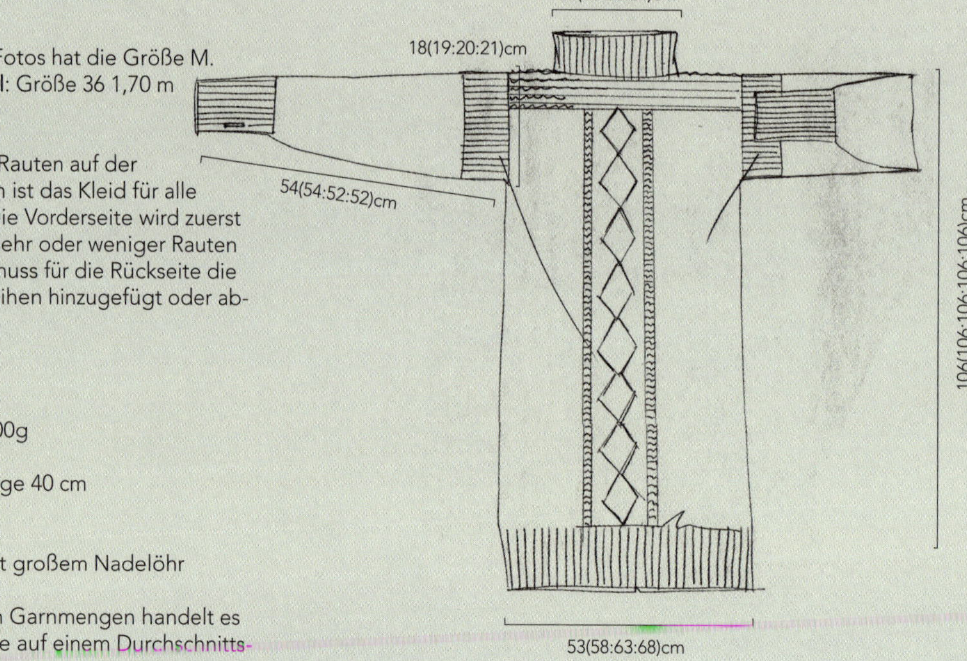

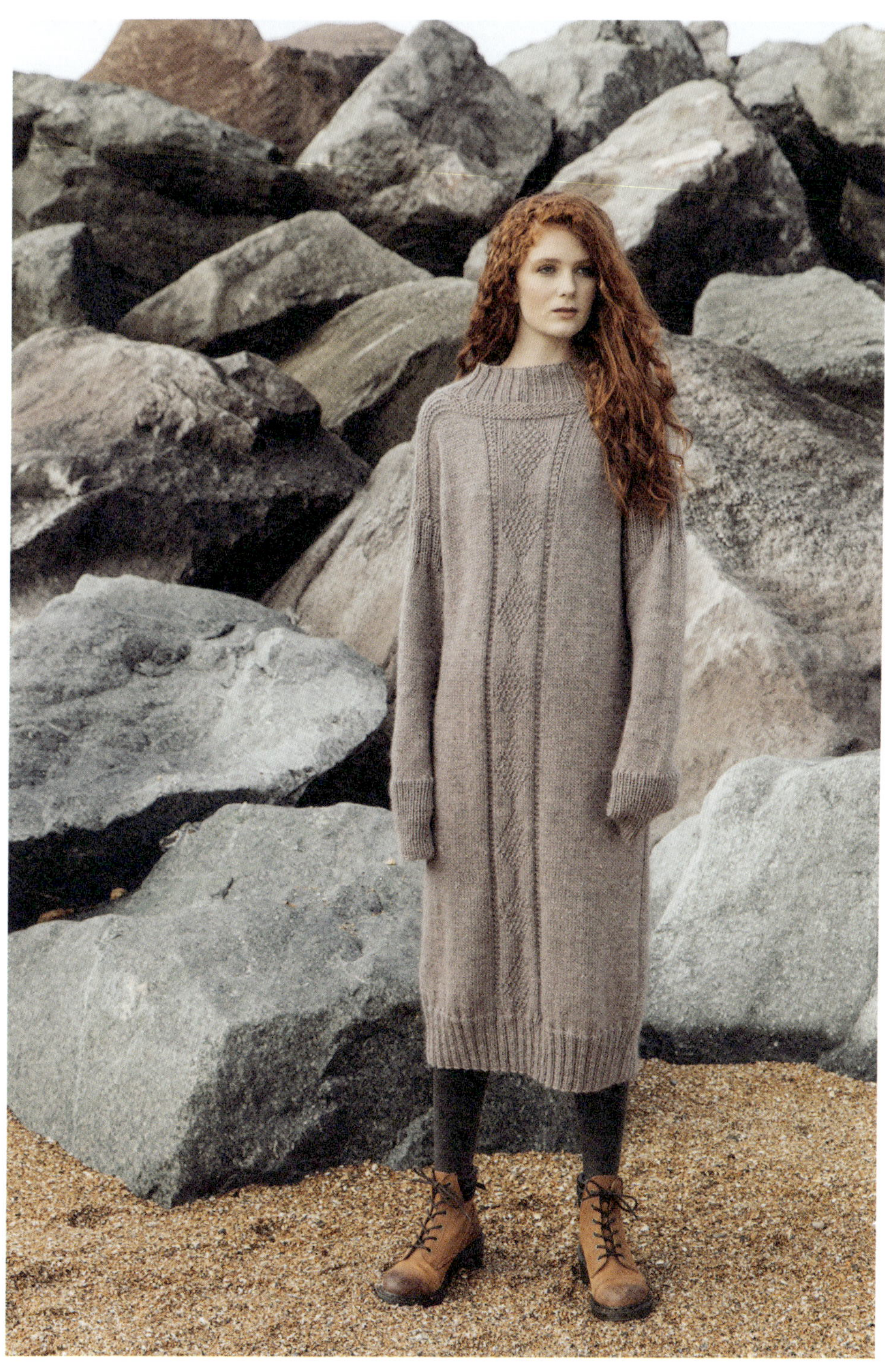

ANLEITUNG

VORDERSEITE

Im Rippenmuster 2re, 2li und glatt rechts mit Rautenmuster.
90 (**98**:106:**114**) M mit Nadeln Nr. 5 anschlagen und im RMs 2re, 2li wie folgt stricken:
Reihe 1 (RS): [2re, 2li] bis letzte 2 M, 2re.
Reihe 2: [2li, 2re] bis letzte 2 M, 2li.
Die letzten 2 R noch 11-mal wdh. und in der letzten Reihe 1 M zun. *91 (**99**:107:**115**)* M.
Mit einer re R beginnend gl.re und mit Rautenmuster gemäß Schema oder schriftlicher Anleitung fortfahren:
Reihe 1 (RS): 34 (**38**:42:**46**) re, Me, 4li, 7re,1li, 7re, 4li, Me, re bis Ende der R.
Reihe 2: Li bis zum Markierer, MV, 1re, 2li, 1re, 7li, 1re, 7li, 1re, 2li, 1re, MV, li bis Ende der R.
Reihe 3: Re bis zum Markierer, MV, 4li, 6re, 1li, 1re, 1li, 6re, 4li, MV, re bis Ende der R.
Reihe 4: Li bis zum Markierer, MV, 1re, 2li, 1re, 6li, 1re, 1li, 1re, 6li, 1re, 2li, 1re, MV, li bis Ende der R.
Reihe 5: Re bis zum Markierer, MV, 4li, 5re, [1li, 1re] 2-mal, 1li, 5re, 4li, MV, re bis Ende der R.
Reihe 6: Li bis zum Markierer, MV, 1re, 2li, 1re, 5li, [1re, 1li] 2-mal, 1re, 5li, 1re, 2li, 1re, MV, li bis Ende der R.
Reihe 7: Re bis zum Markierer, MV, 4li, 4re, [1li, 1re] 3-mal, 1li, 4re, 4li, MV, re bis Ende der R.
Reihe 8: Li bis zum Markierer, MV, 1re, 2li, 1re, 4li, [1re, 1li] 3-mal, 1re, 4li, 1re, 2li, 1re, MV, li bis Ende der R.
Reihe 9: Re bis zum Markierer, MV, 4li, 3re, [1li, 1re] 4-mal, 1li, 3re, 4li, MV, re bis Ende der R.
Reihe 10: Li bis zum Markierer, MV, 1re, 2li, 1re, 3li, [1re, 1li] 4-mal, 1re, 3li, 1re, 2li, 1re, MV, li bis Ende der R.
Reihe 11: Re bis zum Markierer, MV, 4li, 2re, [1li, 1re] 5-mal, 1li, 2re, 4li, MV, re bis Ende der R.
Reihe 12: Li bis zum Markierer, MV, 1re, 2li, 1re, 2li, [1re, 1li] 5-mal, 1re, 2li, 1re, 2li, 1re, MV, li bis Ende der R.
Reihe 13: Re bis zum Markierer, MV, 4li, [1re, 1li] 7-mal, 1re, 4li, MV, re bis Ende der R.
Reihe 14: Li bis zum Markierer, MV, 1re, 2li, 1re, [1li, 1re] 7-mal, 1li, 1re, 2li, 1re, MV, li bis Ende der R.
Reihe 15: Re bis zum Markierer, MV, 4li, 2re, [1li, 1re] 5-mal, 1li, 2re, 4li, MV, re bis Ende der R.
Reihe 16: Li bis zum Markierer, MV, 1re, 2li, 1re, 2li, [1re, 1li] 5-mal, 1re, 2li, 1re, 2li, 1re, MV, li bis Ende der R.
Reihe 17: Re bis zum Markierer, MV, 4li, 3re, [1li, 1re] 4-mal, 1li, 3re, 4li, MV, re bis Ende der R.
Reihe 18: Li bis zum Markierer, MV, 1re, 2li, 1re, 3li, [1re, 1li] 4-mal, 1re, 3li, 1re, 2li, 1re, MV, li bis Ende der R.
Reihe 19: Re bis zum Markierer, MV, 4li, 4re, [1li, 1re] 3-mal, 1li, 4re, 4li, MV, re bis Ende der R.
Reihe 20: Li bis zum Markierer, MV, 1re, 2li, 1re, 4li, [1re, 1li] 3-mal, 1re, 4li, 1re, 2li, 1re, MV, li bis Ende der R.
Reihe 21: Re bis zum Markierer, MV, 4li, 5re, [1li, 1re] 2-mal, 1li, 5re, 4li, MV, re bis Ende der R.
Reihe 22: Li bis zum Markierer, MV, 1re, 2li, 1re, 5li, [1re, 1li] 2-mal, 1re, 5li, 1re, 2li, 1re, MV, li bis Ende der R.
Reihe 23: Re bis zum Markierer, MV, 4li, 6re, 1li, 1re, 1li, 6re, 4li, MV, re bis Ende der R.
Reihe 24: Li bis zum Markierer, MV, 1re, 2li, 1re, 6li, 1re, 1li, 1re, 6li, 1re, 2li, 1re, MV, li bis Ende der R.
Reihe 25: Re bis zum Markierer, MV, 4li, 7re, 1li, 7re, 4li, MV, re bis Ende der R.
Reihe 26: Li bis zum Markierer, MV, 1re, 2li, 1re, 7li, 1re, 7li, 1re, 2li, 1re, MV, li bis Ende der R.

Die letzten 26 R 7-mal wdh. und auf RS für die nächste R enden.
Nächste Reihe (RS): Re, dabei erste M dieser Reihe abn. *90 (**98**:106:**114**) M.*
9 Reihen kr.re stricken, auf RS für die nächste Reihe enden.
Faden abschneiden und ein langes Ende stehen lassen.
Die ersten 27 (**30**:34:**37**) M für die Schulter auf eine Hilfsnadel legen, die nächsten 36 (**38**:38:**40**) M für den vorderen Halsausschnitt auf eine andere Hilfsnadel legen und die letzten 27 (**30**:34:**37**) M für die zweite Schulter auf eine weitere Hilfsnadel legen.
18 (**19**:20:**21**) cm unterhalb der Schulteroberkante Me, um die Armausschnitte zu markieren.

RÜCKSEITE

Das RMs 2re, 2li wird in zwei Teilen gestrickt, die dann mit einem Mittelschlitz dazwischen zusammengefügt werden.
Erster Teil:
46 (**50**:54:**58**) M mit Nadeln Nr. 5 anschlagen und im RMs 2re, 2li wie folgt stricken:
Reihe 1 (RS): [2re, 2li] bis letzte 2 M, 2re.
Reihe 2: [2li, 2re] bis letzte 2 M, 2li.
Die letzten 2 R 10-mal wdh., dann noch einmal R 1 und auf LS für die nächste R enden.
Faden abschneiden und ein langes Ende stehen lassen.
Diesen Teil auf eine Hilfsnadel legen und einen identischen zweiten Teil arbeiten, dessen M dann auf der Nadel lieben bleiben
Beide Teile zusammenfügen:
Mit den M auf der Nadel beginnend wie folgt arbeiten:
Nächste Reihe (LS): RMs wie vorgegeben bis zur letzten M, dann letzte M des ersten Teils mit der ersten M des zweiten Teils zus. stricken (dabei sollte WS dieses Teils vorne sein), und RMs wie vorgegeben bis Ende der R. *91 (**99**:107:**115**) M.*
Mit einer re R beginnend gl.re mit den mittleren M wie folgt fortf:
Nächste Reihe (RS): 34 (**47**:51:**55**) re, Me, 2li, 1re, 2li, Me, re bis Ende der R.
Nächste Reihe: Li bis zum Markierer, MV, [1li, 1re] 2-mal, 1li, MV, li bis Ende der R.
Die letzten 2 R wdh., bis Sie 208 R gl.re mit der Mittellinie gestrickt haben, dabei auf RS für die nächste Reihe enden.
Nächste Reihe (RS): Re bis zum Ende der Reihe, dabei 1 M abn. *90 (**98**:106:**114**) M.*
9 Reihen kr.re stricken, auf RS für die nächste Reihe enden.
Faden abschneiden und ein langes Ende stehen lassen.
Die ersten 27 (**30**:34:**37**) M für die Schulter auf eine Hilfsnadel legen, die nächsten 36 (**38**:38:**40**) M für den hinteren Halsausschnitt auf eine andere Hilfsnadel legen und die letzten 27 (**30**:34:**37**) für die zweite Schulter auf eine weitere Hilfsnadel legen.
18 (**19**:20:**21**) cm unterhalb der Schulteroberkante Me, um die Armausschnitte zu markieren

FERTIGSTELLUNG

Beide Schultern mit drei Nadeln zusammen abketten, dabei die LS zusammenlegen, sodass die Naht auf der Außenseite liegt.

ÄRMEL

Die Ärmel werden von oben im RMs 2re, 2li und gl.re bis zum Bündchen gearbeitet.
Mit RS vorne und Nadeln Nr. 5 zwischen den Markierern für den Armausschnitt 62 (**66**:70:**74**) M aufnehmen und wie folgt im RMs 2re, 2li stricken:
Reihe 1 (LS): [2li, 2re] bis letzte 2 M, 2li.
Reihe 2: [2re, 2li] bis letzte 2 M, 2re.

Weiter im RMs, bis Strickstück 7 cm ab Anschlag misst, dabei auf RS für nächste R enden. Mit einer re R beginnend 2 R gl.re stricken.
Nächste Reihe (abn): 3re, 2Mzus, re bis letzte 5 M, 2Mverschr.zus, 3re.
In jeder folg 10. (**10**.:8.:**8**.) R wie oben abn, bis es 46 (**50**:54:**58**) M sind. Weiter gl.re stricken, bis Strickstück 41 (**41**:39:**39**) cm ab Anschlag misst, dabei auf RS für nächste R enden.
Rechter Ärmel:
8 Runden im RMs 1re, 1li stricken.
Nächste Reihe (RS): 38 (**42**:46:**50**) RMs wie vorgegeben, wenden und restl. 8 M auf eine Hilfsnadel legen.
Weitere 6 R im RMs stricken und auf LS für die nächste Reihe enden.
Faden abschneiden und ein langes Ende stehen lassen. Diese M auf eine Hilfsnadel nehmen.
Mit RS vorne Garn für die restl. 8 M wiederanknüpfen und 7 R im RMs stricken, wie die M erscheinen, dabei auf LS für die nächste R enden.
Nächste Reihe (LS): RMs über alle 46 (**50**:54:**58**) M.
Weiter im RMs stricken, bis der Ärmel 54 (**54**:52:**52**) cm ab Anschlag misst, dabei auf RS für nächste R enden.
Im RMs abketten.
Linker Ärmel:
8 Runden im RMs 1re, 1li stricken.
Nächste Reihe (RS): 8 re, wenden und restl. 38 (**42**:46:**50**) M auf eine Hilfsnadel legen.
Weitere 6 R im RMs stricken und auf LS für die nächste Reihe enden.
Faden abschneiden und ein langes Ende stehen lassen.
Diese M auf eine Hilfsnadel nehmen. Den Faden für die restl. 38 (**42**:46:**50**) M wieder anknüpfen und 7 R im RMS wie vorgegeben stricken, dabei auf LS für die nächste Reihe enden.
Nächste Reihe (RS): RMs über alle 46 (**50**:54:**58**) M.
Weiter gl.re stricken, bis der Ärmel 54 (**54**:52:**52**) cm ab Anschlag misst, dabei auf RS für nächste R enden.
Im RMs abketten.

HALSBLENDE

Mit RS nach vorne mit Rundnadel Nr. 5 36 (**38**:38:**40**) M von der Hilfsnadel am vorderen Halsausschnitt aufnehmen und re stricken, 4 M über die rechte Schulter, 36 (**38**:38:**40**) M von der Hilfsnadel am hinteren Halsausschnitt und 4 M über die linke Schulter, Me um den Anfang der Rd. zu markieren. *80 (**84**:84:**88**) M.*
Nächste Runde: [2re, 2li] bis zum Ende der Runde. Im Rippenmuster 2re, 2li stricken, bis die Halsblende 7 cm misst.
Im RMs abketten.

FERTIGSTELLUNG

Fadenenden auf der LS vernähen. Wählen Sie eine flache, gepolsterte Oberfläche oder eine Spannmatte und stecken Sie das Strickstück mit der LS nach oben gemäß Schnitt fest. Dann mit einem feuchten Tuch bedecken und sanft dämpfen, das Bündchen dabei auslassen. Flach liegend trocknen lassen.

Ärmel und Seitennähte schließen.

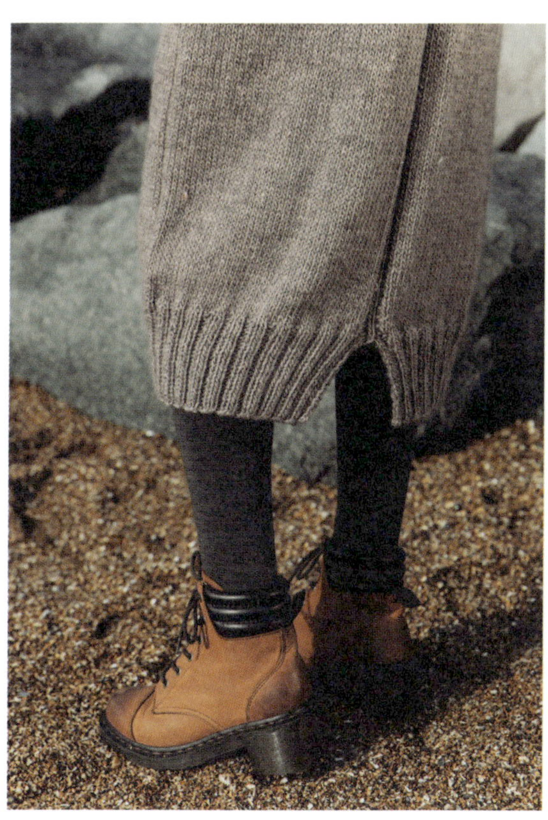

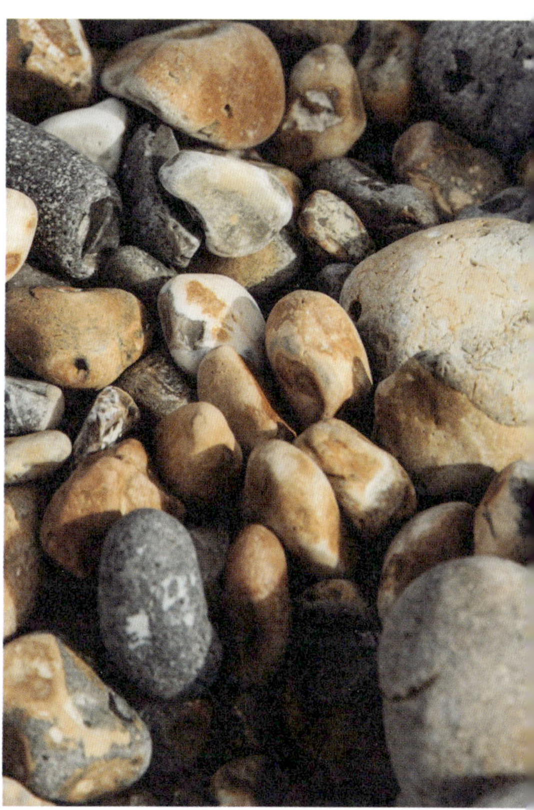

Sprünge

Eine lässige, kastenförmige Strickjacke, die von fast vergessenen traditionellen Mustern sowie von Fair-Isle-Mustern inspiriert wurde. Die Struktur dieser Strickjacke ist simpel, mit integrierten Taschen im breiten Rippenmuster, Seitenschlitzen und breiten Bündchen. Die Vorderteile haben gerade Kanten und eine tiefe Schulterschräge. Die Ärmel werden bis zum Bündchen hinuntergestrickt. Über dieses Design verstreut finden sich zufällige und umgekehrte Muster, nach einem Schema gearbeitet, an das man sich aber nicht so genau zu halten braucht. Für Authentizität und Effekt bleiben lose Fadenenden hängen.

GARN
erika knight british blue 100
100 % reine Schurwolle vom britischen Bluefaced-Leicester-Schaf
Ca. 220 m auf 100 g

MASSE	S/M	L/XL
TATSÄCHLICHE BRUSTWEITE (OFFEN GETRAGEN)	136cm	**172cm**
LÄNGE – RÜCKEN	61cm	**66cm**
LÄNGE – VORDERSEITE	58cm	**63cm**
ÄRMEL	24cm	**22cm**

HINWEIS
Das Modell auf allen Fotos hat die Größe S/M. **Farbe: A** Clarissa; **B** Cymbeline; **C** Tulip. **Model**: Größe 36. Körpergröße: 1,70 m.

MATERIALIEN
Benötigte Menge:
A 5 (7) Knäuel á 100 g
B 1 (1) Knäuel á 100 g
C 1 (1) Knäuel á 100 g
Nadeln Nr. 3,25 und 3,75
Maschenmarkierer
Hilfsnadeln
Stumpfe Nähnadel mit großem Nadelöhr

Bei den angegebenen Garnmengen handelt es sich um Richtwerte, die auf einem Durchschnittsbedarf basieren.

MASCHENPROBE
23 M x 30 Reihen = 10 x 10 cm gl.re, mit Nadeln Nr. 3,75 und **nach dem Dämpfen**. Wechseln Sie nach Bedarf die Nadelstärke, um der Maschenprobe zu entsprechen.

ABKÜRZUNGEN
Siehe S. 36–38.

SCHEMAS
Eine Strickschrift für dieses Projekt können Sie sich auf stiebner.com/texturen-stricken-extra ansehen und herunterladen.

HINWEIS
Wenn Sie nach Schema stricken, die RS-Reihen von rechts nach links und die LS-Reihen von links nach rechts lesen. Um das Fair-Isle-Muster umzukehren, wo im Schema angegeben, die RS-Reihen links und die LS-Reihen rechts stricken.

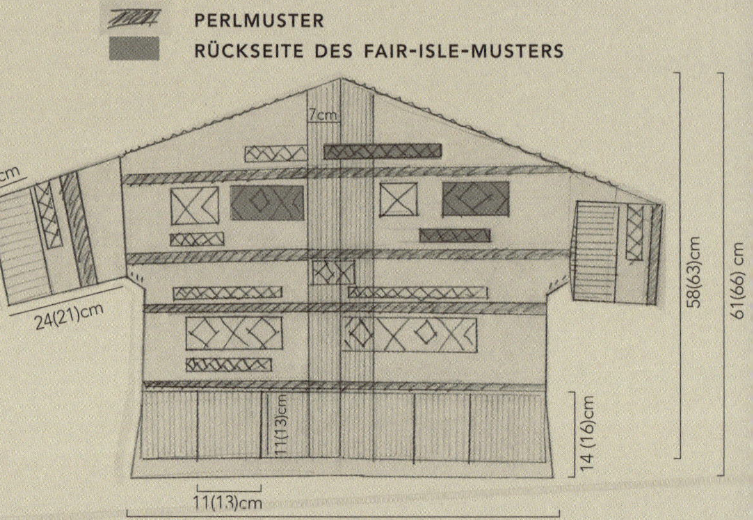

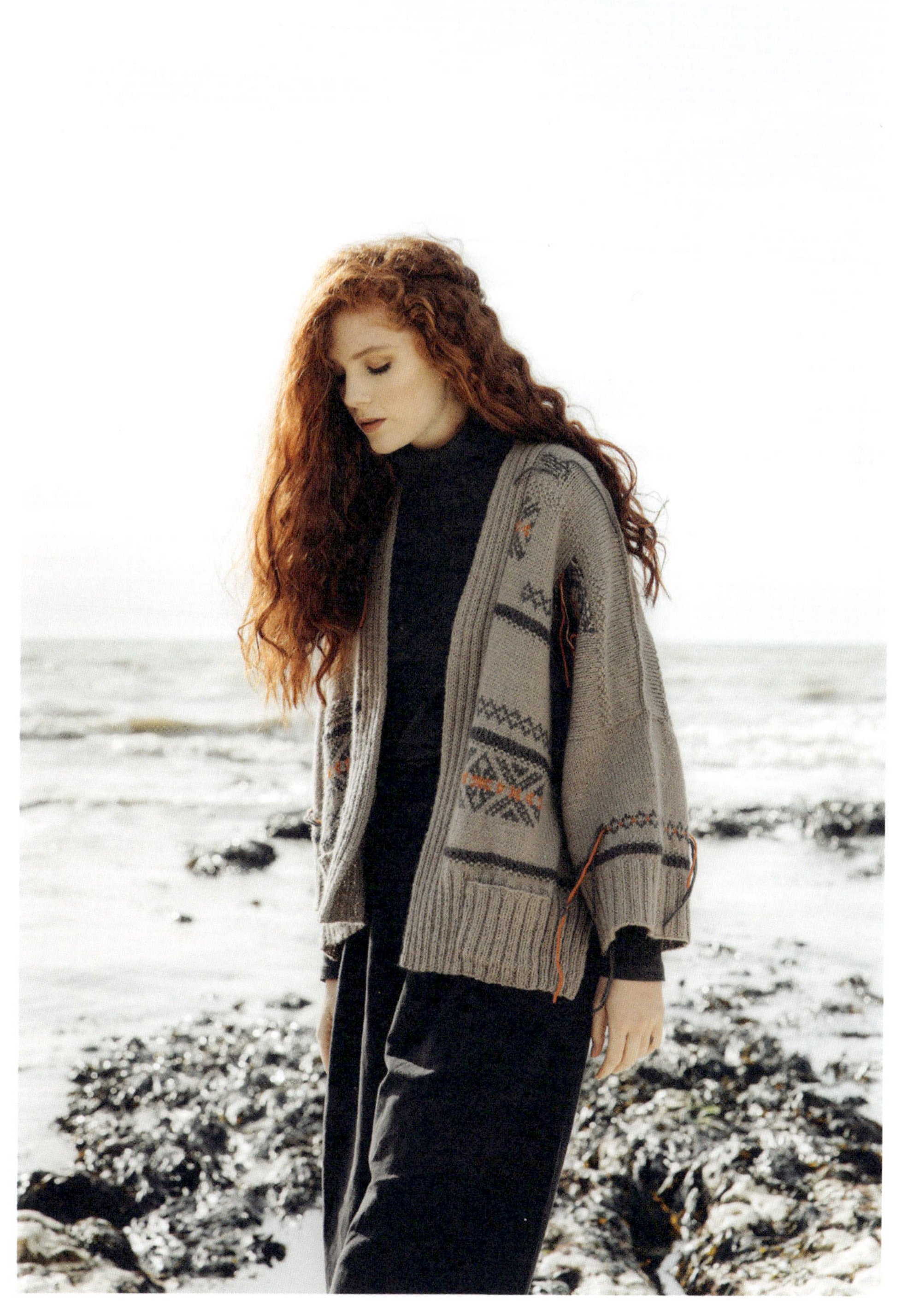

ANLEITUNG

RÜCKSEITE

Glatt rechts und glatt links sowie im Rippenmuster, Perlmuster und Fair-Isle-Muster gestrickt.
Mit Nadeln Nr. 3,75 in A 158 (**198**) M anschlagen und im RMs 2li, 2re wie folgt stricken:
Reihe 1 (RS): [2li, 2re] bis letzte 2 M, 2li.
Reihe 2: [2re, 2li] bis letzte 2 M, 2re.
Die letzten 2 R noch 19 (24)-mal wdh. und in der letzten (LS) Reihe 2 M abn. *156 (196) M.*
Reihen 1–52 nach Schema stricken, dabei Ms und Farbe an den angegebenen Stellen wechseln.
Armausschnitte:
Unter Einhaltung des Schemas die Armausschnitte wie folgt stricken:
Nächste Reihe (RS): 3re, M1, Ms bis letzte 3 M, M1, 3re.
Nächste Reihe: 3li, M1, Ms bis letzte 3 M, M1, 3li.
Die letzten 2 R noch 2-mal wdh. und Me an beiden Enden der letzten Reihe. *168 (208) M.*
Bis einschließlich R 120 (**126**) nach Schema weiterarbeiten, dabei auf RS für die nächste Reihe enden.
Schultern:
Nächste Reihe (RS): Re bis zu den letzten 8 (**10**) M, Wickelmasche, wenden.
Nächste Reihe: Li bis zu den letzten 8 (**10**) M, Wickelmasche, wenden.
Nächste Reihe: Re bis zu den letzten 16 (**20**) M, Wickelmasche, wenden.
Nächste Reihe: Li bis zu den letzten 16 (**20**) M, Wickelmasche, wenden.
Nächste Reihe: Re bis zu den letzten 24 (**30**) M, Wickelmasche, wenden.
Nächste Reihe: Li bis zu den letzten 24 (**30**) M, Wickelmasche, wenden.
Nächste Reihe: Re bis zu den letzten 32 (**40**) M, Wickelmasche, wenden.
Nächste Reihe: Li bis zu den letzten 32 (**40**) M, Wickelmasche, wenden.
Nächste Reihe: Re bis zu den letzten 40 (**50**) M, Wickelmasche, wenden.
Nächste Reihe: Li bis zu den letzten 40 (**50**) M, Wickelmasche, wenden.
Nächste Reihe: Re bis zu den letzten 48 (**60**) M, Wickelmasche, wenden.
Nächste Reihe: Li bis zu den letzten 48 (**60**) M, Wickelmasche, wenden.
Nächste Reihe: Re bis zu den letzten 56 (**70**) M, Wickelmasche, wenden.
Nächste Reihe: Li bis zu den letzten 56 (**70**) M, Wickelmasche, wenden.
Nächste Reihe: Re bis zu den letzten 63 (**79**) M, Wickelmasche, wenden.
Nächste Reihe: Li bis zu den letzten 63 (**79**) M, Wickelmasche, wenden.
Nächste Reihe: Re bis zu den letzten 70 (**88**) M, Wickelmasche, wenden.
Nächste Reihe: Li bis zu den letzten 70 (**88**) M, Wickelmasche, wenden.
Nächste Reihe: Re bis zu den letzten 77 (**97**) M, Wickelmasche, wenden.
Nächste Reihe: Li bis zu den letzten 77 (**97**) M, Wickelmasche, wenden.
Nächste Reihe: 7 (**7**) re, wenden und li bis zum Ende der Reihe, dabei die Umwicklungen aufnehmen. *84 (104) M.*
Faden abschneiden und ein langes Ende stehen lassen.
Diese M für die Schulter auf eine Hilfsnadel legen. Faden für die restl 84 (**104**) M wieder anknüpfen und re über alle M, dabei die Umwicklungen aufnehmen.
Faden abschneiden und ein langes Ende stehen lassen.
Diese M für die Schulter auf eine Hilfsnadel legen.

TASCHENFUTTER

Zwei Stück im RMs.
Mit Nadeln Nr. 3,75 in A 26 (**30**) M anschlagen und im RMs 2li, 2re wie folgt stricken:
Reihe 1 (RS): [2li, 2re] bis letzte 2 M, 2li.
Reihe 2: [2re, 2li] bis letzte 2 M, 2re. Die letzten 2 R 14(**18**)-mal wdh. und auf RS für die nächste R enden. Diese M auf eine Hilfsnadel nehmen.

RECHTES VORDERTEIL

Glatt rechts und glatt links sowie im Rippenmuster, Perlmuster und Fair-Isle-Muster gestrickt.
Mit Nadeln Nr. 3,75 in A 78 (**98**) M anschlagen und im RMs 2li, 2re wie folgt stricken:
Reihe 1 (RS): [2li, 2re] bis letzte 2 M, 2li.
Reihe 2: [2re, 2li] bis letzte 2 M, 2re.
Die letzten 2 R 14 (**18**)-mal wdh. und auf RS für die nächste R enden

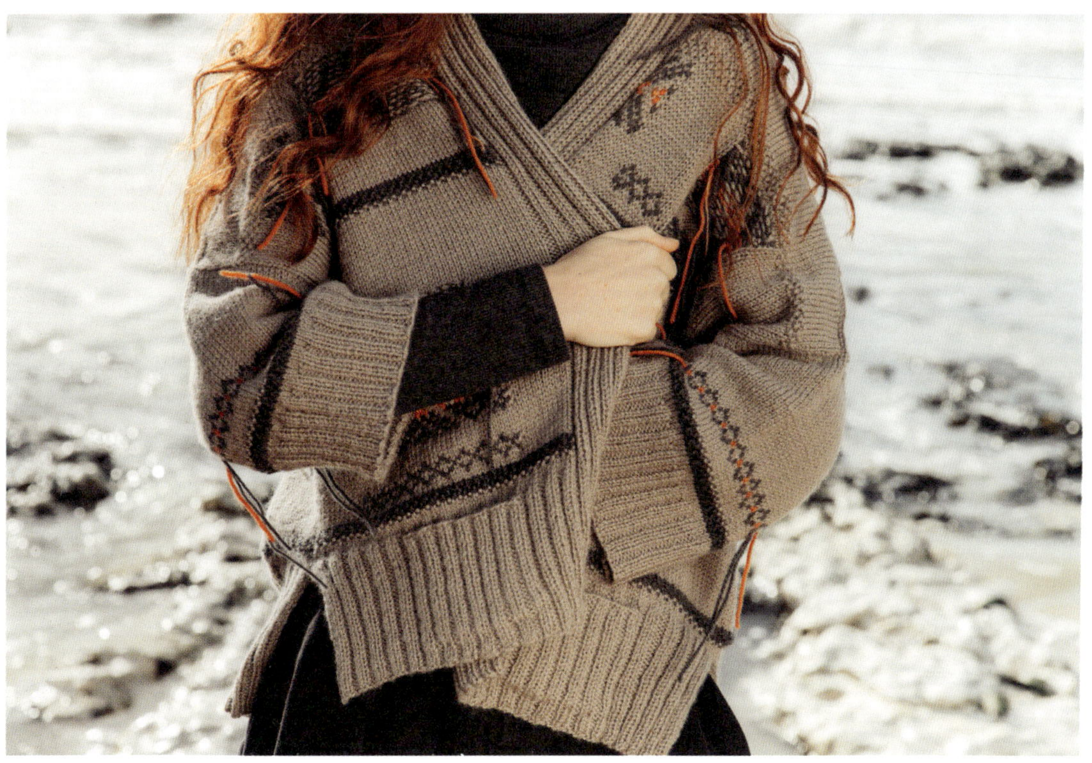

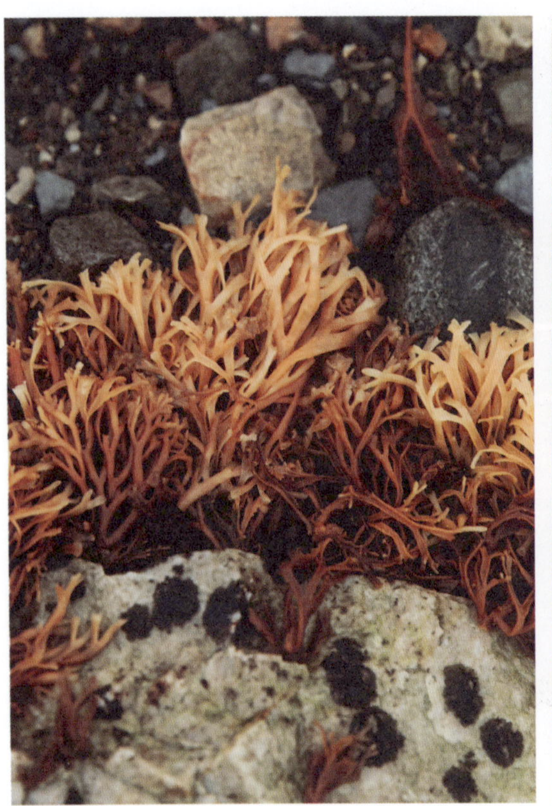

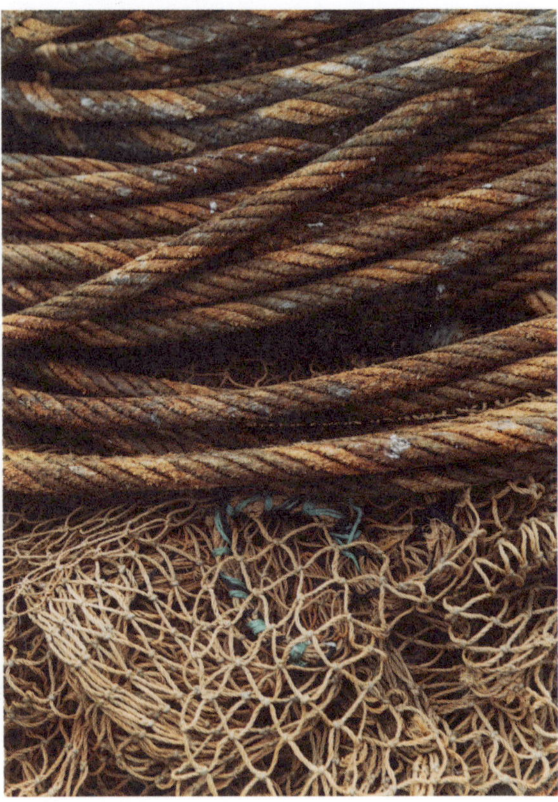

Taschenfutter einsetzen:
Nächste Reihe (RS): 30 (**34**) M im RMs wie sie erscheinen, die nächsten 26 (**30**) M im RMs abketten, RMs bis Ende der R.
Nächste Reihe: RMs bis zu den abgeketteten M. Mit LS vom Taschenfutter vorne RMs wie vorgegeben über diese M (darauf achten, dass das RMs stimmt. Falls nicht, das Taschenfutter umdrehen), RMs wie vorgegeben bis Ende der R.
Reihe 1–52 des Schemas stricken, dabei am vorderen Rand im RMs arbeiten und Ms und Farbe an den angegebenen Stellen wie folgt wechseln:
Reihe 1 des Schemas (RS): 18 M im RMs wie die M erscheinen, re bis Ende der R.
Reihe 2 des Schemas: Li bis zu den letzten 18 M, RMs wie vorgegeben bis Ende der R.
Armausschnitt:
Unter Einhaltung von RMs und Schema wie folgt arbeiten:
Nächste Reihe (RS): Ms bis letzte 3 M, M1, 3re.
Nächste Reihe: 3li, M1, Ms bis Ende der R.
Die letzten 2 R noch 2-mal wdh. und Me am Seitenrand der letzten Reihe. *84 (104) M.*
Bis einschließlich R 120 (**126**) nach Schema weiterarbeiten, dabei auf RS für die nächste Reihe enden.
Schulter:
Nächste Reihe (RS): Re bis zu den letzten 8 (**10**) M, Wickelmasche, wenden.
Nächste Reihe: Li bis Ende der R.
Nächste Reihe: Re bis zu den letzten 16 (**20**) M, Wickelmasche, wenden.
Nächste Reihe: Li bis Ende der R.
Nächste Reihe: Re bis zu den letzten 24 (**30**) M, Wickelmasche, wenden.
Nächste Reihe: Li bis Ende der R.
Nächste Reihe: Re bis zu den letzten 32 (**40**) M, Wickelmasche, wenden.
Nächste Reihe: Li bis Ende der R.
Nächste Reihe: Re bis zu den letzten 40 (**50**) M, Wickelmasche, wenden.
Nächste Reihe: Li bis Ende der R.
Nächste Reihe: Re bis zu den letzten 48 (**60**) M, Wickelmasche, wenden.
Nächste Reihe: Li bis Ende der R.
Nächste Reihe: Re bis zu den letzten 56 (**70**) M, Wickelmasche, wenden.
Nächste Reihe: Li bis Ende der R.
Nächste Reihe: Re bis zu den letzten 63 (**79**) M, Wickelmasche, wenden.
Nächste Reihe: Li bis Ende der R.
Nächste Reihe: Re bis zu den letzten 70 (**88**) M, Wickelmasche, wenden.
Nächste Reihe: Li bis Ende der R.
Nächste Reihe: Re bis zu den letzten 77 (**97**) M, Wickelmasche, wenden.
Nächste Reihe: Li bis Ende der R.
Nächste Reihe: Re über alle M und dabei die Umwicklungen aufnehmen.
Faden abschneiden und ein langes Ende stehen lassen.
Diese 84 (**104**) M für die Schulter auf eine Hilfsnadel nehmen.

LINKE VORDERSEITE

Glatt re und glatt li sowie im Rippenmuster, Perlmuster und Fair-Isle-Muster gestrickt.
Mit Nadeln Nr. 3,75 in A 78 (**98**) M anschlagen und im RMs 2li, 2re wie folgt stricken:
Reihe 1 (RS): [2li, 2re] bis letzte 2 M, 2li.
Reihe 2: [2re, 2li] bis letzte 2 M, 2re.
Die letzten 2 R 14(18)-mal wdh. und auf RS für die nächste R enden.
Taschenfutter einsetzen:
Nächste Reihe (RS): 22 (34) M im RMs wie sie erscheinen, die nächsten 26 (30) M im RMs abketten, RMs bis Ende der R.
Nächste Reihe: RMs bis zu den abgeketteten M, mit LS vom Taschenfutter vorne RMs wie vorgegeben über diese M (darauf achten, dass das RMs stimmt. Falls nicht, das Taschenfutter umdrehen), RMs wie vorgegeben bis Ende der R.
Reihe 1–52 des Schemas stricken, dabei am vorderen Rand im RMs arbeiten und Ms und Farbe an den angegebenen Stellen wie folgt wechseln:
Reihe 1 des Schemas (RS): Re bis zu den letzten 18 M, RMs wie die M erscheinen bis Ende der R.
Reihe 2 des Schemas: 18 M im RMs wie die M erscheinen, li bis Ende der R.
Armausschnitt:
Unter Einhaltung des Schemas und RMs Armausschnitt wie folgt stricken:
Nächste Reihe (RS): 3re, M1, Ms bis Ende der R.
Nächste Reihe: Ms bis letzte 3 M, M1, 3li.
Die letzten 2 R noch 2-mal wdh. und Me an den Seitenrändern der letzten Reihe.
84 (104) M.
Bis einschließlich R 121 (**127**) nach Schema weiterarbeiten, dabei auf LS für die nächste Reihe enden.

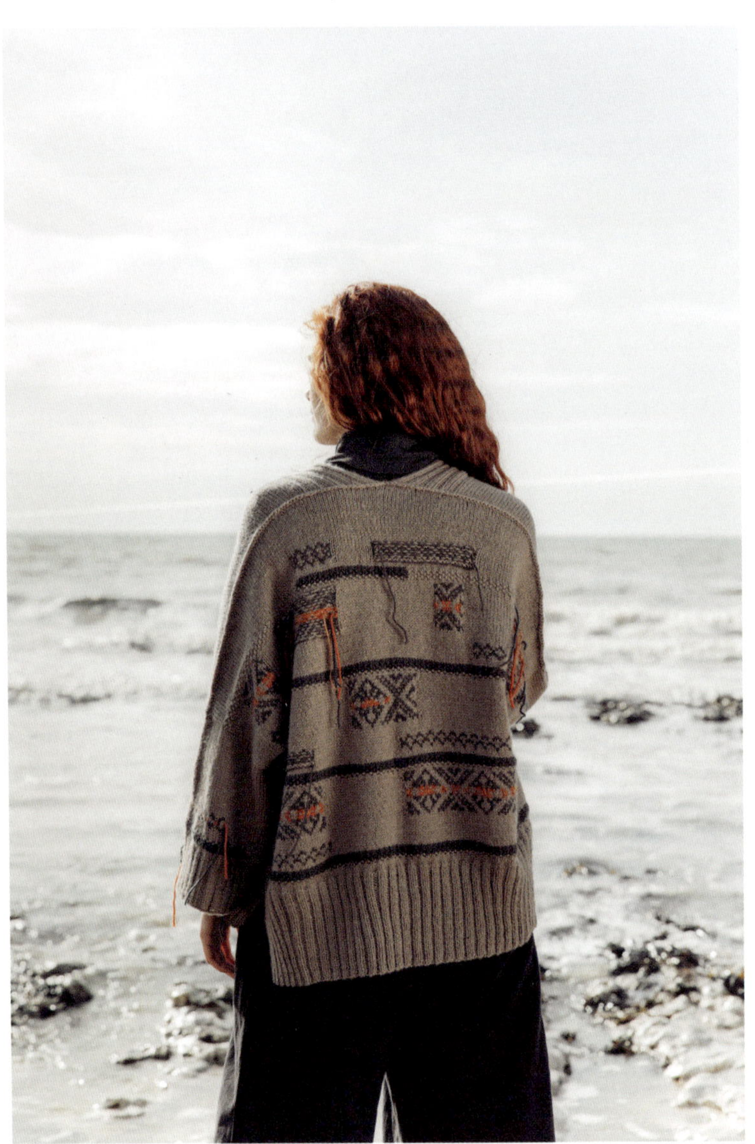

Schulter:
Nächste Reihe (LS): Li bis zu den letzten 8 (**10**) M, Wickelmasche, wenden.
Nächste Reihe: Re bis Ende der R.
Nächste Reihe: Li bis zu den letzten 16 (**20**) M, Wickelmasche, wenden.
Nächste Reihe: Re bis Ende der R.
Nächste Reihe: Li bis zu den letzten 24 (**30**) M, Wickelmasche, wenden.
Nächste Reihe: Re bis Ende der R.
Nächste Reihe: Li bis zu den letzten 32 (**40**) M, Wickelmasche, wenden.
Nächste Reihe: Re bis Ende der R.
Nächste Reihe: Li bis zu den letzten 40 (**50**) M, Wickelmasche, wenden.
Nächste Reihe: Re bis Ende der R.
Nächste Reihe: Li bis zu den letzten 48 (**60**) M, Wickelmasche, wenden.
Nächste Reihe: Re bis Ende der R.
Nächste Reihe: Li bis zu den letzten 56 (**70**) M, Wickelmasche, wenden.
Nächste Reihe: Re bis Ende der R.
Nächste Reihe: Li bis zu den letzten 63 (**79**) M, Wickelmasche, wenden.
Nächste Reihe: Re bis Ende der R.
Nächste Reihe: Li bis zu den letzten 70 (**88**) M, Wickelmasche, wenden.
Nächste Reihe: Re bis Ende der R.
Nächste Reihe: Li bis zu den letzten 77 (**97**) M, Wickelmasche, wenden.
Nächste Reihe: Re bis Ende der R.
Nächste Reihe: Li über alle M und dabei die Umwicklungen aufnehmen.
Faden abschneiden und ein langes Ende stehen lassen.
Diese 84 (**104**) M für die Schulter auf eine Hilfsnadel legen.

FERTIGSTELLUNG

Beide Schultern mit drei Nadeln zusammen abketten, dabei die LS zusammenlegen, sodass die Naht auf der Außenseite liegt. An der Kante des Armausschnitts auf der linken Vorderseite beginnend in einer Reihe über alle 168 (**212**) M stricken. Faden abschneiden.

ÄRMEL

Mit RS vorne mit Nadeln Nr. 3,75 in A gleichmäßig über den Armausschnitt verteilt zwischen den Markierern 98 (**106**) M aufnehmen und re stricken. Nicht zur Runde schließen. Mit einer li R beginnend 31 (**25**) R gl.re stricken, dabei auf RS für die nächste Reihe enden.
R 1–18 vom Ärmelschema stricken, dabei Ms und Farbe wechseln, wo angegeben, und dort anfangen und enden, wo für Ihre Größe angezeigt.
Mit Nadeln Nr. 3,25 in A wie folgt im RMs fortf:
Reihe 1 (RS): [2li, 2re] bis letzte 2 M, 2li.
Reihe 2: [2re, 2li] bis letzte 2 M, 2re.
Die letzten 2 R wdh., bis RMs 7 cm misst, dabei auf RS für nächste R enden.
Im RMs abketten.

Alle Enden von A auf der LS des Strickstücks vernähen, aber ein paar der farbigen Garnenden lose hängen lassen – siehe Foto.

Wählen Sie eine flache, gepolsterte Oberfläche oder eine Spannmatte und stecken Sie das Strickstück mit der LS nach oben gemäß Schnitt fest. Dann mit einem feuchten Tuch bedecken und sanft auf der Rückseite dämpfen, Bündchen dabei auslassen. Flach liegend trocknen lassen.

Ärmel- und Seitennähte schließen, aber RMs unterhalb der Markierer als Seitenschlitze offenlassen. Taschenfutter festnähen.

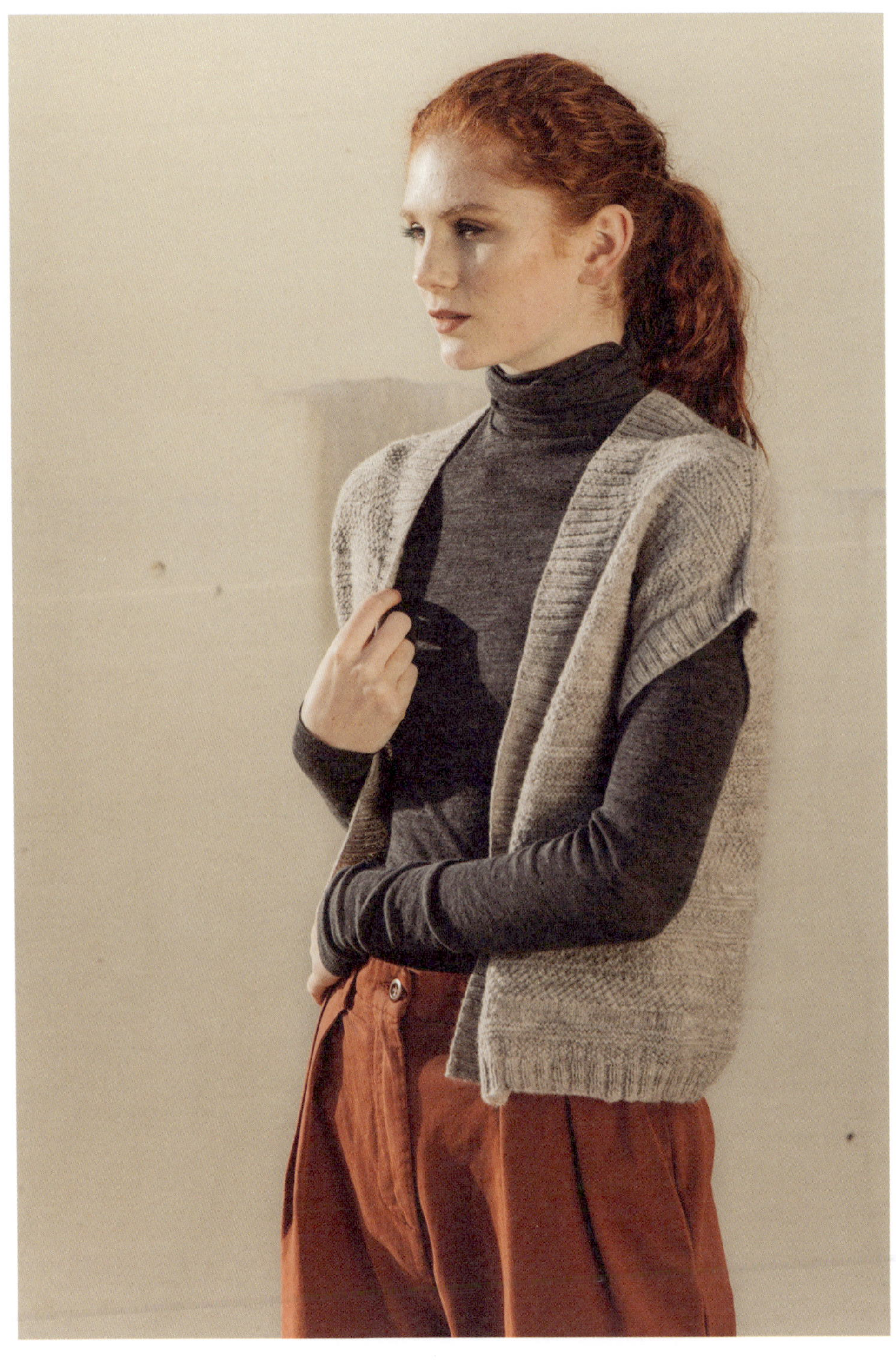

Geröll

Eine Weste mit umlaufender Blende, die bis zu den Armausschnitten in einem Stück gestrickt wird. Rechte und linke Maschen sorgen für unterbrochene Strukturstreifen und bilden einen Kontrast zu den gerippten Kanten auf der Vorderseite und der gerippten Halsblende.

GARN
erika knight Wool Local
100 % britische Schurwolle
Ca. 450 m auf 100 g

MASSE	S	M	L	XL	XXL
BRUSTKORB	100cm	**111cm**	124cm	**137cm**	148cm
LÄNGE	54cm	**56cm**	58cm	**60cm**	62cm

HINWEIS
Das Modell auf allen Fotos hat die Größe S.
Farbe: Gritstone. **Model**: Größe 36. Körpergröße: 1,70 m

MATERIALIEN
Benötigte Menge:
3 (**3**:4:**4**:5) Knäuel á 100 g
Rundnadel Nr. 2,75 – Länge 40 cm und 100 cm
Rundnadel Nr. 3,25
Maschenmarkierer
Hilfsnadeln
Stumpfe Nähnadel mit großem Nadelöhr

Bei den angegebenen Garnmengen handelt es sich um Richtwerte, die auf einem Durchschnittsbedarf basieren.

MASCHENPROBE
25 M x 46 Reihen = 10 x 10 cm im Erosionsmuster, mit Nadeln Nr. 3,25 und **nach dem Dämpfen**. Wechseln Sie nach Bedarf die Nadelstärke, um der Maschenprobe zu entsprechen.

ABKÜRZUNGEN
Siehe S. 36–38.

SCHEMAS
Eine Strickschrift für dieses Projekt können Sie sich auf stiebner.com/texturen-stricken-extra ansehen und herunterladen.

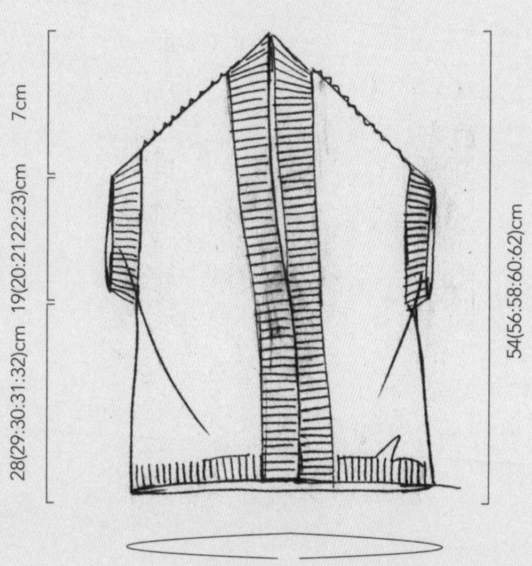

EROSIONSMUSTER

Reihe 1: 1re, [1li, 1re] bis Ende der R.
Reihe 2–6: Reihe 1 wdh.
Reihe 7–12: Re bis Ende der R.
Reihe 13: Re bis Ende der R.
Reihe 14: Li bis Ende der R.
Reihe 15: Re bis Ende der R.
Reihe 16: 0 (**4**:0:**1**:2) li, 0 (**2**:2:**2**:2) re, [5li, 2re] bis zu den letzten 5 (**11**:7:**8**:9) M, 5li, 0 (**2**:2:**2**:2) re, 0 (**4**:0:**1**:2) li. (Im Schema zeigt der schwarze Abschnitt den Rapport über 7 M an und die farbigen Linien die verschiedenen Größen: S – blau, M – grau, L – orange, XL – schwarz, XXL – grün.)
Reihe 17: Re bis Ende der R.
Reihe 18: Li bis Ende der R.
Reihe 19 und 20: Re bis Ende der R.
Reihe 21: 1re, [1li, 1re] bis Ende der R.
Reihe 22: [1li, 1re] bis zur letzten M, 1li.
Reihe 23: 1li, [1re, 1li] bis Ende der R.
Reihe 24: [1re, 1li] bis zur letzten M, 1re.
Reihe 25-32: Reihe 21-24 zweimal wdh.
Reihe 33: Re, in der Mitte der Reihe 1 M zun (abn:zun:abn:zun). 230 (**254**:290:**318**:350) M.
Reihe 34: Re bis Ende der R.
Reihe 35: Re bis Ende der R.
Reihe 36: 2re, [2li, 2re] bis Ende der R.
Reihe 37: Re bis Ende der R.
Reihe 38: 2li, [2re, 2li] bis Ende der R.
Reihe 39-44: Reihe 35–38 einmal wdh., dann noch einmal R 35 und 36.
Reihe 45: Re, in der Mitte der Reihe 1 M abn (**zun**:abn:**zun**:abn). *229 (**255**:289:**319**:349) M.* Alle folgenden Maschenzahlen basieren auf dieser Maschenzahl.
Reihe 46–50: Re bis Ende der R.

Diese 50 Reihen bilden das Muster und werden durchgehend wiederholt. Wenn Sie nach Schema arbeiten, bitte die unterschiedlichen Größen beachten, die in Reihe 16 markiert sind.

ANLEITUNG

KÖRPER

Wird in einem Stück bis zum Ärmelausschnitt im Rippenmuster 2re, 2li und im Erosionsmuster gestrickt.
228 (**256**:288:**320**:348) M mit Nadeln Nr. 2,75 anschlagen.
Reihe 1 (RS): 1li, [2re, 2li] bis letzte 3 M, 2re, 1li.
Reihe 2: 1re, 2li, [1re, 1li] bis zur letzten M, 1re.
Die letzten 2 R noch 5-mal wdh. und in der Mitte der letzten Reihe 1 M zun (ab:zun:ab:zun). *229 (**255**:289:**319**:349) M.*
Mit Nadeln Nr. 3,25 im Erosionsmuster fortf, bis Strickstück 23 (**24**:26:**27**:29) cm ab Anschlag misst, dabei auf RS für nächste R enden.
Kanten auf der Vorderseite:
Unter Einhaltung des Ms wie folgt weiterstricken:
Nächste Reihe (abn) (RS): An beiden Enden der nächsten und jeder sechsten folgenden R 1 M abn, bis noch 221 (**247**:283:**313**:343) M verbleiben.
3 (**3**:5:**5**:1) R stricken und auf RS für die nächste Reihe enden.
Aufteilung für die Armausschnitte:
Nächste Reihe (RS): 51 (**57**:67:**73**:82) M im Ms, wenden und restl. 170 (**190**:216:**240**:261) M auf eine Hilfsnadel legen.
Rechte Vorderseite:
Im Ms fortf und 2 (**2**:0:**0**:4) R stricken.
Nächste Reihe (abn) (LS): 1li, 2Mlizus, Ms bis Ende der R.
Unter Einhaltung des Ms diese Abn in jeder 6. R wdh., bis es noch 45 (**53**:59:**66**:76) M sind.
Dann diese Abn in jeder 8. R wdh., bis es noch 39 (**45**:53:**60**:68) M sind.
Fortf, bis Strickstück 19 (**20**:21:**22**:23) cm ab der Aufteilung misst, dabei auf RS für die nächste R enden.

Schulter:
Nächste Reihe (RS): Ms bis zu den letzten 4 (**4**:5:**5**:5) M, Wickelmasche, wenden.
Nächste Reihe: Ms bis Ende der R.
Nächste Reihe: Ms bis zu den letzten 3 (**3**:3:**4**:4) M vor der letzten Wickelmasche, Wickelmasche, wenden.
Nächste Reihe: Ms bis Ende der R.
Die letzten 2 R noch 1 (**7**:14:**6**:14)-mal wdh.
Nur Größe S, M und XL:
Nächste Reihe (RS): Ms bis zu den letzten 2 (**2**:0:**3**:0) M vor der letzten Wickelmasche, Wickelmasche, wenden.
Nächste Reihe: Ms bis Ende der R.
Die letzten 2 R noch 12 (**6**:0:**7**:0)-mal wdh.
Alle Größen:
Nächste Reihe (RS): Ms über alle M und dabei die Umwicklungen aufnehmen.
Diese M auf einer Hilfsnadel lassen.

RÜCKSEITE

Mit RS vorne das Garn für die verbliebenen M wieder anknüpfen und für den Rücken 119 (**133**:149:**167**:179) M im Ms stricken, die restl. 51 (**57**:67:**73**:82) M auf eine Hilfsnadel legen. Im Ms fortf, bis das Strickstück 19 (**20**:21:**22**:23) cm ab Teilung misst, dabei auf RS für nächste R enden.
Schultern:
Nächste Reihe (RS): Ms bis zu den letzten 4 (**4**:4:**5**:5) M, Wickelmasche, wenden.
Nächste Reihe: Ms bis zu den letzten 4 (**4**:4:**5**:5) M, Wickelmasche, wenden.
Nächste Reihe: Ms bis zu den letzten 3 (**3**:3:**4**:4) M vor der letzten Wickelmasche, Wickelmasche, wenden.
Nächste Reihe: Ms bis zu den letzten 3 (**3**:3:**4**:4) M vor der letzten Wickelmasche, Wickelmasche, wenden.
Die letzten 2 R noch 1 (**7**:14:**6**:14)-mal wdh.
Nur Größe S, M und XL:
Nächste Reihe (RS): Ms bis zu den letzten 2 (**2**:0:**3**:0) M vor der letzten Wickelmasche, Wickelmasche, wenden.
Nächste Reihe: Ms bis zu den letzten 2 (**2**:0:**3**:0) M vor der letzten Wickelmasche, Wickelmasche, wenden.
Die letzten 2 R noch 12 (**6**:0:**7**:0)-mal wdh.
Alle Größen:
Nächste Reihe (RS): Ms über alle M und dabei die Umwicklungen aufnehmen.
Für die erste Schulter 39 (**45**:53:**60**:68) M auf eine Hilfsnadel legen, für den hinteren Halsausschnitt 41 (**43**:43:**47**:43) M auf die zweite Hilfsnadel und die restl. 39 (**45**:53:**60**:68) M für die zweite Schulter auf die dritte Hilfsnadel.
Faden abschneiden und ein langes Ende stehen lassen.

LINKE VORDERSEITE

Mit RS vorne den Faden für die restl. M für die linke Vorderseite wieder anknüpfen, Ms bis Ende der R. 51 (**57**:67:**73**:82) M.
2 (**2**:0:**0**:4) R im Ms stricken.
Nächste Reihe (abn, LS): Bis letzte 3 M im Ms, 2Mliverschr.zus, 1li.
Unter Einhaltung des Ms diese Abn in jeder 6. R wdh., bis es noch 45 (**53**:59:**66**:76) M sind. Dann diese Abn in jeder 8. R wdh., bis es noch 39 (**45**:53:**60**:68) M sind.
Im Ms fortf, bis das Strickstück 19 (**20**:21:**22**:23) cm ab Teilung misst, dabei auf LS für nächste R enden.
Schulter:
Nächste Reihe (LS): Ms bis zu den letzten 4 (**4**:5:**5**:5) M, Wickelmasche, wenden.
Nächste Reihe: Ms bis Ende der R.
Nächste Reihe: Ms bis zu den letzten 3 (**3**:3:**4**:4) M vor der letzten Wickelmasche, Wickelmasche, wenden.
Nächste Reihe: Ms bis Ende der R.
Die letzten 2 R noch 1(**7**:14:**6**:14)-mal wdh.

Nur Größe S, M und XL:
Nächste Reihe (LS): Ms bis zu den letzten 2 (**2**:0:**3**:0) M vor der letzten Wickelmasche, Wickelmasche, wenden.
Nächste Reihe: Ms bis Ende der R.
Die letzten 2 R noch 12 (**6**:0:**7**:0)-mal wdh.
Alle Größen:
Nächste Reihe (LS): Ms über alle M und dabei die Umwicklungen aufnehmen.

FERTIGSTELLUNG
Beide Schultern mit drei Nadeln zusammen abketten, dabei die LS zusammenlegen, sodass die Naht auf der Außenseite des Kleidungsstücks liegt.

HALSBLENDE
Mit Rundnadel Nr. 2,75 und Rs vorne 81 (**84**:90:**96**:102) M am re vorderen Halsausschnitt bis zum Anfang des Halsausschnitts aufnehmen, 133 (**137**:137:**141**:141) M den vorderen Halsausschnitt hoch, re über 41 (**43**:43:**47**:43) M auf der Hilfsnadel für den hinteren Halsausschnitt und **GLEICHZEITIG** 1 M abn, 133 (**137**:137:**141**:141) M den vorderen Halsausschnitt hinunter aufnehmen und re stricken, sowie 81 (**84**:90:**96**:102) M die li vordere Kante bis zum Saum hinunter. *468 (**484**:496:**520**:528) M.*

Reihe 1 (LS): 1re, [2li, 2re] bis letzte 3 M, 2li, 1re.
Reihe 2: 3re, [2li, 2re] bis zur letzten M, 1re.
Die letzten 2 R wdh., bis Halsblende 4,5 cm misst, dabei auf RS für nächste R enden.
Im RMs abketten.

ARMBLENDEN
In der Runde glatt rechts sowie im RMs 2re, 2li gestrickt.
Mit RS vorne und Rundnadel Nr. 2,75 gleichmäßig um den Armausschnitt herum verteilt 132 (**140**:144:**152**:160) M aufnehmen und re stricken. Me zum Markieren des Rundenanfangs.
4 Rd re.
Nächste Runde: [2re, 2li] bis zum Ende der Runde. Letzte Rd wdh., bis die Armblende 4 cm misst. Im RMs abketten.

Fadenenden auf der LS vernähen.

Wählen Sie eine flache, gepolsterte Oberfläche oder eine Spannmatte und stecken Sie das Strickstück mit der LS nach oben gemäß Schnitt fest.
Dann mit einem feuchten Tuch bedecken und sanft dämpfen. Flach liegend trocknen lassen.

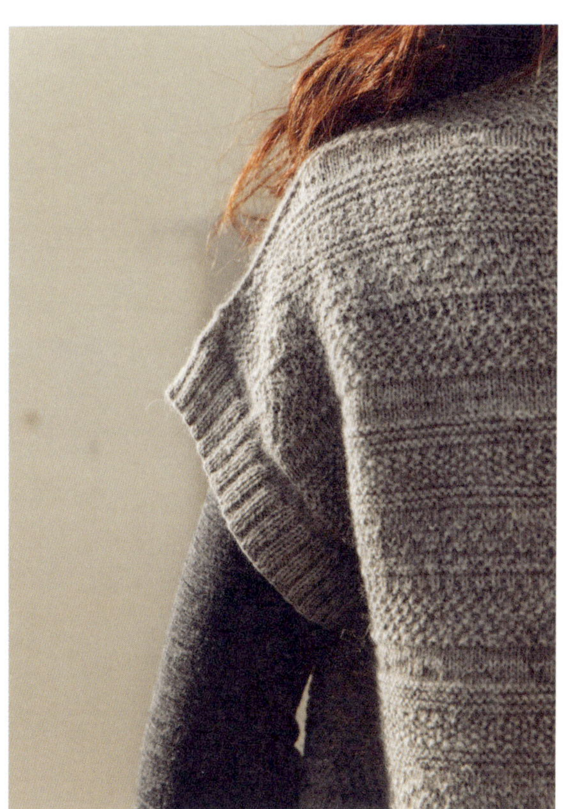

Empfohlene Garne

erika knight british blue 100
100 % reine Schurwolle vom britischen Bluefaced-Leicester-Schaf
Ca. 220 m
Knäuel á 100 g
WPI 11

erika knight gossypium cotton
100 % Baumwolle
Ca. 100 m
Knäuel á 50 g
WPI 11–12

erika knight for John Lewis Aran Wool
100 % reine Schurwolle
Ca. 160 m
Knäuel á 100 g
WPI 8

erika knight maxi wool
100 % reine britische Schurwolle
Ca. 80 m
Knäuel á 100 g
WPI 6

erika knight Studio Linen
85 % recyceltes Leinen, 15 % Premiumleinen
Ca. 120 m
Knäuel á 50 g
WPI 11–12

erika knight Wild Wool
85 % Schurwolle, 15 % Viscose (Nessel)
Ca. 170 m
Knäuel á 100 g
WPI 8

erika knight Wool Local
100 % britische Schurwolle
Ca. 450 m
Knäuel á 100 g
WPI 14–15

Habu Silk Wrapped Paper
99 % Leinen, 1 % Rohseide
Ca. 143 m
Knäuel á 14 g
WPI 30-40

The Fibre Co. Road to China Light
65 % Babyalpaka, 15 % Seide, 10 % Kamel, 10 % Kaschmir
Ca. 145 m
Knäuel á 50 g
WPI 12

The Fibre Co. Arranmore
80 % Merinowolle, 10 % Kaschmir, 10 % Seide
Ca. 160 m
Knäuel á 100 g
WPI 8–9
WPI 5 (2 Fäden zusammen)

Isager Aran Tweed
100 % Schurwolle
Ca. 160 m
Knäuel á 100 g
WPI 8

Isager Japansk Bomuld
100 % Baumwolle
Ca. 315 m
Knäuel á 50 g
WPI 30-40

Isager Tweed
70 % Wolle, 30 % Mohair
Ca. 200 m
Knäuel á 50 g
WPI 14

Isager Silk Mohair
75 % Super Kidmohair, 25 % Seide
Ca. 212 m
Knäuel á 25 g
WPI 22

Rowan Kidsilk Haze
70 % Super Kidmohair, 30 % Seide
Ca. 210 m
Knäuel á 25 g
WPI 22

The Uncommon Thread BFL Fingering
100 % Schurwolle vom Bluefaced-Leicester-Schaf
Ca. 400 m
Knäuel á 100 g
WPI 14-15

Register

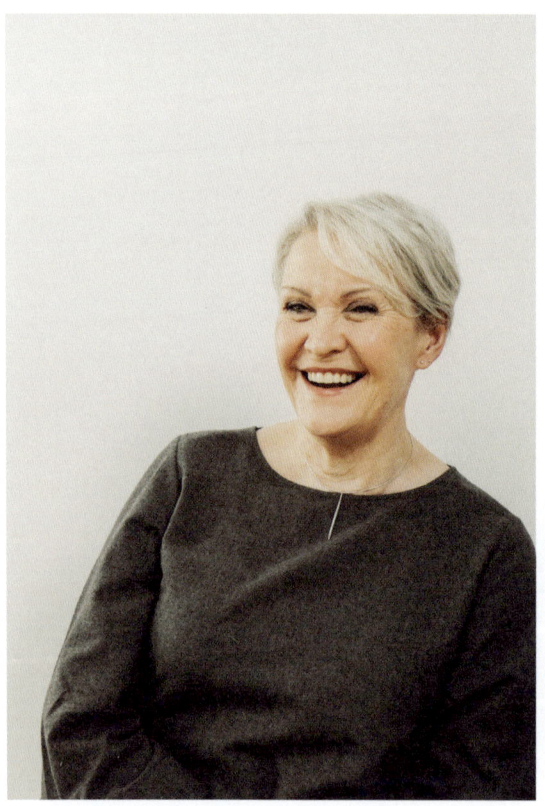

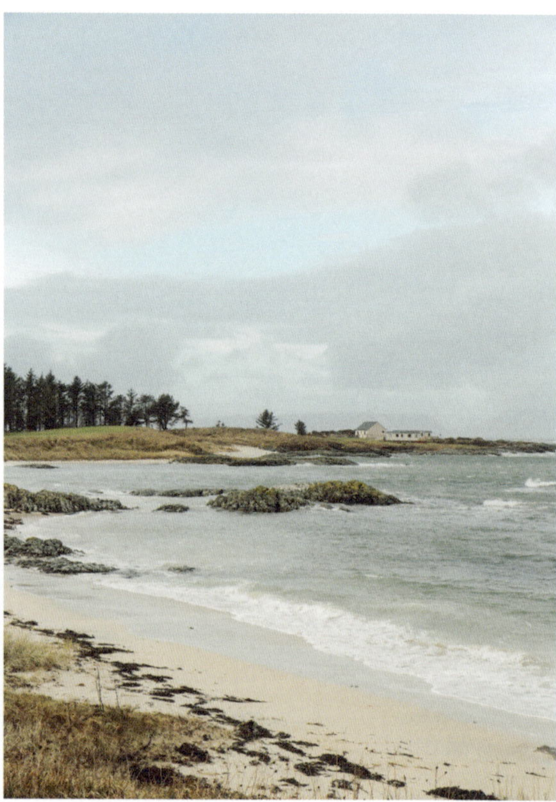

Über die Autorin

Erika Knight ist eine hoch angesehene Strick- und Häkeldesignerin, Autorin und Innovatorin. Mit einem Studium der bildenden Kunst als Hintergrund brachte sie zu Beginn ihrer Karriere ihr eigenes Konfektionslabel mit handgestrickter Mode auf den Markt. Es folgten Anstellungen als Designerin bei globalen High-Street-Marken, Beratertätigkeiten in der Mode- und Trendbranche sowie vor Kurzem die Einführung ihrer eigenen Garnkollektion. Das Handwerk steht immmer im Mittelpunkt von Erikas Arbeit. Sie hat eine Leidenschaft für das Handgemachte und legt Wert darauf, dass Produktion und Verfahren nachhaltig angelegt sind.

Danksagungen

Ich bin Quadrille Publishing sehr dankbar dafür, dass sie mir den Raum und die Zeit gegeben haben, den nachhaltigen Prozess, den dieses Buch feiert, zu reflektieren, zu praktizieren und zu perfektionieren. Dieses Buch war eine sehr persönliche Reise durch die Szenerien, die mich inspiriert haben und mein Design weiterhin beeinflussen. Aber ohne das unglaublich professionelle und kreative Team, mit dem ich die Ehre habe, zusammenzuarbeiten, hätte ich dieses Ziel niemals erreichen können. Vielen Dank an alle, dass sie Grenzen verschoben und es diesem Buch ermöglicht haben, sich zu entwickeln und zu wachsen.

Dass man eine Mitstreiterin findet, die sowohl stilistisch kompatibel als auch so geduldig und verständnisvoll ist wie meine auftraggebende Redakteurin Harriet Butt, kommt selten vor. Für ihr stillschweigendes Vertrauen und ihre Umsicht bin ich ihr zu Dank verpflichtet, und es sind Harriets unerschütterlicher Glaube daran und ihre Unterstützung, die dieses Projekt zum Erfolg geführt haben.

Claire Rochford als künstlerische Leiterin und Designerin hat, mit der fähigen Unterstützung durch Gemma Hayden und Alicia House, einen riesigen Beitrag zur Gestaltung dieses Buches geleistet. Danke, dass ihr mich aus meiner Komfortzone herausgeholt und mir einen neuen Zenit aufgezeigt habt, bei dem ich mir nicht sicher war, ob wir ihn erreichen können.

Ich schätze mich sehr glücklich, dass ich die Gelegenheit hatte, India Hobson kennenzulernen und mit ihr zu arbeiten. Eine echte Visionärin mit einem anspruchsvollen und differenzierten Blick, mit der es sich gleichzeitig so unglaublich unkompliziert zusammenarbeiten lässt, dass es eine wahre Freude ist. India und Magnus sind ein außergewöhnliches Team, das alle meine Erwartungen übertrifft und das Licht und die Strukturen vor meinem geistigen Auge mit intuitivem Geschick einfängt.

Vielen Dank an Twig Hutchinson für das ihr eigene unangestrengte Stilgefühl und an Maxine Smith für die geschickte Betonung der schlichten Eleganz der Models Leili St Clair, Prim Patnasiri, Lizzie Mawson und Simon Butt.

Rosee Woodland und Amelia Hodsdon von Lightwork Collective haben eine echte Leidenschaft für mathematische Genauigkeit und klare Anleitungen, die ich nicht erreichen kann und nur zu gerne von anderen übernehmen lasse. Ich bin unendlich dankbar für ihre akribische Liebe zum Detail und ihre umfassenden Kontrollen, die die technische Redaktion zu einer wahren Kunstform erhoben haben.

Ich fühle mich geehrt für die Zusammenarbeit mit der Designerin Sarah Hatton und Allround-Strickgöttin Gillian Ely, die beide über unvergleichliche Kreativität und ein durch Leidenschaft geschärftes Können verfügen.

Es sind die engagierten und allzu oft anonymen handarbeitenden Frauen, die mich zuerst dazu inspiriert haben, zu den Nadeln zu greifen, aber das unglaubliche und talentierte Team, das für mich Probestücke strickt und Modelle testet, kann ich gar nicht laut genug loben. Vielen Dank an Jill Chapman, Christine Downie, Sarah Ford, Joanne Marsh, Mandy Mears, Sue Ross, Jemima Schlee, Anthea Willis, Juliana Yeo und ganz besonders und immer an meine Handwerkspartnerin, Sally Lee. Es ist schwer, in wenigen Worten zusammenzufassen, was ihr alle zu diesem Buch beigetragen habt. Vielen Dank für euer Fachwissen, eure Begeisterung und eure Ermutigung.

Eine Handwerkerin ist nur so gut wie ihr Werkzeug, und ich muss mich bei Coco Knits, The Fibre Co, Isager, Lykke, Rowan und The Uncommon Thread dafür bedanken, dass sie wunderschönes, hochwertiges Zubehör, Nadeln und Garne herstellen und dieses Buch so großzügig unterstützt haben.

Nicht zuletzt ist dieses Buch allen Strickerinnen und Strickern gewidmet.

Bitte unterstützen auch Sie die **Slow-Fashion-Bewegung**!

First published in 2020 by Quadrille,
an imprint of Hardie Grant Publishing

text © Erika Knight 2020,
photography © India Hobson 2020,
design © Quadrille 2020,
52–54 Southwark Street, London SE1 1UN,
quadrille.com

Titel der Originalausgabe: texture. 20 timeless garments exploring knit, yarn & stitch

Bibliografische Information der Deutschen Nationalbibliothek
Die Deutsche Nationalbibliothek verzeichnet diese Publikation in der Deutschen Nationalbibliografie; detaillierte bibliografische Daten sind im Internet über http://dnb.d-nb.de abrufbar.

Übersetzung aus dem Englischen:
Birte Mirbach

Satz und Redaktion der deutschen Ausgabe:
Verlags- und Redaktionsbüro München, www.vrb-muenchen.de

© 2022 der deutschen Ausgabe
Stiebner Verlag GmbH, Grünwald
Alle Rechte vorbehalten. Wiedergabe, auch auszugsweise, nur mit ausdrücklicher Genehmigung des Verlages.

Wir produzieren unsere Bücher mit großer Sorgfalt und Genauigkeit. Trotzdem lässt es sich nicht ausschließen, dass uns in Einzelfällen Fehler passieren. Auf unserer Webseite finden Sie bei den Produktinformationen für diesen Titel eventuelle Hinweise und Korrekturen. Möglicherweise sind die Korrekturen in Ihrer Ausgabe bereits ausgeführt, da wir vor jeder neuen Auflage bekannte Fehler korrigieren. Sollten Sie in diesem Buch einen Fehler finden, so bitten wir um einen Hinweis an verlag@stiebner.com. Für solche Hinweise sind wir sehr dankbar, denn sie helfen uns, unsere Bücher zu verbessern.

ISBN: 978-3-8307-2118-5
Printed in China
www.stiebner.com

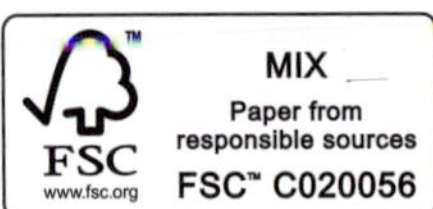

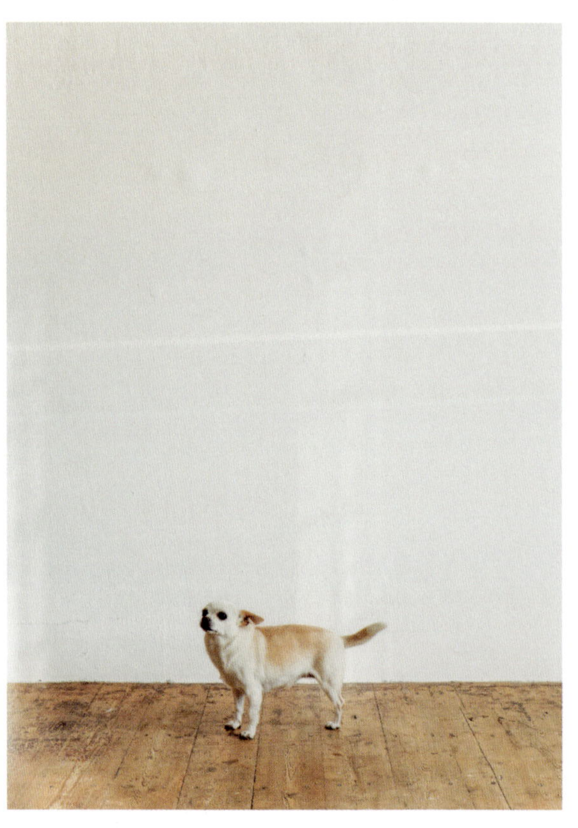